Jacques Demeyere

LE GRAND EURÊKA!

Fini les fautes d'orthographe

Dictionnaire
orthographique

ERPI
ÉDITIONS DU RENOUVEAU PÉDAGOGIQUE INC.

5757, RUE CYPIHOT, SAINT-LAURENT (QUÉBEC) H4S 1R3
TÉLÉPHONE : (514) 334-2690   TÉLÉCOPIEUR : (514) 334-4720
erpidlm@erpi.com   www.erpi.com

SOMMAIRE

© De Boeck & Larcier, s.a., Bruxelles, 2003
pour l'édition originale (4e édition)

© 2006 ERPI, pour l'édition française au Canada

ERPI
ÉDITIONS DU RENOUVEAU PÉDAGOGIQUE INC.

5757, RUE CYPIHOT
SAINT-LAURENT (QUÉBEC)
H4S 1R3

Dépôt légal : 1er trimestre 2006
Bibliothèque nationale du Québec
Bibliothèque nationale du Canada
ISBN 2-7613-1853-6
10716

Imprimé en Belgique

CODE

Le code phonétique employé – entre crochets [ ] – est **simple** et **accessible immédiatement.**
Il utilise — les « voyelles » (en minuscules imprimées)
— et les **consonnes** (en majuscules imprimées) de la langue française.

Ordre « alphabétique » phonétique

[a]	dame, femme		**[J]**	jardin, genou, agile, gentil, …
[an]	maman, vent, chambre, tempête, taon		**[L]**	lavable
			[M]	maman, somme
[B]	bobine		**[N]**	banane, automne, panier, …
[K]	macaque, équipe, orchestre, képi, …		**[GN]**	gagner, magnifique
[KS]	taxe, accident, action, exception, …		**[o]**	vélo, sol, pauvre, bureau, oignon, hall, …
[CH]	chapeau, short		**[oi]**	oiseau, boire, waters, …
[D]	dormir		**[oin]**	loin
[e]	le, tenir		**[on]**	cochon, colombe
[¢]	enveloppe, ils sautent		**[ou]**	ouvrier, août, grenouille, …
[eu]	feu, heureux, nœud + comme en français : meuble, veuf, œuf, seul, jeune, peur, beurre, tee-shirt, cœur, …		**[P]**	papier, supplément
			[R]	rare, arrêter, rhume
[é]	été, aimer, essence, …		**[S]**	salade, penser, cerise, cinéma, attention, scier, …
[è]	fidèle, mer, belle, neige, lait, …		**[Ss]**	assis, glace, acide assurer, ascension
[F]	fromage, photo		**[T]**	tarte, thermomètre, hotte
[G]	gare, gorge, lugubre, gonfler, seconde, …		**[u]**	usine
[Gu]	guenon, guitare, …		**[ü]**	aigu, aiguille
[GŇ]	diagnostic		**[ui]**	huit
[GZ]	exact, eczéma		**[V]**	vache
[i]	gymnastique, tee-shirt		**[W.]**	waters, week-end, oiseau, ouate, oui
[ien]	chien		**[Y.]**	voyage, cuillère, groseille, paille, moyen, appuyer, …
[in]	lapin, main, peinture, syndicat, agenda, …		**[Z]**	zèbre, choisir
[un]	lundi, humble, à jeun			

3

MODE D'EMPLOI

La recherche d'un mot se fait à partir de la **prononciation** de ce mot.

Par exemple, pour trouver le mot « **pharmacien** » :

1. Prononce le premier son du mot « pharmacien » : **[F.]**.
2. Dans les pages centrales bleues, repère la catégorie des **[F.]**.
3. Repère ensuite la première syllabe du mot « pharmacien » : **[Fa.]**.

[F.]	**[Fa.]** 61	**[Fan.]** 61 | 62	**[Fe.] [Feu.]** 62	**[Fé.] [Fè.]** 62 63
ph	**[Fi.]** - **[Fin.]** 63	**[FL.]** 64	**[Fo.]** 64 65	**[Foi.]** - **[Foin.]** - **[Fon.]** 65
	[Fou.] 65 | 66	**[FR.]** 66 67	**[Fu.] [Fui.]** - **[FY.]** 67	

4. La syllabe **[Fa.]** est suivie d'un numéro encadré : 61.

 Ce numéro correspond à la page où tu trouveras les mots qui commencent par la syllabe **[Fa.]**.

5. À la page 61, dans la section **[Fa.]**, poursuis ta recherche selon la prononciation du mot. Tu trouveras alors dans la section **[FaR.]**, à côté de **[M.]**, le mot « pharmacien ».

NOTES : Si un mot **manque** dans l'ouvrage, recourir à l'**analogie** et/ou au **guide orthographique usuel** (p. 151).

    Ex. : « affinité » • par analogie : les mots commençant par [aF.] s'écrivent le plus souvent **aff** (p. 8)

            • dans le guide orthographique usuel : les mots féminins terminés par [té] s'écrivent le plus souvent **té**.

    Les mots accompagnés d'un **astérisque** (*) renvoient à des mots de la **même famille** qu'on peut écrire facilement en recourant à l'**analogie** ou au **guide orthographique usuel**.

4   *Ex.* : épiderme* → épidermique

NOMS PROPRES: lieux et peuples*

[a.]

[aF.] afghan.e - Afghanistan
africain.e - Afrique
[aL.] albanais.e - Albanie
algérien.ne - Algérie
allemand.e - Allemagne
alpin.e - Alpes
alsacien.ne - Alsace
[aM.] **américain.e** - Amérique
[aR.] **arabe** - Arabie
argentin.e - Argentine
arménien.ne - Arménie
[aT.] atlantique
[aZ.] **asiatique** - Asie

[an.]

anglais.e - Angleterre
antillais.e - Antilles

[B.]

[Ba.] basque - (basquaise)
[Bé.] béarnais.e - Béarn
[Bè.] **belge** - Belgique
[Bo.] bohémien.ne - Bohème
bosniaque - Bosnie
[Bou.] bourguignon.ne - Bourgogne
[BRa.] brabançon.ne - Brabant
[BRe.] breton.ne - Bretagne
[BRé.] brésilien.ne - Brésil
[BRi.] britannique
[BRu.] bruxellois.e - Bruxelles
[Bu.] bulgare - Bulgarie

[K.]

[Ka.] **canadien.ne** - Canada
catalan.e - Catalogne
[Ké.] québécois.e - Québec
[Ko.] caucasien.ne - Caucase
[Kon.] congolais.e - Congo
[KoR.] coréen.ne - Corée
corse - Corse
[KR.] croate - Croatie
[Ku.] cubain.e - Cuba

[CH.]

[CHan.] champenois.e - Champagne
[CHi.] chilien.ne - Chili
chinois.e - Chine
chypriote - Chypre

[D.]

[Da.] danois.e - Danemark
[Do.] dauphinois.e - Dauphiné

[eu.]

européen.ne - Europe

[é.] [è.]

[éB.] hébreu
[éJ.] égyptien.ne - Égypte
[éK.] écossais.e - Écosse
[èS.] **espagnol.e** - Espagne
estonien.ne - Estonie
[éT.] éthiopien.ne - Éthiopie

[F.]

[Fin.] finlandais.e - Finlande
[FLa.] flamand.e - Flandre
[FRan.] **français.e** - France

[G.]

[Ga.] gallois.e - Galles
gascon.ne - Gascogne
[Go.] gaulois.e - Gaule
[GRè.] Grec.que - Grèce

[I.]

[iR.] irakien.ne - Irak
iranien.ne - Iran
irlandais.e - Irlande
[iS.] islandais.e - Islande
israélien.ne - Israël
[iT.] **italien.ne** - Italie

[in.]

indien.ne - (Inde)
indochinois.e - Indochine
indonésien.ne - Indonésie
hindou.e

[J.]

[Ja.] jamaïcain.e - Jamaïque
japonais.e - Japon
javanais.e - Java
[Jé.] géorgien.ne - Géorgie
[Ji.] girondin.e - Gironde
[Jo.] jordanien.ne - Jordanie
[Jui.] juif (juive)

[L.]

[La.] laotien.ne - Laos
lapon.ne - Laponie
[Lan.] landais.e - Landes
[Li.] libanais.e - Liban
liégeois.e - Liège
limousin.e - Limoges
lituanien.ne - Lituanie
[Lo.] lorrain.e - Lorraine
[Lu.] luxembourgeois.e - Luxembourg

[M.]

[Ma.] malais.e - Malaisie
malgache - Madagascar
malien.ne - Mali
marocain.e - Maroc
marseillais.e - Marseille
martien.ne - Mars
[Mé.] méditerranéen.ne - Méditerranée
[Mè.] mexicain.e - Mexique
[Mon.] mongol.e - Mongolie
[MoR.] maure

[N.]

[Na.] napolitain.e - Naples
[Né.] néerlandais.e
[Ni.] nigérian.e - Nigéria
nigérien.ne - Niger
[No.] **nord-africain.e**
nord-américain.e
nordique
normand.e - Normandie
norvégien.ne - Norvège

[o.]

[oKS.] occidental.e - Occident
[oL.] hollandais.e - Hollande
[oR.] oriental.e - Orient
[oS.] australien.ne - Australie

[oT.] autrichien.ne - Autriche
[oV.] auvergnat.e - Auvergne

[oi.]

wallon.ne - Wallonie

[on.]

hongrois.e - Hongrie

[P.]

[Pa.] pakistanais.e - Pakistan
palestinien.ne - Palestine
parisien.ne - Paris
[Pé.] péruvien.ne - Pérou
[Pi.] picard.e - Picardie
pyrénéen.ne - Pyrénées
[Po.] polynésien.ne - Polynésie
polonais.e - Pologne
portugais.e - Portugal
[PR.] provençal.e - Provence

[R.]

[Ro.] **romain.e** - Rome
[Rou.] roumain.e - Roumanie
[Ru.] **russe** - Russie

[S.]

[Sa.] savoyard.e - Savoie
[SK.] scandinave - Scandinavie
[Sé.] sénégalais.e - Sénégal
[Sè.] serbe - Serbie
[Si.] siamois.e - Siam
sibérien.ne - Sibérie
syrien.ne - Syrie
sicilien.ne - Sicile
[SL.] slovaque - Slovaquie
slovène - Slovénie
[So.] soviétique
[Sou.] soudanais.e - Soudan
[Su.] sud-africain.e
sud-américain.e
suédois.e - Suède
suisse - Suisse

[T.]

[Ta.] thaïlandais.e - Thaïlande
[TCH.] tchèque
[Ti.] tibétain.e - Tibet
tyrolien.ne - Tyrol
[Tu.] tunisien.ne - Tunisie
turc (turque) - Turquie

[u.]

ukrainien.ne - Ukraine

[V.]

[Vé.] vénitien.ne - Venise
[Vi.] vietnamien.ne - Viêt-Nam

[W.]

wallon.ne - Wallonie

[Y.]

yankee [YanKi]
yougoslave - Yougoslavie

[Z.]

zaïrois.e - Zaïre

---

* **peuples:** adjectif: pas de majuscule (ex.: être africain.e)
nom: majuscule (ex.: un.e **A**fricain.e)

[a]

il/elle/on	**a**
il/elle/on	a *acheté*
	à
	(à *la maison*)
	(à *4 heures*)
	(à *vélo*)
tu	**as**

[aB.]

[aBa]

[-]	il/on	abat
	les	abats (= tripes)
[J.]	un	abat-jour
	des	abat-jour(s)
[T.]	un	abattage
	un/en	abattant
	l'	abattement
	des	abattis
	un	abattoir
	(s')	**abattre***
	être	abattu.e
	j'ai	abattu *(=abattre)*
	il/elle	a battu *(=battre)*
[Z.]	être	abasourdi.e*
		abasourdir
		abasourdissant.e
	un	abasourdissement

[aBan.]

	un/à l'	abandon
	être	abandonné.e
		abandonner*

[aBD.]

	une	abdication
		abdiquer*
	l'/un	abdomen
		abdominal.e
	(les)	abdominaux

[aBé.][aBè.]

[-]	un	abbé
[i.]	une	abbaye
[R.]		aberrant.e*
	une	aberration
[S.]	j'ai	abaissé *(=abaisser)*
	il/elle	a baissé *(=baisser)*
	(s')	abaisser*
	un	abc
[T.]		abêti.r*
		abêtissant.e
	un	abêtissement
[Y.]	une	**abeille**

[aBi.]

[-]	un	habit
	les	**habits**
[L.]		habile.ment
	l'	habileté
	être	habilité.e*
[M.]	un	abîme ou abime
	être	**abîmé.e** ou **abimé.e**
	(s')	**abîmer** ou **abimer**
[S.]	les	abysses*
[T.]		habitable
	un	habitacle
	un.e	**habitant.e**
	un	habitat
	une	**habitation**
	il	**habite**
	être	habité.e
	je vais	**habiter***
	une/l'	**habitude**
	être	**habitué.e**
		habituel.le.ment
	(s')	habituer
[Y.]	un/l'	habillage
	être	**habillé.e**
	un	habillement
	(s')	**habiller***

[aBJ.]

	abject.e*
	abjurer*

[aBL.]

	une/l'	ablation
	une	ablette
	des	ablutions

[aBN.]

l'	abnégation

[aBo.]

[L.]	être	aboli.e
		abolir
	l'	abolition
[M.]		**abominable.ment**
[N.]	être	abonné.e
	un	abonnement
	(s')	abonner
[R.]	un/l'/d'	abord
		abordable
	l'	abordage
		aborder*
	les	abords

[aBoi.]

	il	aboie
	un	aboiement
	aux	abois
		aboyer*

[aBon.]

		abondamment
	l'	abondance
		abondant.e
		abonder*

[aBou.]

		abouti.r
	l'	aboutissement*

[aBR.]

[a.]		abracadabrant.e
		abrasif, -ive
[e.]	s'	abreuver*
	un	abreuvoir
[é.]	un	abrégé
		abréger*
	une	abréviation
[i.]	un	**abri**
	un	abribus
	un	abricot.ier*
	être	abrité.e
	(s')	abriter
[o.]		abroger
[u.]		abrupt.e*
	être	abruti.e
		abrutir
		abrutissant.e
	un	abrutissement

[aBS.] → [aPS.]

[an.]	une	absence
	(un.e)	**absent.e**
	(s')	absenter
[è.]	un	abcès
[i.]	une	abscisse
[o.]		absolu.e
		absolument
		absorbant.e
		absorber*
	l'	absorption
[ou.]		absoudre
[T.]	s'	abstenir
	une	abstention*
	il/elle s'est	abstenu.e
	une	abstraction
		abstrait.e*
[u.]		absurde*
	une	absurdité

[aBu.]

	un	**abus**
		abuser*
		abusif
		abusive.ment

[aK.] ˙[aKS]

[aKa.]

[B.]	un	acabit
		accablant.e
	être	accablé.e
	un	accablement
		accabler*
[D.]	une	académie
	(un.e)	académicien.ne
		académique
[J.]	l'	acajou
[L.]	une	accalmie
[P.]	un	accaparement
		accaparer*
		accapareur, -euse
[R.]		acariâtre
[S.]	un	acacia

[aKan.]

		à quand?

[aKe.] [aKeu.]

	un	accueil
		accueillant.e
	être	**accueilli.e**
		accueillir
	un	aqueduc
		aqueux, -euse

[aKé.]

	un	acquéreur
		acquérir

[aKi.]

[-]	il est	acquis
	pour	acquit
		à qui ?
[è.]		acquiescer*
		à qui est-ce ?
[T.]	être	acquitté.e
	un	acquittement
	s'	acquitter
	il/elle	**a quitté**
[Z.]	elle est	acquise
	une	acquisition

[aKL.]

	des	acclamations
		acclamer
	l'	acclimatation
		acclimater

[aKN.]

	de l'/une	acné

[aKo.]

[L.]	des	accolades
	une	accolade
	être	accolé.e
	un	acolyte
[M.]		accommodant.e
	un	accommodement
		accommoder*
[R.]	un	accord
	un	accordéon
	un.e	accordéoniste
	(s')	accorder*
[S.]		accoster
[T.]	un	accotement
		à côté (de)
	un	à-côté
[Z.]		**à cause (de)**

[aKoi.]

	une	aquarelle*
	un	aquarium
		aquatique
		à quoi... ?
		(à quoi *ça sert ?*)
		(à quoi *on joue ?*)

[aKoin.]

	des	accointances

[aKon.]

	un.e	accompagnateur, -trice
	être	accompagné.e
	un	accompagnement
	je vais	**accompagner**
		accompli.r
	un	accomplissement
	un	acompte

[aKou.]

[-]	un	à-coup
[CH.]	un	accouchement
	elle va	accoucher*
[D.]	(s')	accouder
	un	accoudoir
[P.]	un	accouplement
	(s')	accoupler*
[R.]		accourir
		accouru
[S.]	(l')	acoustique
[T.]	être	accoutré.e
	un	accoutrement
	(s')	accoutrer
	l'	accoutumance
	à l'	accoutumée
	s'	accoutumer

[aKR.]

[e.]		âcre.té
[é.]		accréditer*
[i.]		acrylique
[o.]	un	accroc
	un	accrochage
	(s')	**accrocher***
	un(e)	**acrobate**
	une	acrobatie
		acrobatique
[oi.]	un	accroissement
	(s')	accroître ou accroitre
[ou.]	être	accroupi.e
	s'	accroupir*

˙[aKS.]

[an.]	un	accent
		accentuer*
[ø.]	un	axe
[é.] [è.]		accéder*
	un	accélérateur
	une	accélération
		accélérer*
		acceptable
		accepter*
	un	accès
		accessible*
	une	accession
	un	accessoire*
[i.]	un	**accident**
	être	accidenté.e
		accidentel.le.ment
	une	**action**
	un.e	actionnaire
		actionner*

[aKT.]

[e.]	un	**acte**
	un	**acteur**
[é.]		acter*
[i.]		actif, -ive.ment
		activer*
	une	**activité**
[R.]	une	**actrice**
[u.]	l'	actualité
	il est	**actuel**
		actuelle.ment

[aKu.]

[-]	des	accus
[M.]	une	accumulation
		accumuler*
[Z.]	un.e	accusateur, -trice
	une	accusation
		accuser*

[aCH.]

[a.]	être	achalandé.e*
	être	acharné.e
	un	acharnement
	s'	acharner
	un	achat
[∅.][e.]		acheminer*
		acheter*
	un.e	acheteur, -euse
		achever*
	une	hache
[é.][e.]	j'/il/elle	achète
	il/elle	achève
	un	achèvement
	c'est/du	haché
		hacher*
	une	hachette
[i.]	du	hachis
[o.]		achopper*
[oi.]	un	hachoir
[u.]		hachurer*
	des	hachures

[aD.]

[aDa.]

	un	adagio
	l'	adaptation
	(s')	adapter

[aDé.][aDè.]

[K.]		adéquat.e*
[P.]	un.e	adepte
[R.]	une/l'	adhérence
	(un.e)	adhérent.e
		adhérer*
[Z.]		adhésif, -ive
	une	adhésion

[aDi.]

	une	addition
		additionner*
	(un)	**adieu**
	les	adieux

[aDJ.]

		adjacent.e
		adjectif, -ive*
	(un.e)	adjoint.e
	un	adjudant
		adjuger*
		adjurer*

[aDM.]

[è.]		admettre
[i.]	un.e	administrateur, -trice
		administratif, -ive.ment
	l'	administration
	(un.e)	administré.e*
		administrer*
		admirable.ment
	un.e	admirateur, -trice
		admiratif, -ive
	l'	admiration
		admirer
		admissible
	une	admission*

[aDo.]

[L.]	l'	adolescence
	un.e	adolescent.e
[N.]	s'	adonner
[P.]		adopter*
		adoptif, -ive
	l'	adoption
[R.]		adorable.ment
	l'	adoration
	un.e	adorateur, -trice
		adorer*
[S.]	être	adossé.e
	(s')	adosser*

[aDou.]

	être	adouci.e
		adoucir
		adoucissant.e
	l'	adoucissement

[aDR.]

[è.]	une	**adresse**
	(s')	adresser
[oi.]	être	**adroit** (= habile)
	être	**adroite** (= habile)
		à droite (pas à gauche)
		adroitement

[aDu.]

	(un.e)	**adulte**
	un/l'	adultère*

[aDV.]

		advenir
	un	adverbe*
	un.e	**adversaire**
		adverse*
	l'	adversité
	quoi qu'il	advienne
	il	advient

[aé.][aè.]

[R.]	l'	aération
	être	aéré.e
		aérer
		aérien.ne
	un	aérodrome
		aérodynamique*
	une	aérogare
	un	aéroglisseur
	un/une	aéronaute
	l'	aéronautique*
	un	aéroplane
	un	aéroport*
	un	aérosol
		aérospatial.e, -aux
	un	aérotrain
[T.]	il/elle/on	**a été**
	tu	as été

[aF.]

[aFa.]

		affable*
	(s')	affaler
	être	affamé.e
		affamer *quelqu'un*

[aFé.][aFè.]

[-]	il/elle/on	**a fait**
[B.]	être	affaibli.e
		affaiblir*
[K.]	une	affectation
	être	affecté.e*
		affectif, -ive.ment
	l'	affection
		affectueux, -euse.ment
[R.]	une	**affaire***
	être	affairé.e*
		affermi.r*
[S.]	un	affaissement
	(s')	affaisser
[T.]	qu'il/elle	a faite *(l'erreur)*

[aFi.]

[CH.]	un	affichage
	une	affiche*
	(s')	afficher
[L.]	d'	affilée
	s'	affilier*
[N.]	une	affinité
[R.]		affirmatif, -ive.ment
	une	affirmation
	(s')	affirmer*

[aFin.]

	il/elle/on	a faim
		afin (de) (que)

[aFL.]

[e.]		affleurer*
	être	à fleur de
[i.]	une/l'	affliction
		affligeant.e
	être	affligé.e
[u.]	l'/une	affluence
	un	affluent
		affluer*
	un	afflux

[aFo.]

[L.]		affolant.e
	être	affolé.e
	l'	affolement
	(s')	affoler
[N.]	être	aphone

[aFon.]

	à fond

[aFR.]

[an.]	être	affranchi.e*
	un	affranchissement
[eu.]		affreux, -euse.ment
[on.]	un	affront
	un	affrontement
		affronter*

[aFT.]

	un	aphte*

[aFu.]

	être	affublé.e*
	un/à l'	affût ou affut
		affûter* ou affuter

[aG.]

[aGa.]

[R.]		hagard.e
[S.]		agaçant.e
	être	agacé.e*
	un	agacement*
		agacer*
[T.]	une	agate
[V.]	un	agave

[aGuè.]

	(s')	aguerrir
	aux	aguets

[aGui.]

	aguichant.e
	aguicher*

[aGL.]

une	agglomération
(de l')	aggloméré
(s')	agglomérer
(s')	agglutiner*

[aGo.]

une	agonie
	agonisant.e
	agoniser*

[aGR.]

[a.]	une	agrafe
		agrafer*
	une	agrafeuse
		aggravant.e
	une	aggravation
	(s')	aggraver*
[an.]	être	agrandi.e
	(s')	agrandir
	un	agrandissement
[é.][è.]		agraire
		agréable.ment
		agréer
	une	agrégation
	un.e	agrégé.e
		agrément.er
	les	agrès
	être	agressé.e
		agresser*
	(un)	agresseur
		agressif, -ive
	une	agression
		agressive.ment
	l'	agressivité
[i.]		agricole
	un.e	agriculteur, -trice
	l'	agriculture
	(s')	agripper*
[o.]	un.e	agronome
	l'	agronomie
		agronomique
[u.]	les	agrumes

[aï.]

	aïe ! *(j'ai mal)*
un.e	aïeul.e
les	aïeux
de l'	**ail**
	ailleurs
être	haï.e
des/en	haillons
	haïr
	haïssable
un	hayon *(de voiture)*

[aJ.]

[aJan.]

une	agence
un	agencement
être	agencé.e
	agencer*
un	**agent**
un	**agent** *de police*
une	agente

[aJ¢][aJé.]

l'	**âge**
être	âgé.e
être	agenouillé.e
(s')	agenouiller
	à genoux

[aJi.]

[-]	il/elle a	agi
	il/elle	agit
[L.]		**agile**
		agilement
	l'	agilité
[o.]	des	agios
[R.]		**agir**
[S.]		agissant.e
	les	agissements
[T.]	un.e	agitateur, -trice
	l'	agitation
	être	agité.e
	(s')	**agiter***

[aJin.][aJun.]

un	agenda
être	à jeun

[aJon.]

un	ajonc

[aJou.]

être	ajouré.e
être	ajourné.e
un	ajournement
	ajourner*
un	ajout
	ajouter*

[aJu.]

un	ajustement
	ajuster
un	ajusteur

[aL.]

[aLa.]

	à la...
	alarmant.e
une	alarme
être	alarmé.e
	à l'armée *(militaire)*
(s')	alarmer
le	halage

[aLan.]

un	alambic
	alambiqué.e
	alangui.r*
(les/aux)	alentours
(en)	allant

[aLB.]

un	albatros
un	**album**
de l'	albumine
une	hallebarde*

[aLK.]

l'	**alcool**
	alcoolique
être	alcoolisé.e
l'	alcoolisme
un	alcootest

[aLCH.]

un	alchimiste*

[aLe.][aL∅]

un	alevin
	haletant.e
	haleter*
une	halle
une	hallebarde*
les	halles *(=marché)*

[aLé.][aLè.]

[-]	ils/elles	allaient
	je/tu	allais
	il/elle	allait
	une	allée
	il/elle est	**allé.e**
	je vais	**aller**
	être	hâlé.e *(=bruni.e)*
		haler *(=tirer)*
[a.]		aléatoire
[KS.]	un	alexandrin
[CH.]		alléchant.e
		allécher*

[é.]	des	allées et venues
[G.]		allègre.ment
	l'	allégresse
[J.]		alléger*
[N.]	l'	**haleine**
[R.]	une	alerte
	être	alerté.e
		alerter*
	une	allergie
		allergique
[T.]	un	allaitement
		allaiter*
[Z.]	une	alèse*

[aLF.]

l'	**alphabet**
	alphabétique
l'	alphabétisation

[aLG.]

une	algue

[aLi.]

[a.]	un	alliage
[an.]	une	alliance
[B.]	un	alibi
[é.]	un.e	aliéné.e
	être	allié.e
	(s')	allier
[G.]	un	alligator
[M.]	un	aliment
		alimentaire
	l'	alimentation
	(s')	alimenter*
[GN.] [N.]	être	aligné.e
	un	alignement
	(s')	aligner
	un	alinéa
[T.]	être	alité.e

[aLJ.]

l'	algèbre*

[aLM.]

un	almanach

[aLo.]

	allô !
une	allocation
une	allocution
l'	allopathie*
	alors
un	halo
lampe	halogène

[aLon.]

être	allongé.e
un	allongement
(s')	**allonger**
nous	**allons**
	allons-y

[aLou.]

	allouer*
une	alouette
être	alourdi.e*
(s')	alourdir

[aLP.]

un	alpage
les	Alpes
	alpestre
	alpin.e
l'	alpinisme
un.e	alpiniste

[aLT.]

[∅.]	une	halte
[é.]	une	altération
[è.]	une	altercation
	être	altéré.e*
	l'	alternance
		alternatif, -ive.ment
		alterner*
	(une)	altesse
	un	haltère
	l'	haltérophilie*
[i.]		altier, -ière
	l'	altitude
[o.]	un	alto
[R.]	l'	altruisme
		altruiste

[aLu.]

[M.]	un	allumage
	être	allumé.e
		allumer￼*
	une	**allumette**
	un.e	allumeur, -euse
	l'	**aluminium**
[N.]		alunir
	l'	alunissage
[R.]	l'/une	allure
[S.]		hallucinant.e
	une	hallucination*
[V.]	des	alluvions
[Z.]	une	allusion

[aLV.]

un	alevin
un/une	alvéole

[aM.]

[aMa.]

[-]	un	amas
[B.]	l'/une	amabilité
[K.]	un	hamac
[D.]		amadouer*
[L.]		amalgame.r*
[N.]	une	amanite
[R.]	une	amarre*
	(s')	amarrer
[S.]	(s')	amasser
[T.]	(un)	amateur*

[aMan.]

	une	amande (=fruit)
	un	amandier
	un.e	amant.e
	une	amende (=punition)

[aMe.][aMeu.]

	une/l'	âme
		amener
		amenuiser*
	l'	ameublement
		ameubli.r
		ameuter*
	un	hameçon

[aMé.][aMè.]

[G.]	être	amaigri.e
		amaigrir
		amaigrissant.e
	un	amaigrissement
[L.]	une	amélioration
		améliorer*
[N.]	un	aménagement
		aménager*
	il/elle	amène
[R.]	c'est	amer
	elle est	amère
		amèrement
		amerrir
	un	amerrissage
	l'	amertume
[T.]	une	améthyste

[aMi.]

[-]	(un)	ami
	(une)	amie
[a.]	à l'	amiable
[an.]	l'	amiante

[K.]	être	amical.e, -aux
	(une)	amicale
		amicalement
[D.]		amidon.ner*
	les	amygdales
[R.]	(un)	amiral
	des	amiraux*
[T.]	l'	amitié

[aMin.]

| | | amincir* |
| | | amincissant.e* |

[aMN.]

	l'	amnésie
		amnésique
	une	amnistie*

[aMo.]

[-]	un	hameau
[CH.]		amocher
[L.]		amolli.r*
[N.]	de l'	ammoniaque
[R.]		amorce.r
		amorphe
		amorti.r
	un	amortissement
	un	amortisseur*
[V.]		amovible

[aMoin.]

| | | amoindri.e* |

[aMon.]

	(s')	amonceler
	un	amoncellement ou
		amoncèlement
	en/l'	amont

[aMou.]

	l'	amour*
		amoureuse.ment
		amoureux
	l'	amour-propre

[aMS.]

| | un | hameçon |
| | un | hamster |

[aMu.]

		amusant.e
	je m'	amuse
	je me suis	amusé.e
	un	amuse-gueule
	un	amusement
	(s')	amuser*

[aN.] •[aGN.]

[aNa.]

[K.]		anachronique*
	un	anaconda
[G.]	un	anagramme
[L.]	une	analogie*
		analogue
		analphabète*
	une/l'	analyse
		analyser*
	des	annales
[N.]	un	ananas
[R.]	l'	anarchie*
		anarchique
[T.]	l'	anatomie*

[aNø.]

| | un.e | âne.rie |
| | un | hanneton |

[aNé.][aNè.]

[-]	une	année
[an.]	être	anéanti.e
		anéantir
	un	anéantissement
[K.]	une	anecdote
		anecdotique
[KS.]		annexe.r
	une	annexion
[M.]	une	anémie*
		anémique
	une	anémone
[S.]	une	ânesse
	l'/une	anesthésie*
	un.e	anesthésiste

[aNi.]

[-]	de l'	anis
[K.]	une	anicroche
[i.]		annihiler*
[M.]	un	animal*
	un.e	animateur, -trice
	une	animation
	des	animaux
	être	animé.e
	(s')	animer
	l'	animosité
[S.]	de l'	anis*
[V.]	un	anniversaire

•[aGN.]

| | un | agneau |
| | des | agneaux |

[aNo.]

[-]	un/(des)	**anneau(x)**
[B.]		annobli.r*
[D.]		anodin.e
[M.]	une	anomalie
[N.]		ânonner
	l'	anonymat
		anonyme*
[R.]	un	anorak
		anormal.e, -aux*
[T.]	une	annotation
		annoter*

[aNon.]

	un	ânon
	une	annonce
		annoncer*

[aNT.]

	un	hanneton

[aNu.]

[è.]	un	annuaire
		annuel.le.ment
[L.]	un/l'	annulaire
	une	annulation
	être	annulé.e
	(s')	annuler

[aP.]

[aPa.]

[-]	un	appât
[R.]	un	aparté
	l'	apartheid
	j'/tu	apparais
	il/elle	apparaît ou apparait
		apparaître ou apparaitre
	un	**appareil**
	un	appareillage
		appareiller*
		apparemment
	l'/une	apparence
		apparent.e
	être	apparenté.e*
	une	apparition
	un	**appartement**
	l'	appartenance
		appartenir
	cela	appartient
[T.]		apathique*
		apatride
		appâter

[aPan.]

	un	appentis

[aPe.][aPeu.]

[L.]	(s')	**appeler**
[P.]		**à peu près**
[R.]	être	apeuré.e
[Z.]	l'	apesanteur
	s'	apesantir*

[aPé.][aPè.]

[-]		happer
[L.]	un	appel
	une	appellation
	il/elle	**appelle**
[N.]		à peine
[R.]		apercevoir
	j'/tu	aperçois
	il/elle	aperçoit
	ils/elles	aperçoivent
	il/elle a	aperçu
	un	aperçu
	(un)	apéritif
[T.]		appétissant.e
	l'	appétit
[Z.]		apaisant.e
	un	apaisement
	être	apaisé.e
	(s')	apaiser

[aPi.]

[K.]	(un)	à-pic
	un.e	apiculteur, -trice
	l'	apiculture
[é.]		**à pied**
[T.]	l'	apitoiement
	(s')	apitoyer

[aPin.]

	un	appendice
	l'/une	**appendicite**

[aPL.]

[a.]	être	aplani.e
		aplanir
	être	aplati.e
	(s')	aplatir*
[i.]		applicable
	un	applicateur
	une/l'	application
	il/elle/une	applique
	être	appliqué.e
	(s')	**appliquer**
[o.]	il/elle a	applaudi
		applaudir*
	des	applaudissements
[on.]	un/l'	aplomb

[aPo.]

[-]	un	appeau
[K.]	l'	apocalypse
		apocalyptique
[J.]	un	apogée
[R.]	un	apport
		apporter *
[S.]	un	apostolat*
		apostrophe.r
[T.]	une/l'	apothéose
	un	apothicaire
	un	apôtre
[V.]	être	appauvri.e
	(s')	appauvrir
	un	appauvrissement
[Z.]		apposer*
	une	apposition

[aPoin.]

	un	appoint*
	des	appointements

[aPR.]

[an.]	il/elle	**apprend**
		apprendre
	j'/tu	apprends
	un.e	apprenti.e
	un/l'	apprentissage
[e.]		âpre.ment*
[é.][è.]		appréciable
	une	appréciation
		apprécier*
		appréhender
	une	appréhension
		après
		après-demain
	un.e/l'	**après-midi**
		à présent
	quelque chose	à prêter
	(s')	apprêter*
		(= se préparer)
[i.]	j'ai	**appris** (= apprendre)
	être	apprise
	être	apprivoisé.e
		apprivoiser*
		a priori*
	il/elle	**a pris** (= prendre)
	qu'il	a prise (= prendre)
[o.]		approbateur, -trice
	une	approbation
		approchant.e
	il/elle	approche
	une	approche
	je me suis	approché.e
	(s')	**approcher** *
		approfondir*

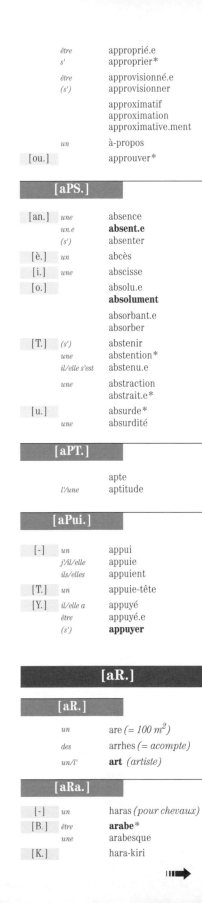

être	approprié.e
s'	approprier*
être	approvisionné.e
(s')	approvisionner
	approximatif
	approximation
	approximative.ment
un	à-propos
[ou.]	approuver*

[aPS.]

[an.]	une	absence
	un.e	**absent.e**
	(s')	absenter
[è.]	un	abcès
[i.]	une	abscisse
[o.]		absolu.e
		absolument
		absorbant.e
		absorber
[T.]	(s')	abstenir
	une	abstention*
	il/elle s'est	abstenu.e
	une	abstraction
		abstrait.e*
[u.]		absurde*
	une	absurdité

[aPT.]

		apte
	l'/une	aptitude

[aPui.]

[-]	un	appui
	j'/il/elle	appuie
	ils/elles	appuient
[T.]	un	appuie-tête
[Y.]	il/elle a	appuyé
	être	appuyé.e
	(s')	**appuyer**

[aR.]

[aR.]

	un	are (= 100 m²)
	des	arrhes (= acompte)
	un/l'	**art** (artiste)

[aRa.]

[-]	un	haras (pour chevaux)
[B.]	être	**arabe***
	une	arabesque
[K.]		hara-kiri

[CH.]	une	arachide
	l'	arrachage
	d'	arrache-pied
	(s')	**arracher**
[S.]		harassant.e
	être	harassé.e

[aRan.]

[-]	un	hareng
[G.]		harangue.r
[J.]		arrangeant.e
	un	arrangement
	(s')	**arranger***

[aRB.]

[a.]	une	arbalète
[i.]	un	arbitrage
		arbitraire.ment
	un	arbitre
		arbitrer*
[o.]		arborer*
		arborescent.e*
	un.e	arboriculteur, -trice
	l'	arboriculture
[R.]	un	**arbre**
	un	arbrisseau
[u.]	un	arbuste

[aRK.]

[-]	un	**arc**
[a.]	une	arcade
		archaïque
[an.]	un	arc-en-ciel
	des	arcs-en-ciel
[B.]	un	arc-boutant
	s'	arc-bouter
[è.]	l'	archéologie
		archéologique
	un.e	archéologue
	être	arqué.e
[T.]		arctique

[aRCH.]

[ø.][e.]	une	arche
	un	archevêque*
[é.][è.]	un	archer (= arc)
	un	archet (= violon)
[i.]	un	archipel
	un.e	**architecte***
	l'	architecture*
	les	archives*

[aRD.]

[a.]		ardemment

[an.]		ardent.e
[ø.]	l'	ardeur
[eur.]	une/(des)	harde(s)
[i.]	être	hardi.e
	la	hardiesse
		hardiment
[oi.]	une	ardoise
[u.]		ardu.e

[aRø.]

	un	are (=100m²)
	des	arrhes (=acompte)

[aRé.][aRè.]

[-]	un	arrêt
[M.]	un	harem
[N.]	une	**araignée**
[GN.]	une	arène
[S.]	une	arrestation
[T.]	une	arête de poisson
	il/elle	**arrête**
	être	arrêté.e
	(s')	**arrêter**

[aRG.]

	l'	argot*
	un	argument*
	une	argumentation

[aRi.]

[K.]	un	**haricot**
[D.]		aride*
[é.][è.]	en/l'	**arrière***
	être	arriéré.e
	une	arrière-boutique
	un	arrière-goût
	une	arrière-grand-mère
	les	arrière-grand-parents
	un	arrière-grand-père
	un/l'	arrière-pays
	une	arrière-pensée
	un	arrière-plan
	une	arrière-saison
	un	arrière-train
[S.]	(un.e)	aristocrate
	l'	aristocratie
		aristocratique
[T.]	l'	arithmétique
[V.]	un	arrivage
	un/en	arrivant
	il/elle	arrive
	je suis	arrivé.e
	une/l'	arrivée
		arriver
	un.e	arriviste

[aRJ.]

[an.]	l'	**argent***
	être	argenté.e
	l'	argenterie
[i.]	l'	argile
		argileux, -euse

[aRM.]

[a.]	un	armateur
	une/l'	armature
[ø.]	une	**arme**
[e.]	l'	armement
[é.]	être	armé.e
	une/l'	**armée**
	(s')	armer
[i.]	l'	armistice
[o.]	un	harmonica
	l'	harmonie
		harmonieux, -euse
		harmoniser*
	un	harmonium

[aRN.][aRGN.]

	la	hargne
		hargneux, -euse
	un	harnachement
		harnacher*
	un	harnais

[aRo.]

[G.]		arrogant.e*
[M.]	un	aromate
		aromatique
		aromatiser*
	un	arôme
[Z.]	l'	arrosage
	être	arrosé.e
		arroser*
	un	arrosoir

[aRP.]

		arpent.er*
	une	harpe
	un.e	harpiste
		harpon.ner*

[aRS.]

	un	arsenal
	des	arsenaux
	de l'	arsenic
	un	harcèlement
		harceler*

[aRT.]

[é.][è.]	une	artère*
		artériel.le
[i.]	un	artichaut

---

	un	article
		articulaire
	une	articulation
	être	articulé.e
	(s')	articuler
	un	artifice*
	un feu d'	artifice
		artificiel.le.ment
	l'	artillerie*
	un	artisan
		artisanal.e.ment
	l'	artisanat
		artisanaux
	un.e	**artiste**
		artistique.ment
[R.]	l'	arthrite*
	l'	arthrose

[aS.]

[aS.]

	un	as

[aSsa.]

	(s')	assagir*
	un.e	assaillant.e
		assailli.r
	un	assassin
	un	assassinat
	être	assassiné.e
		assassiner*

[aSsan.]

[B.]	un	assemblage
	une	**assemblée**
	(s')	assembler
[D.]		ascendant.e*
[S.]	un	**ascenseur**
	une	ascension*
	l'	Ascension (=fête)
[T.]	un	assentiment

[aSsé.][aSsè.]

[-]		**assez**
[CH.]	un	assèchement
		assécher
[N.]		assaini.r
	un	assainissement
		asséner* ou assener
[P.]		aseptiser*
[R.]	être	acéré.e
		asservir*
[T.]	un.e	ascète*
[Y.]		asseyez-vous
[Z.]	un	assaisonnement
		assaisonner

[aSF.]

	l'	asphalte*
	une	asphyxie
	être	asphyxié.e
		asphyxier

[aSsi.]

[-]	être	**assis**
[D.]		acide*
	l'	acidité
		acidulé.e
	être	assidu.e
	l'	assiduité
		assidûment ou assidument
[é.][è.]	de l'	**acier**
	une	aciérie
	être	assiégé.e
	une	**assiette**
[M.]	l'	assimilation
		assimiler*
	l'	asymétrique*
[S.]	l'	assistance
	un.e	assistant.e
		assister*
[Z.]	être	**assise**
	les	assises

[aSM.]

	(un.e)	asthmatique
	l'	asthme

[aSso.]

[-]	un/l'	assaut
[M.]		assommant.e
		assommer*
[R.]	être	assorti.e*
	un	assortiment
[S.]	une	association
	être/un.e	associé.e
	(s')	associer

[aSsoi.]

		à soi (=vers soi)
	(s')	asseoir ou assoir
	être	assoiffé.e

[aSson.]

	(s')	assombrir*

[aSsou.]

[P.]	être	assoupi.e*
		assoupli.r*
	un	assouplissement
[R.]		assourdi.r*
		assourdissant.e
[V.]		assouvi.r

⦀▶

[aSP.]

[è.][è]	un	aspect
	une	asperge
		asperger*
	une	aspérité
[i.]	un	aspic
	un	aspirateur
	une	aspiration
		aspirer*
	une	aspirine

[aST.]

[é.]	un	astérisque
	un	astéroïde
[i.]	(un)	asticot.er
		astigmate
		astiquer*
[R.]	un	astre
		astreignant.e
		astreindre
	l'	astrologie
		astrologique
	un.e	astrologue
	un.e	astronaute
		astronautique
	un.e	astronome
	l'	astronomie
		astronomique
[u.]	une	astuce
		astucieux, -ieuse.ment

[aSₛu.]

[J.]		assujetti.r*
[M.]		assumer
[R.]	une	assurance
	être	assuré.e
		assurément
	(s')	**assurer**
	un	assureur

[aT.]

[aTa.]

[B.]	être	attablé.e
	(s')	attabler
[K.]	un/en	attaquant
	une/il/elle	attaque
	être	attaqué.e
	(s')	**attaquer**
[CH.]	une	attache
		attachant.e
	être	attaché.e
	un	attaché-case
	un	attachement
	(s')	**attacher**
[R.]	être	attardé.e*

[aTan.]

[-]	arriver	à temps
	il/elle	**attend**
	j'/tu	attends
[D.]	en	attendant
		attendre
	être	attendri.e
	(s')	attendrir
		attendrissant.e
	un	attendrissement
		attendu
[S.]	(une)	**attention**
	être	attentionné.e
[T.]	un	attentat
	une/l'	attente
		attenter*
		attentif, -ive.ment

[aTe.][aTₑ.]

	un	**atelier**
	un	attelage
	(s')	atteler
		attenant.e
	la	hâte

[aTé.][aTè.]

[-]	être	athée*
	(se)	hâter
[GN]	ils/elles	atteignent
[L.]	une	attelle
		atténuant.e
	une	atténuation
		atténuer*
[R.]	être	atterré.e
	il a	atterri
		atterrir
	un	atterrissage
	il	atterrit
[S.]	une	attestation
		attester*

[aTi.]

[F.]		hâtif
[R.]	un	attirail
	une	attirance
		attirant.e
		attirer*
[T.]	être	attitré.e
	une	**attitude**
[V.]		hâtive.ment
[Z.]		attiser*

[aTin.]

		atteindre
	j'ai	atteint
	une/être	atteinte

[aTL.]

	un	athlète
		athlétique
	l'	athlétisme
		atlantique
	l'	Atlantique
	un	atlas
	un	attelage
		atteler

[aTM.]

	une/l'	**atmosphère**
		atmosphérique

[aTo.]

	un	atoll
	un	atome*
		atomique
	un	atomiseur*

[aTou.]

	les	atours
		à tous
	il touche	à tout
	un	atout
	un	attouchement*

[aTR.]

[a.]		**à travers**
	une	attraction
	il/une	attrape
	un	attrape-nigaud
		attraper*
[ǝ.]	un	âtre
[è.]	un	attrait
		attrayant.e
[i.]		attribuer*
	un	attribut
	une/l'	attribution
		attristant
	être	attristé.e*
[o.]		atroce.ment
	une	atrocité
	être	atrophié.e*
[ou.]	un	attroupement
	(s')	attrouper*

[aTu.]

		as-tu... ?

[aü.]

	il/elle	**a eu**
	être	ahuri.e
		ahurissant.e

16-17

[aV.]

[aVa.]

[CH.]	*être*	avachi.e*
[L.]	*en/l'*	aval
	une	avalanche
	en	avalant
	il/elle	avale
		avaler*
[R.]	*(un.e)*	avare
	l'	avarice
	une	avarie
	être	avarié.e
[T.]	*un*	avatar

[aVan.]

[-]	*(en)*	**avant**
[B.]	*un*	avant-bras
[D.]		avant-dernier
		avant-dernière
[G.]	*une*	avant-garde
	un	avant-goût
	une	avant-première
	un	avant-projet
[P.]	*un*	avant-propos
[S.]	*(une)*	avance
	il/elle	avance
	d'/à l'	avance
	une/être	avancée
	un	avancement
		avancer*
	vous	avancez
	nous	avançons
	un	avant-centre
[T.]	*un*	**avantage**
		avantager*
		avantageux, -euse.ment
		avant-hier
	une	**aventure**
	(s')	aventurer
		aventureux, -euse
	un.e	aventurier, -ière
[V.]	*l'*	avant-veille

[aVe.] [aVeu.]

[-]	*un*	aveu
	des	aveux
[G.]		aveuglant.e
		aveugle
	un	aveuglement
		aveuglément
	être	aveuglé.e
		aveugler*
	à l'	aveuglette
[N.]	*un/à l'*	avenant
	un/l'	avenir
	une	avenue

[aVé.] [aVè.]

[-]	*ils/elles*	**avaient**
	j'/tu	**avais**
	il/elle	**avait**
	il y	avait
	vous	**avez**
[K.]		**avec**
[N.]	*un*	avènement
[R.]	*s'*	avérer
	une	**averse**
	il pleut	à verse
	une	aversion
	être	averti.e
		avertir
	un	avertissement
	un	avertisseur

[aVi.]

[-]	*un*	avis
[a.]	*un.e*	aviateur, -trice
	l'	aviation
[K.]	*un*	aviculteur
[D.]		avide.ment
	l'	avidité
[L.]		avilir
		avilissant.e
[on.]	*un*	**avion**
	nous	avions
[R.]	*un*	aviron
[Z.]	*être*	avisé.e
	(s')	aviser

[aVo.]

[K.]	*un.e*	avocat.e
[R.]	*un*	avortement
		avorter*

[aVoi.]

[R.]		**avoir**
	je demande	à voir
[Z.]		avoisinant.e
		avoisiner*

[aVon.]

	nous	**avons**

[aVou.]

		avouable
	il/elle	avoue
		avouer*
	c'est	**à vous**

[aVR.]

		avril

[aY.]

[-]		**aïe !** *(j'ai mal)*
	de l'	ail
[a.]	*un*	ayatollah
[e.] [eu.]	*un.e*	aïeul.e
	les	aïeux
		ailleurs
[on.]	*en*	haillons
	un	hayon *(de voiture)*

[aZ.]

[a.]	*une*	azalée
	un/le	hasard
	(se)	hasarder
		hasardeux, -euse
[∅.]	*une*	hase
[i.]		asiatique
	un	asile
	un	azimut
[o.]	*l'*	azote
[u.]	*l'*	azur

[an.]

	un	**an** *(une année)*
	les	ans
		en
		(en hiver)
		(en forme)
		(en France)
		(en jouant)
		(en auto)
		(en plastique)
		(en plus)

[an.ä]

enhardi.r*

[anB.]

[anBa.]

[-]		en bas
[L.]	*un*	emballage
	un	emballement
		emballer*
[R.]	*un*	embarcadère
	une	embarcation

⠀▮▮▮➡

	une	embardée
	un	embargo
	un	embarquement
	(s')	embarquer
	un	embarras
		embarrassant.e
	être	embarrassé.e*
[S.]	une	ambassade
	un.e	ambassadeur, -drice

[anBè.]

		embellir*
		embêtant.e
	un	embêtement
	(s')	embêter

[anBi.]

	une/l'	ambiance*
		ambigu.ë ou ambigü.e
	une	ambigüité ou ambiguïté
		ambitieux, -euse
		ambition.ner

[anBL.]

	d'	emblée
	un	emblème*

[anBo.]

	(l')	embauche.r*
		embaumer*
	une	embolie

[anBoi.]

	(s')	emboîter ou emboiter

[anBon.]

	(l')	embonpoint

[anBou.]

[-]	un	embout
[CH.]	être	embouché.e*
	une/l')	embouchure
[R.]	(s')	embourber*
[T.]	un	embouteillage
		embouteiller*
		embouti.r*

[anBR.]

[a.]	(s')	embraser*
	une	embrasure
	une	embrassade
	(s')	**embrasser***
[an.]	un	embranchement
[ø.]	de l'	ambre*

[è.]	un	embrayage
		embrayer*
[i.]		embrigader*
	un	embryon*
[un.]	les	embruns
[o.]	(s')	embrocher*
[ou.]	être	embrouillé.e*

[anBu.]

[CH.]	des	embûches
[é.]	(s')	embuer*
[L.]	un.e	**ambulance**
	un.e	ambulancier, -ière
		ambulant.e
[R.]	un	hamburger
[S.]	une	embuscade
	être	embusqué.e*

[anK] ·[anKS.]

[a.]	une	encablure
	un	encadrement
		encadrer*
	un	en-cas
		encastrer*
[è.]		encaisser*
	une	enquête
		enquêter*
	un.e	enquêteur, -trice
[i.]	être	ankylosé.e*
		enquiquinant.e
		enquiquiner*
[L.]	une	enclave
		enclencher*
	être	enclin.e
		enclore
	un	enclos
	une	enclume
[o.]		encaustique.r
	une	encoche
		en colère
	une	encolure
	(s')	encorder*
		encore
[on.]	être	encombrant.e
	sans	encombre
	être	encombré.e
	un	encombrement
	(s')	encombrer
	à l'	encontre
[ou]		encourageant.e
	être	encouragé.e
	un	encouragement
		encourager*
		encourir

[R.]	une	ancre (de bateau)
		encrasser*
	de l'	**encre**
	un	encrier
·[ ]	l'	anxiété
		anxieux, -euse*

[anCH.]

[an.]	être	enchanté.e
	un	enchantement
		enchanteur, -eresse
[ø.]	être	enchevêtré.e*
[e.]	un	enchevêtrement
	une	hanche
[è.]	être	enchaîné.e ou enchainé.e
	(s')	enchaîner ou enchainer
	un	enchaînement ou enchainement
	les	enchères
[oi.]	un	anchois

[anD.]

[B.]	le	handball
[e.]	être	endeuillé.e*
[ø.]		en dessous
[è.]	un	endettement
	(s')	endetter
[i.]	être	endiablé.e
		endiguer
	(s')	endimancher*
	une	endive
	un	handicap
	être	handicapé.e
[o.]		endoctriner*
		endolori.e
	être	endommagé.e*
		endommager
		en dormant
	être	endormant.e
	être	endormi.e
	(s')	endormir*
		endosser*
[ou.]	une	andouille
	un	andouiller
	une	andouillette
[R.]	un/l'	**endroit**
[u.][ui.]		enduire
	(un)	enduit.e
	l'	endurance
		endurant.e
	un	endurci.e
	(s')	endurcir*
		endurer*

⫸   ⫸

[anF.]

[a.]	une	emphase
		emphatique
		en face (de)
	l'	enfance
	un	**enfant**
	un	enfantillage
		enfantin.e
[é.][è.]	l'	**enfer**
	(s')	**enfermer**
	s'	enferrer*
[i.]		amphibie*
	un	amphithéâtre
	en	enfilade
		enfiler*
[in.]		**enfin**
[L.]	(s')	enflammer*
	(s')	enfler*
	une	enflure
[o.]	une	amphore
[on.]	(s')	**enfoncer***
[ou.]		enfoui.r*
		enfourcher*
		enfourner*
[R.]	une	anfractuosité
		enfreindre
[u.][ui.]	il/elle s'est	**enfui.e**
	s'	enfuir
		enfumer*

[anG.]

[a.]		engageante
	être	engagé.e
	un	engagement
	(s')	engager
	un	**hangar**
[e.]	une	engueulade
	(s')	engueuler*
[i.]	une	anguille
	être	enguirlandé.e
[L.]	un	angle
		angli... (de anglais)
		anglo... (de anglais)
		englober*
		englouti.r*
[o.]		angora
	un	engorgement
	être	engorgé.e
[oi.]		angoissant.e
	une/l'	angoisse
	être	angoissé.e
[on.]	être	engoncé.e

[ou.]	un	engouement
	s'	engouffrer*
	(s')	engourdi.r*
	un	engourdissement
[R.]	un/l'	engrais
		engraisser*
		engranger*
	un	engrenage
[u.]		angulaire
		anguleux, -euse

[anJ.]

[an.]		engendrer*
	une	enjambée
		enjamber*
[ø.][eu.]	un	**ange**
	une	engelure
	un	enjeu
[é.]		angélique
[i.]	une	**angine**
[in.]	un	engin
[L.]	une	engelure
[o.]		enjôler
		enjôleur, -euse
		enjoliver*
	un	enjoliveur
[ou.]	être	enjoué.e

[anL.]

[a.]		enlacer*
[ø.][è.]		enlaidi.r*
		en l'air
	être	enlevé.e
	un	enlèvement
		enlever*
[i.]	s'	enliser
[u.]	une	enluminure

[anM.]

[a.]		emmagasiner
		emmailloter*
[an.]		emmancher*
	une	emmanchure
[e.]	être	emmené.e
		emmener*
[é.][è.]		emmêler*
	un	emménagement
		emménager*
	j'/il/elle	emmène
	(s')	emmerder*

[i.]	(s')	emmitoufler*
[u.]		emmurer*

[anN.]

[a.]		**en arrière**
		en avant
[é.]		en effet
	être	enneigé.e*
	l'	enneigement
[i.]		enivrant.e
	être	enivré.e
	(s')	enivrer
[o.]	(s')	enorgueillir
[ui.]	un	**ennui**
	il/elle s'	ennuie
	être	ennuyé.e
	(s')	**ennuyer**
		ennuyeux, -euse

[anP.]

[a.]	être	empaillé.é
		empaqueter*
	s'	emparer
	être	empâté.e*
		en panne
[ø.]	être	empesé.e*
	une	hampe
[é.][è.]	être	empêché.e
	un	empêchement
		empêcher*
		empester*
	être	empêtré.e*
[i.]		empierrer*
		empiéter*
	(s')	empiffrer*
		empiler*
	un	empire
		empirer*
		empirique.ment*
[L.]		ample.ment
	l'	ampleur
	un	amplificateur
		amplifier*
	un	emplacement
	un	emplâtre
	des	emplettes
		emplir
	un	emploi
	j'/il/elle	emploie
	(un.e)	employé.e
		employer*
	un.e	employeur, -euse

	être	emplumé.e
[o.]		empocher*
	être	emporté.e
	un	emportement
		emporter*
	être	empoté.e
[oi.]	*une*	empoignade
	(s')	empoigner
	être	**empoisonné.e**
	un	empoisonnement
		empoisonner
	un.e	empoisonneur, -euse
[ou.]	*une*	**ampoule***
	être	empourpré.e
[R.]	*un*	empereur
	être	empressé.e
	un	empressement
	(s')	empresser
	être	empreint.e
	une	empreinte
	une	emprise
	être	emprisonné.e
	un	emprisonnement
		emprisonner*
	un	emprunt
		emprunter*
[u.]	*une*	amputation
		amputer*

[anR.]

[a.]	*être*	enraciné.e*
		en rage
	être	enragé.e*
[e.]	*être*	enregistré.e
	un	enregistrement
		enregistrer*
	(un.e)	enregistreur, -euse
[é.]	*(s')*	enrayer
[i.]	*être*	enrichi.e
	(s')	enrichir
		enrichissant.e
	un	enrichissement
[o.]		enrober*
		enrôler*
[ou.]	*être*	enroué.e
	(s')	enrouler*
[u.]	*être*	**enrhumé.e**
	(s')	enrhumer

[anS.]

[a.]	*(s')*	ensabler*
[an.]	*de l'*	encens
		encenser*
	un	encensoir
	être	ensanglanté.e
		ensemble

[∅.]	*une*	anse *(de panier)*
[e.]		ensemencer
		enseveli.r
[é.][è.]		ancestral.e, aux
	les	ancêtres
	l'	encéphale*
	être	encerclé.e
	un	encerclement
		encercler*
		en saignant *(=saigner)*
	(un.e)	enseignant.e
	une	enseigne
	l'	enseignement
		enseigner*
[i.]		**ancien**
[ien.]		**ancienne.ment**
	l'	ancienneté
	une	encyclopédie
		encyclopédique
[in.]	*une/être*	**enceinte**
[o.]	*être*	**ensoleillé.e***
	être	ensommeillé.e
	être	ensorcelé.e
	un	ensorcellement ou ensorcèlement
[ui.]		**ensuite**
	(s')	ensuivre

[anT.]

[anTa.]

	l'	antagonisme*
	l'	antarctique
	être	entaché.e
	une	entaille
		entailler*
		entamer
	être	entartré.e*
	un	entassement
		entasser*

[anTan.]

eux, ils/elles		entendaient
il/elle		entendait
il/elle/on		**entend**
j'/tu		entends
		entendre
il/elle a		**entendu**
une		entente

[anTé.][anTè.]

(un)		antécédent
une		**antenne**
		antérieur.e.ment

	être	enterré.e
	un	**enterrement**
		enterrer*
	un	en-tête
	un	entêtement
	(s')	entêter
	un château	hanté
	une maison	hantée
		hanter*

[anTi.]

[a.]		antialcoolique
[B.]	*un*	antibiotique
		antibrouillard
[K.]		anticonformiste*
		anticonstitutionnel.le.ment
	un	anticorps
		anticorrosion
	un/une	antiquaire
		antique
	une	antiquité
[CH.]	*l'*	antichambre
[D.]		antidérapant.e
	un	antidote
		antidrogue
[é.][è.]		**entier**
		entière.ment
[J.]	*un*	antigel
[L.]	*une*	antilope
[M.]		antimite(s)
[P.]	*l'*	antipathie
		antipathique
	l'	antipode
		antipoison
		antipollution
[S.]	*l'*	anticipation
		anticiper*
	un	anticyclone*
		antisémite*
	(un)	antiseptique*
[T.]		antitétanique
[V.]	*un*	antivol

[anTo.]

	une	anthologie
	l'	entomologie*
		entonner*
	un	entonnoir
	une	entorse
	s'	entortiller

[anTon.]

		en tombant

[anTou.]

	enthousiasmant.e
l'	enthousiasme
(s')	enthousiasmer
	enthousiaste
un	entourage
être	entouré.e
	entourer*
	en tout
	en tout cas

[anTR.]

[a.]	(l')	anthracite
	un	entracte
	les	entrailles
		entrave.r*
[e.]	un	antre
		entre
	il/elle	entre
	être	entrebâillé.e
	une	entrecôte
		entre-temps ou entretemps
[é.][è.]	une/l'	entraide
	s'	entraider
		entraînant.e ou entrainant.e
	un	entraînement ou entrainement
	(s')	entraîner ou entrainer
	un	entraîneur, -euse ou entraineur, -euse
	une	**entrée**
		entrer
[in.]	l'/plein d'	entrain
		en train de
[o.]	(un)	anthropophage*
		anthro...
[ou.]		entrouvert.e
		entrouvrir

[anV.]

[a.]	être	envahi.e
		envahir
		envahissant.e
	un	envahisseur
	s'	envaser*
[e.]	une	**enveloppe**
		envelopper*
		envenimer*
[è.]	l'	envergure
	(à l')	**envers**
[i.]		enviable
	être	en vie (=vivant)
	j'ai/l'	**envie**
		envier*
	(un.e)	envieux, -euse

		environ
		environnant.e
		environner*
	l'	**environnement**
	les	environs
		envisageable
		envisager*
		en vitesse
[L.]	une	**enveloppe**
	un	enveloppement
		envelopper*
[o.]	un/l'	envol
	il/elle s'est	envolé.e
	une	envolée
	(s')	**envoler**
[oi.]	un	envoi
	il/elle	**envoie**
	eux, ils/elles	envoient
	il/elle a	envoyé
		envoyer*
[ou.]		envoûtant.e ou envoutant.e
		envoûter* ou envouter*

[anZ.]

un(e)	enzyme

[Ba.]

[Ba]

	bah !
c'est/le/un	**bas**
il/elle (se)	bat
je me/tu te	bats

[BaB.]

[a.]	un	baba
[i.]		babiller*
	les	babines
	une	babiole
	un	baby-foot
	un.e	baby-sitter
[o.]	à	bâbord
[ou.]	une	babouche
	un	babouin

[BaK.]

le	bac
le	baccalauréat
	bâcler*
un	bactérie*
un	baquet
un	bas-côté

[BaCH.]

une	bâche
être	bâché.e
un.e	bachelier, -ière
le	bachot*

[BaD.]

un.e	badaud.e
un	badge
	badigeon.ner

[BaF.]

un	baffle
	bafouer*
	bafouille.r*
un	bas-fond

[BaG.]

un	**bagage**
une	**bagarre**
(se)	**bagarrer***
(un.e)	bagarreur, -euse
le	bagout
une	**bague.tte**

[BaJ.]

une	bajoue

[BaL.]

[-]	un	bal (= danse)
	des	bals
	une	**balle**
[a.]	une	**balade** (=promenade)
	se	balader
	(un.e)	baladeur, -euse
	une	balafre
	être	balafré.e
	du	balatum
	une	ballade (=poème)
	le	ballast
[an.]	une	**balance**
	je me	balance
	je me suis	balancé.e
	un	balancement
	(se)	balancer
	un	balancier
	une	**balançoire**
		ballant.e
[B.]	les	balbutiements
		balbutier
[K.]	un	balcon*
[D.]	un	baldaquin
[∅.]	une	**balle**
	une	ballerine

IIII➡

[é.] [è.]	un	**balai** (= balayer)
	un	balayage
		balayer*
	une	balayette
	un.e	balayeur, -euse
	une	baleine
		baleinier, -ière
	un	ballet (= danse)
[i.]	le	balisage
	une	balise*
	des	balivernes
[o.] [on.]	un	**ballon**
	être	ballonné.e
	un	ballonnement
	un	ballonnet
	un	ballot
	le	ballottage
	être	ballotté.e
[ou]		balourd.e
[R.]	une	ballerine
[T.]	le	ball-trap
[u.]	un	baluchon
	une	balustrade*

[BaN.] •[BaGN.]

[a.]		banal.e, -als
		banaliser*
	une	banalité
	une	**banane**
	(un)	bananier, -ière
[i.]	être	banni.e
	une	bannière
		bannir
•[ ]	un	bagnard
	le	bagne

[Bao.]

	un	baobab

[BaR.]

[-]	un	bar
	une	**barre**
[a.]		baragouiner*
	une	baraque*
	un	baraquement
		baratin.er
	un	barrage
[B.]		barbant.e
		barbare
	la	barbarie
	une	**barbe**
	un	barbecue
	être	barbelé.e
		barber*
	une	barbiche.tte
	un	barbier
		barboter*

	un	barbouillage
		barbouiller*
	être	barbu.e
	une	barbue (=poisson)
[K.]	une	**barque**.tte
[D.]		bardc.r
[∅.] [e]	une/la	**barre**
	un	barreur
	un	bas-relief
[é.] [è.]	un	barème
	être	barré.e
	(se)	**barrer***
	une	**barrette**
[i.]	un	barillet
	être	bariolé.e*
	(un.e)	barricade.r
	une	barrière
	une	barrique
		barrir
	un	barrissement
	un	baryton
[M.]	un	barman
[o.] [on.]	un	baromètre
	un.e	baron.ne
		baroque
	un	**barreau**

[BaS.]

[K.]	une	bascule
		basculer*
	le	basket
	le	basket-ball
	les	baskets
	la	basse-cour
[∅.]	elle est	**basse**
[è.]	la	bassesse
	un	basset (= chien)
[i.] [in.]	un	**bassin**
	une	bassine

[BaT.]

[a.]	une	**bataille**
	(se)	batailler
	(un.e)	batailleur, -euse
		bataillon
	un.e	bâtard.e*
	une	batavia
	un	battage
[an.]	un/en	battant
[∅.] [e.]	un	baptême
[è.]	un.e	batelier, -ière
	un	battement
	(un)	batteur
[i.]	être	baptisé.e
		baptiser*

	être	bâti.e
	j'ai/un	bâti
	un	**bâtiment**
		bâtir
	une	bâtisse
	(un.e)	bâtisseur, -euse
[M.]	un	battement
[o.]	un	**bateau**
	un	bâtonnet
[on.]	un	bâton
[R.]	un	batracien
	une	batterie
	(se)	**battre**
[u.]	j'ai	**battu**
	être	battu.e
	une	battue

[Baü.]

	un	bahut

[BaV.]

[a.]		**bavard.e**
	le	bavardage
		bavarder*
[an.]	le	bas-ventre
[∅.] [eu.]	la	bave
		baveux, -euse
[é.] [è.]		baver*
	une	bavette
[oi.]	un	bavoir
[u.]	une	bavure

[BaY.]

	un	bail
	un	bâillement
		bâiller*
		bâillon.ner
	une	baïonnette

[BaZ.]

[a.]	le	basalte
	être	basané.e
	un	**bazar**
		bazarder*
[∅.]	une/la	**base**
[é.]		baser*
[i.]	le	basilic
	une	basilique
[ou.]	un	bazooka

[Ban.]

[-]	un	ban de poisson
	un	ban (= applaudir)
	un	**banc** pour s'asseoir

[B.]	un	bambin
	du	bambou
[K.]		bancal.e, -als
		banquaire
	une	**banque**
	un	banquet
	une	banquette
	un	banquier
	la	banquise
[D.]	un	bandage
	une	**bande**
	être	bandé.e
	un	bandeau
	une	bandelette
		bander*
	une	banderole
	un	**bandit**
	le	banditisme
	en	bandoulière
	un	banjo
[L.]	une	banlieue
	un.e	banlieusard.e

[Be.][Beu.]

[-]	des	boeufs
[D.]		bedonnant.e
[F.]	un	boeuf
[G.]	un	beuglement
		beugler*
[L.]	une	belette
	la	belote
[R.]	un.e	beur *(=Arabe)*
	du	beurre
		beurrer*
	un	beurrier
[Z.]	une	besace
	une	besogne
	le	**besoin**

[Bé.][Bè.]

[Bé.][Bè.]

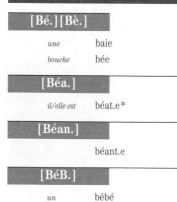

	une	baie
	bouche	bée

[Béa.]

	il/elle est	béat.e*

[Béan.]

		béant.e

[BéB.]

	un	bébé

[BéK.][BèK.]

	un	**bec**
	une	bécasse
	un	bec-de-lièvre
	une	becquée ou béquée
	une	béquille

[BéCH.][BèCH.]

	une	béchamel
	une	**bêche**
		bêcher*

[BéF.]

	un	beffroi

[BéG.][BèG.]

	il/elle	bégaie
	le	bégaiement
		bégayer
	un	bégonia
	un.e	bègue

[BèJ.]

		beige

[BéL.][BèL.]

[-]	un	bel *homme*
[ø.]	la chèvre	bêle
	le	bêlement
	elle est	**belle**
	la	belle-fille
		bellement
	la	belle-mère
	la	belle-soeur
[é.]		bêler*
[F.]	la	belle-fille
[i.]	un	bélier
	(un.e)	belligérant.e*
		belliqueux, -euse
[M.]	un	bêlement
		bellement *(beau)*
	la	belle-mère
[S.]	la	belle-soeur

[BéN.][BèN.]
•[BéGN.]
•[BèGN.]

[ɛ.]	une	benne
[é.]	une	bénédiction
	un	**bénéfice**
	(un.e)	bénéficiaire
		bénéficier*
		bénéfique
		bénévole.ment

[i.]	être	béni.e
		bénigne
		bénir
	de l'eau	bénite
	un	bénitier
•[ ]	une	baignade
	je me suis	baigné.e
	(se)	baigner
	un.e	baigneur, -euse
	une	**baignoire**
	un	**beignet**
[in.]		bénin

[BéR.][BèR.]

[K.]	le	bercail
[è.]	un	béret
[J.]	la	berge
	un	**berger**
	une	**bergère**
	la	bergerie
	une	bergeronnette
[L.]	une	berline
	un	berlingot
	la	berlue
[M.]	un	bermuda
[N.]	un	bernard-l'ermite
	(en)	berne
		berner*
[S.]	un	**berceau**
	le	bercement
		bercer
		berceur
	(une)	berceuse

[BéS.][BèS.]

	il/elle (se)	baisse
	une	baisse
	(se)	**baisser**
	être	bestial.e
	les	bestiaux
	une	bestiole
	un	best-seller

[BéT.][BèT.]

	le	bétail
	une/être	**bête**
		bêtement
		bêtifier*
	une	**bêtise***
	le	**béton**
		bétonner*
	une	bétonnière
	une	**bette.rave**

[BéV.]

	une	bévue

⫸

[BéZ.][BèZ.]

le	baisemain
un	**baiser**

[Bi.] •[Bien.]

[Bi]

il est	bis *(= brun)*

[BiB.]

[L.]	un	bibelot
	la	bible
	un	bibliobus
	un.e	bibliothécaire
	une	bibliothèque
		biblique
[R.]	un	**biberon**

[BiK.]

un	**bic**
	bicolore
une	bicoque
une	bique.tte

[BiCH.]

une	biche.tte
	bichon.ne.r*

[BiD.]

un	bidet
un	bidon
un	bidonville

[Biè.]

le/en	biais *(=biaiser)*
une	bielle
la	bière
un	**billet***

•[Bien.]

[-]	c'est/le	**bien**
[K.]		bien que
[F.]	la	bienfaisance
		bienfaisant.e
	c'est	bien fait
	un	bienfait
	un.e	bienfaiteur, -trice
[N.]		bien-aimé.e
	le	bien-être
		bienheureux, -euse
[S.]	la	bienséance*
		bien sûr
[T.]		**bientôt**

[V.]	la	bienveillance
		bienveillant.e
	la	bienvenue
	le/la	bienvenu.e

[BiF.]

	biffer*
un	**bifteck**
une	bifurcation
	bifurquer*

[BiG.]

	bigame
	bigarré.e
	bigarreau
un/(des)	bigorneau(x)
un	bigoudi

[BiJ.]

un/(des)	**bijou(x)**
une	bijouterie
un.e	bijoutier, -ière

[BiL.]

un	bilan
	bilatéral.e, -aux
la	bile
	biliaire
	bilingue*
un	building

[BiM.]

	bimensuel.le*
	bimoteur

[BiN.]

	binaire
	biner
une	binette
un	biniou

[Bio.]

une	biographie*
la	biologie*

[BiP.]

	bipède
un	biplan

[BiS.]

[-]		bis *(= 2 fois)*
[K.]		biscornu.e
	une	biscotte
	un	**biscuit***

[è.]	un	biceps
	une	bissectrice
		bissextile
[i.]	une	**bicyclette**
[T.]	un	bistouri
		bistre
	un	bistro(t)

[BiT.]

le	bitume*

[BiV.]

un	bivouac
	bivouaquer*

[BiY.]

un	billard
une	**bille**
un	**billet**
la	billetterie

[BiZ.]

une/la	bise
	biseau.té.e
un	bison
un	bisou
des	bisous
	bizarre.ment
une	bizarrerie
le	business

[Bin.][Bun.]

un/le	**bain**
un	bain-marie
le/la	benjamin.e
la	benzine
un	bungalow

[BL.]

[BLa.]

[F.]		blafard.e
[G.]	(une)	blague.r*
	un.e	blagueur, -euse
[M.]		blâmable
	(un)	blâme.r*
[S.]	un	blasphème
		blasphémer*
[T.]	une	blatte
[Z.]	être	blasé.e
	un	blason
	un	blazer

24 - 25

[BLan.]

[-]		**blanc**
[K.]	la	blanquette
[CH.]		blanchâtre
		blanche
	la	blancheur
	être	blanchi.e
		blanchir
	une	blanchisserie*
	un.e	blanchisseur, -euse

[BLeu.]

		bleu.e
		bleuâtre
	un	bleuet
		bleuir*
		bleuté.e

[BLeuF.]

	(du)	bluff.er*

[BLé.][BLè.]

[-]	du	**blé**
	être	blet
[D.]	un	bled
[M.]		blême
		blêmir
[R.]	un	blaireau
[S.]		blessant.e
	être	**blessé.e**
	(se)	blesser
	une	**blessure**
[T.]	elle est	blette

[BLi.]

	le	blizzard

[BLin.]

	un	blindage
	être	blindé.e

[BLo.]

	un	**bloc**
	un	blocage
	le	blocus
	être	bloqué.e
		bloquer*
	(se)	blotti.r

[BLon.]

		blond.e*
		blondir

[BLou.]

	une	**blouse**
	un	**blouson**
	un	blue-jean

[Bo.]

[Bo.]

	c'est	**beau**
	ils sont	beaux

[Boa.]

	un	boa

[BoB.]

	une	bobine
		bobiner*

[BoK.] [BoKS.]

		beaucoup
	un	bocage
	un	**bocal**
	des	bocaux
	la	**boxe**
		boxer*
	un.e	boxeur, -euse

[BoD.]

	un	baudet
	une	baudruche

[Boé.] [Boè.]

	la	bohème
	(un.e)	bohémien.ne

[BoF.]

	le	beau-fils
	le	beau-frère

[BoJ.]

	le	beaujolais

[BoL.]

	un	**bol**
	le	boléro
	un	bolet
	un	bolide
	le	bowling

[BoM.]

	un	baume

[BoN.]

		bonasse
	le	**bonheur**
	la	bonhomie ou bonhommie
	un	**bonhomme**
	une	bonification
		bonifier*
	un	boniment*

	(elle est)	**bonne**
	une	bonne femme
	de/à la	bonne heure
	la	bonne humeur
		bonne-maman
		bonnement
	un.e	bonnet.erie
	une	bonniche ou boniche

[BoP.]

	les	beaux-parents
	le	beau-père

[BoR.]

	un/le	**bord**
		bordeaux
	être	bordé.e
		border*
	un	bordereau
		bordier, -ière
	une	**bordure**
		boréal.e
		borgne
	une	borne
	(se)	borner*

[BoS.]

	un	bosquet
	le	boss (=patron)
	une	**bosse**
	être	bosselé.e
		bosser*
	un.e	bosseur, -euse
	être/un.e	bossu.e

[BoT.]

	la	**beauté**
		botanique
	une	**botte**
	être	botté.e
	un	bottillon
	un	Bottin
	une	bottine

[BoV.]

	un	bovidé
		bovin.e

[BoY.]

	(un)	boycot.ter*

[BoZ.]

	les	beaux-arts

IIII➡

[Boi.]

[-]	un/du	**bois**
	je/tu	bois
	il/elle	**boit**
[R.]		**boire**
[S.]	une	boisson
[T.]	une	**boîte** ou **boite**
	il/elle	boite
		boiter*
		boiteux, -euse
	un	boîtier ou boitier
	une	boîte aux lettres ou
		boite aux lettres
		boitiller*
[V.]	eux, ils/elles	boivent
[Y.]	un	boyau
[Z.]	être	boisé.e
	un	boisement
		boiser*
	une	boiserie

[Bon.]

[-]	c'est	**bon**
	un	bon (= ticket)
	un	bond (= bondir)
[B.]	un	bombardement
		bombarder*
	un	bombardier
	une	**bombe**
	être	bombé.e
		bomber*
	un	**bonbon**
	une	bonbonne ou bombonne
	une	bonbonnière
[D.]	une	bonde
	être	bondé.e
		bondi
		bondir*
[J.]		**bonjour**
[M.]		bon marché
[S.]		**bonsoir**
[T.]	la	bonté
[V.]		bon vivant
[Z.]	des	bonshommes
	un	bonzaï
	un	bonze

[Bou.]

[Bou]

	la	**boue**
	un/le	**bout**
	l'eau/ça	bout (= bouillir)

[BouK.]

un	bouc
une	**boucle**
être	bouclé.e
	boucler*
une	bouclette
un	bouclier
un	**bouquet**
un	bouquin
	bouquiner*
un.e	bouquiniste

[BouCH.]

la	**bouche**
il	bouche (= boucher)
être	bouché.e
une	bouchée
le	**boucher**
	boucher*
la	bouchère
une	boucherie
un	bouche-trou
un	bouchon

[BouD.]

	bouder*
un.e	boudeur, -euse
le	bouddhisme*
	boudin.é.e
un	bout de...

[Boueu.]

	boueux, -euse

[Boué.]

une	bouée

[BouF.]

	bouffant.e
une	bouffée
	bouffer*
	bouffi.e
(un)	bouffon*

[BouG.]

	bougon.ne.r*

[BouJ.]

il/elle	bouge
il/elle a	bougé
il/elle	bougeait
	bouger*
une	**bougie**
un	bougeoir
la	bougeotte

[BouL.]

un/le	**boulanger**
la	boulangère
une	boulangerie
une	**boule**
un	bouleau (= arbre)
un	bouledogue
un	boulet
une	boulette
un	boulevard
	bouleversant.e
un	bouleversement
	bouleverser*
un	boulon
	boulonner*
le	boulot (= travail)
le	bowling

[BouM.]

un	boomerang

[BouR.]

[-]	un	bourg
[a.]	une	bourrade
	une	bourrasque
		bourratif, -ive
[B.]	un	bourbier
[D.]	un	bourdon
	un	bourdonnement
		bourdonner*
[e.]	un	bourrelet
[é.]		bourrer*
[G.]	une	bourgade
[i.]	une	bourriche
	une	bourrique
[J.]	(un.e)	bourgeois.e
	la	bourgeoisie
	un	**bourgeon**
		bourgeonner*
[M.]	le	**bourgmestre**
[o.]	un	bourreau
[S.]	une	bourse
	la	Bourse
	(un)	boursier
	(une)	boursière
	être	boursouflé.e* ou
		boursoufflé.e
[u.]		bourru.e

[BouS.]

une	bousculade
être	bousculé.e
	bousculer*
une	boussole

[BouT.]

une	boutade
un	boute-en-train
une	**bouteille**
une	**boutique**
un	boutiquier
un	boutoir
un	**bouton**
	boutonner*
	boutonneux, -euse
une	boutonnière
une	bouture
	bouturer*

[BouV.]

un	bouvier
un	bouvreuil

[BouY.]

la	bouillabaisse
	bouillant.e
être	bouilli.e
de la	bouillie
	bouillir
une	bouilloire
un/du	**bouillon**
	bouillonnant.e
un	bouillonnement
	bouillonner*
une	bouillotte

[BouZ.]

la	bouse
	bousiller

[BR.]

[BRa.]

[-]	un	**bras**
[K.]		braconner*
	un	braconnier
		braque
		braquer*
[D.]		brader*
	une	braderie
[G.]	une	braguette
[L.]	à	bras-le-corps
[M.]		bramer*
[S.]	un	**bracelet**
	un	brassard
	la	brasse
	une	brassée
		brasser*
	une	brasserie
	un.e	brasseur, -euse
	une	brassière
[V.]		**brave**

		bravement
		braver*
		bravo
	la	bravoure
[Y.]		braillard.e
	le	braille
		brailler*
[Z.]	un	brasier

[BRan.]

[K.]	un	brancard
	un.e	brancardier, -ière
[CH.]	des	branchages
	une	**branche**
	un	branchement
		brancher*
	une	branchette
	les	branchies
[D.]		brandir
[L.]		branlant.e
	le	branle-bas
		branler*

[BRe.][Breu.]

	une	**brebis**
		bredouille
		bredouiller*
	une	breloque
	une	**bretelle**
	un	breuvage
	un	brevet
	être	breveté.e*

[BRè.][Bré.]

		braire
	être	braisé.e
	des	braises
	un	break
	une	brèche
	un	bréchet
		bref
		brève
	un	bréviaire

[BRi]

[B.]	des	bribes
[K.]	un	bric-à-brac
	un	bricolage
	une/il	bricole
		bricoler*
	(un.e)	bricoleur, -euse
	une	**brique**
	un	briquet
	une	briqueterie*
	une	briquette

[D.]	une	bride*
	être	bridé.e
	un/le	bridge
[è.]		brièvement
[G.]	une	brigade
	un	brigadier
	un	brigand
	le	brigandage
[M.]		brimer*
[o.]		brio
	une	brioche
[Y.]		brillamment
		brillant.e*
	ça	**brille**
		briller*
[Z.]	la	brise
	un	brise-glace
		briser*

[BRin.][BRun.]

un	brin
une	brindille
	brun

[BRo.]

[-]	en	broc
[K.]	la	brocante
	un.e	brocanteur, -euse
[CH.]	une	broche
	être	broché.e
	un	brochet
	une	brochette
	une	brochure
[D.]	être	brodé.e
		broder*
	la	broderie
[S.]	le	brossage
	une	**brosse**
	une	brosse à dents
		brosser*

[BRoi.]

	il/elle	broie
		broyer*
	(un)	broyeur

[BRon.]

[CH.]		broncher*
	les	bronches
	une	bronchite
[Z.]	le	bronzage
	du	bronze
	être	bronzé.e
		bronzer*

[BRou.]

	du	brou
	une	**brouette***
	du	brouhaha
	le	brouillage
	du/le	**brouillard**
	la	brouille
		brouiller*
	un	**brouillon**
	être	brouillon.ne
	des	broussailles*
	la	brousse
		brouter
	une	broutille

[BRu.] •[BRui.]

[-]	la	bru
•[ ]	la	bruine*
	un	bruissement*
	le/du	**bruit**
	un	bruitage
		bruyamment
		bruyante
	de la	bruyère
[L.]		**brûlant.e** ou **brulant.e**
	ça	brûle ou brule
	être	brûlé.e ou brulé.e
	à	brûle-pourpoint ou brule-pourpoint
	(se)	**brûler** ou **bruler**
	un	brûleur ou bruleur
	une	**brûlure** ou **brulure**
[M.]	la	**brume**
	une	brunette
		brumeux, -euse
[N.]	un	brugnon
[GN.]		**brune**
	être	bruni.e
		brunir
[S.]		brusque.ment
	être	brusqué.e
		brusquer*
	la	brusquerie
[T.]	c'est	brut
		brutal.e.ment
		brutaliser*
	la	brutalité
		brutaux
	une	brute
[Y.]	la	bruyère

[Bu.] •[Bui.]

[-]	j'ai	**bu**
	un	but
[an.]	une	buanderie

[K.]		buccal.e, -aux
[CH.]	une	**bûche** ou **buche**
	(un)	bûcher ou bucher
	un.e	bûcheron.ne ou bucheron.ne
[D.]	un/le	budget*
		budgétaire
[é.]	la	buée
[F.]	un	buffet
	un	buffle
•[ ]	du	buis
	un	**buisson***
		buissonnière
[L.]	un	bulbe
	un	bull (= bulldozer)
	un	bulldozer
	une	**bulle**
	un	**bulletin**
[R.]	un.e	buraliste
	un	**bureau**
	un	bureaucrate
	la	bureaucratie
		bureaucratique
	une	burette
	un	burin
	être	buriné.e
		buriner*
		burlesque
	un	burnous
[S.]	un	**bus**
	un nez	busqué
	un	buste
	un	bustier
[T.]	un	**but**
	du	butane
	une	butée
	être	buté.e
		buter*
	un.e	buteur, -euse
	un	butin
		butiner*
	un	butoir
	un	butor
	une	butte
		butter de la terre
[V.]		buvable
	ils/elles	buvaient
	je/tu	buvais
	il/elle	**buvait**
	un	buvard
	une	buvette
	un.e	buveur, -euse
	vous	buvez
	nous	buvons
[Z.]	un	busard
	une	**buse**

[Ka.]

[Ka.]

	un	cas
	il n'y a	**qu'à**

[KaB.]

[a.]		cabalistique
	une	**cabane***
	un	cabanon
	un	cabaret*
	un	cabas
[an.]	un	caban
[è.]	un	cabestan
[i.]	un/du	cabillaud
	une	**cabine**
	un	cabinet
[L.]	un	**câble***
[o.]	être	cabossé.e*
	un	cabot
	un	caboteur*
		cabotin.e*
[R.]	se	cabrer*
	un	cabri
	une	cabriole*
	un	cabriolet

[KaK.]

		caca
	une	**cacahouète** ou **cacahuète** ou **cacahouette**
	du	**cacao**
	un	cacatoès
	la	cacophonie*
	un	**cactus**
	le	caquet
		caqueter*
	(un)	kaki

[KaCH.]

	un	cachalot
	à	**cache-cache**
	un.e	cache
	être	caché.e
	(se)	**cacher***
	un	**cachet**
	une	**cachette**
	le	cachemire
	un	cache-nez
	un	cachot
	une	cachotterie
	(un.e)	cachottier, -ière

[KaD.]

[a.]		cadavérique
	un	cadavre
[an.]	une	cadence
	être	cadencé.e
[è.]	(le/la)	cadet.te
[i.]	un	caddie ou caddy
[N.]	un	cadenas
		cadenasser*
[o.]	un	**cadeau**
	des	cadeaux
[R.]	un	cadran
	un	**cadre**
	être	cadré.e*
	un.e	cadreur, -euse
	un.e	quadragénaire
	un	quadrige
	un	quadrilatère*
	un	quadrillage
	être	quadrillé.e
		quadrille.r
	(un)	quadrupède
		quadruple
		quadrupler*
	des	quadruplés
[u.]	il est	caduc
	elle est	caduque

[KaF.]

	le	cafard*
		cafardeux, -euse
	un/du	**café**
	une	cafétéria
	une	cafetière
		cafouiller*

[KaG.]

	une	**cagoule***

[Kaï.]

	un	**cahier**
	un	**caillou**
		caillouteux, -euse
	des	cailloux
	un	caïman
	un	kayak

[Ka.in]

	cahin-caha

[KaJ.]

	une	**cage**
	un	cageot
	un	cagibi
		cajoler*

[KaL.]

[a.]	un	calamar
	une	calamité
[an.]	une	calandre*
	une	calanque
	un	calembour
	un	**calendrier**
[K.]	du	calcaire*
	le	**calcul**
	(un.e)	calculateur, -trice
		calculer*
		calculette*
	une	calque*
[ø.][eu.]	une	cale
	un	caleçon
	un	cale-pied
	un	calepin
		calleux, -euse*
[é.][è.]	une	calèche
	être	calé.e
		caler*
	un	kaléidoscope
[F.]	être	calfeutré.e*
[i.][in.]	un	calibre*
	un	calice
	un	calicot
	un	calife
	à	califourchon
		câlin.e*
	(un)	qualificatif, -ive
	une	qualification
	se	qualifier*
	la	**qualité***
[M.]		calmant.e
	un	calmar
	(le)	**calme**
	être	calmé.e
		calmement
	(se)	calmer*
[o.]		calomnie.r*
	une	calorie*
	un	calot
	une	calotte*
[P.]	un	cale-pied
	un	calepin
[S.]		calciné.e*
	le	calcium
	un	caleçon
[u.]	un	calumet
[V.]	un	calvaire
	la	calvitie

[KaM.]

[a.]	un.e	**camarade**
	la	camaraderie
[an.]	un	camembert
[ø.]	un.e	camelot.e
[é.]	un	caméléon
	un	camélia ou camellia
	une	caméra
	un	caméraman
	un	caméscope
[i.]	un.e	**camion.nette**
	un	camionneur*
	une	camisole
[o.]	la	camomille
[ou.]	le	camouflage
		camoufler*

[KaN.] •[KaGN.]

[a.]	une	canadienne
	une	canaille
	un	**canal**
	une	canalisation
		canaliser*
	un	canapé
	un	**canard**
	un	**canari**
	une	canne à pêche
[ø.]	une	cane (= canard)
	un	caneton
	un	canevas
	une	**canne**
[è.]	une	canette ou cannette
	la	cannelle
	un	cannelloni
[i.]	un	caniche
	la	canicule*
	un	canif
	(une)	canine
	un	caniveau
	un	cannibale*
	un	canyon ou cañon
•[ ]	une	cagnote
[in.]		canin
[o.][on.]	des	canaux (= canal)
	un	canoë
	un	**canon**
		canonner*
	un	canonnier
	un/le	canot.age
		canoter
	un	canotier
[T.]	un	caneton
[V.]	un	canevas

28 - 29

[Kao.]

un	cahot (= secousse)*
	cahotant.e
le	chaos (= catastrophe)
le	kaolin
	K.O. (=assommé)

[Kaou.]

du/le	**caoutchouc**
être	caoutchouté.e
	caoutchouteux, -euse

[KaP.]

[-]	un/le	**cap**
[a.]		**capable**
	la	capacité
	être	caparaçonné.e*
[ø.]	une	cape
[i.]		capillaire*
	un	**capitaine***
	(un/c'est)	capital
	une	capitale
	le	capitalisme
		capitaliste
	(des)	capitaux
	être	capitonné.e*
	une	capitulation
		capituler*
[o.]	un	caporal
	des	caporaux
	un.e	capot.e
		capoter*
	le	kapok*
[R.]	une	câpre
	un	caprice
		capricieux, -euse*
[S.]	une	capsule*
[T.]		capter*
	un	capteur
		captif, -ive
		captivant.e
		captiver*
	la	captivité
	une	capture
	être	capturé.e
		capturer*
[u.]	une	capuche
	un	capuchon
	une	capucine

[KaR.]

[KaR.]

	car (= parce que)
un	**car** (= autocar)
un/le	**quart** (= 1/4)

[KaRa.]

une	**carabine**
être	carabiné.e
un	carabinier
	caracoler*
un	**caractère**
être	caractériel.le
	caractériser*
une	caractéristique
une	carafe
un/du	**caramel**
être	caramélisé.e*
une	carapace*
une	**caravane***
une	caravelle
le	karaté
un.e	karatéka

[KaRan.]

un	carambolage
une	carence*
une	quarantaine
	quarante (=40)
	quarantième

[KaRB.]

une	carbonnade ou carbonade
le	carbone
	carbonique
être	carbonisé.e*
un	carburant
le	carburateur

[KaRK.]

un	carcan
une	carcasse
un	carquois

[KaRD.]

	cardiaque
un	cardigan
(un)	cardinal
	cardinal.e, -aux
un	cardiologue*
un	**quart d'heure**

[KaRø.]

une	carre
un	carrefour
le	carrelage
être	carrelé.e
	carreler*
un	carreleur

[KaRé.] [KaRè.]

le	carême

	caressant.e
une	**caresse**
	caresser*
un	**carré**
être	carré.e
	carrément

[KaRF.]

un	**carrefour**

[KaRG.]

une	cargaison
un	cargo

[KaRi.]

un	caribou
	caricatural.e, -aux
une	caricature
	caricaturer*
une	**carie**
être	carié.e
un	carillon
	carillonner*
une	carrière*
une	carriole

[KaRL.]

une	carlingue
le	**carrelage**
être	carrelé.e
	carreler
un	carreleur

[KaRM.]

	carmin

[KaRN.]

un	carnage
	carnassier
(une)	carnassière
le	**carnaval**
	carnavalesque
un	**carnet**
	carnivore

[KaRo.]

une	**carotte***
un.e	carottier, -ière
un/(des)	**carreau(x)**
	carrossable
un	carrosse*
la	carrosserie
un	carrossier

[KaRou.]

un	carrousel

[KaRP.]

une/le	carpe*
une	carpette

〓▶ 〓▶

[KaRT.]

un	**cartable**
une	**carte**
le	cartilage
	cartilagineux, -euse
un.e	cartomancien.ne
du	**carton**
être	cartonné.e*
une	cartouche
une	cartouchière
un	kart
un	karting
un	**quartier**

[KaRu.]

une/la	carrure

[KaS.]

[a.]		cassable
[an.]		cassant.e
[K.]	une	cascade
	un.e	cascadeur, -euse
	un	**casque**
	être	casqué.e*
	une	casquette
	un	casse-cou
	un	casse-croûte ou casse-croute
[∅.]e.]	je/il/elle	**casse**
[eu.]	ça	casse
	un	casse-cou
	un	casse-croûte ou casse-croute
	un	casse-noisettes
	un	casse-noix
	(un.e)	casse-pieds
	une	**casserole**
	un	casse-tête
	un.e	casseur, -euse
[é.][è.]	être	cassé.e
	(se)	**casser***
	une	cassette
[i.]	du	cassis
[N.]	un	casse-noisettes
	un	casse-noix
[ou.]	le	cassoulet
[P.]	(un.e)	casse-pieds
[R.]	une	**casserole**
[T.]	un	casse-tête
	une	caste
	des	castagnettes
	un	castor
		castrer*
[u.]	une	cassure

[KaT.]

[a.]	un	cataclysme*
	les	catacombes
	un	catalogue*
	un	catamaran
	un	cataplasme
	une	catapulte*
	la	cataracte
	une	**catastrophe***
		catastrophique
[CH.]	le	catch*
	un.e	catcheur, -euse
[é.]	un	catéchisme*
	une	catégorie
		catégorique
	une	cathédrale
[i.]	en	catimini
[o.]	le	catholicisme*
		catholique
		quatorze
		quatorzième
[R.]	un	quatrain
		quatre
		quatre heures
	un	quatre-quarts
	un	quatre-quatre
	les	quatre-saisons
		quatre-vingt(s)
		quatre-vingt-dix
		quatrième

[Kaü.]

une	cahute

[KaV.]

[a.]	une	cavalcade
	une	cavalerie*
	un	**cavalier**
	(une)	cavalière.ment
[ə.]	une	**cave**
[è.]	une	caverne
		caverneux, -euse
[i.]	du	caviar
	une	cavité
[o.]	un	caveau

[KaY.]

	un	**cahier**
	une	caille
	du lait	caillé
		cailler*
	un	caillot
	un	**caillou**
		caillouteux, -euse
	des	cailloux
	un	kayak

[KaZ.]

		casanier, -ière
	une	casaque
	une	case
	être	casé.e
	(se)	caser*
	une	caserne
	un	**casier**
	un	casino
		quasiment

[Kan.]

[-]	un	**camp**
		quand
		(quand tu veux)
		(quand il pleut)
[B.]	du	cambouis
	un	cambriolage
		cambrioler*
	un.e	cambrioleur, -euse
[K.]	un	cancan*
	un	cancre
[D.]	un	candélabre
	la	candeur
		candi
	(un.e)	candidat.e
	une/la	candidature
		candide
	le	qu'en-dira-t-on
[G.]	un	**kangourou**
[M.]		**quand même**
[P.]		campagnard.e
	la	**campagne**
	un	campagnol
	une	campanule
	un	campement
		camper*
	un.e	campeur, -euse
	un	**camping**
[S.]	le	**cancer**
		cancéreux, -euse
		cancérigène
		cancérogène*
[T.]	le	cantal
	une	cantate
	une	cantatrice
	la	**cantine**
	un.e	cantinier, -ière
	un	cantique
	un	canton
	à la	cantonade
		cantonal.e, -aux
	un	cantonnement
	se	cantonner*

▸

un.e	cantonnier, -ière	
	quant à *moi*	
une	**quantité**	

[Ke.] •[Keu.]

[-]	**que**	
(il faut	que...)	
(je sais	que...)	
	(que *c'est beau!*)	
•[ ]	une	**queue**
[N.]	une	quenelle
	une	quenotte
	une	quenouille
[R.]	un	chœur *(= chant)*
	le	**cœur**
	une	querelle
	se	quereller*
		querelleur, -euse
[Y.]	il/elle	cueille
	la	cueillette
		cueilli.r

[Ké.][Kè.]

[Kè]

un/le	quai

[KèK.]

un	cake

[KèL.]

[-] [ø.]		**quel...**
		(quel *travail !*)
		quels
		(quels *travaux !*)
		quelle...
		(quelle *belle moto !*)
		quelles
		(quelles *belles motos!*)
		qu'elle...
		(qu'elle est *belle!*)
		qu'elles...
		(qu'elles sont *belles!*)
[K.]		quelconque
		quelques... *(=plusieurs)*
		(quelques *minutes*)
		(quelques *enfants*)
		quelque chose
		quelquefois
		quelque part
		quelques-uns
		quelques-unes
		quelqu'un

[KéM.]

	quémander*

[KéP.]

un	képi

[KèR.]

une	kermesse
le	kérosène
	quérir

[KéS.][Kès.]

une	**caisse**	
une	caissette	
un.e	caissier, -ière	
un	caisson	
	qu'est-ce que... ?	
	qu'est-ce que c'est ?	
	qu'est-ce qui... ?	
une	**question**	
	questionner*	
un	questionnaire	

[KèT.]

le	ketchup
	quête.r*
une	quetsche

[Ki.]

[-]		**qui**
[B.]	un	kibboutz
[K.]		quiconque
[CH.]	une	quiche
[D.]		kidnapper*
	le	kidnapping
	un	quidam
[é.][è.]		**qui est-ce ?**
		qui est-ce qui... ?
		qui es-tu ?
	la	quiétude
[L.]	un	**kilo (kg)**
	un	kilogramme (kg)
	le	kilométrage
	un	**kilomètre (km)**
		kilométrique
	un	kilt
		qu'il...
		qu'il est...
		qu'ils sont...
[M.]	un	kimono
[N.]	un.e	kiné.sithérapeute*
[GN.]	un	quignon
	la	quinine
[o.]	un	kiosque
[P.]	un	quiproquo
[R.]	le	kirsch
	une	kyrielle

[S.]	un	kyste
[T.]	en/un	kit
	une	quittance
	en	quittant
		quitte
		quitter*
[V.]	le	qui-vive
[W.]	le	kiwi
[Y.]	une	quille

[Kin.] •[Kun.]

[K.]	un	quincailler ou
	un	quincaillier, -ière
	une	quincaillerie
	en	quinconce
		quinquagénaire
[T.]	un	quintal
	une	quinte
	un	quintette
		quintuple.r
[Z.]		**quinze** = *15*
	une	quinzaine
		quinzième
•[ ]		qu'un...

[KL.]

[KLa.]

[K.]	un	claquage
[KS.]	une	**claque**
	un	claquement
	se	claquemurer
		claquer*
	des	claquettes
	un	klaxon
		klaxonner*
[M.]		clamer*
	la	clameur
[P.]	un	clapet
	un	clapier
		clapoter*
	un	clapotis
[R.]		clarifier*
	une	clarinette
	la	clarté
[S.]	une	**classe**
	un	classement
		classer*
	un	classeur
	une	classification
		classique*
[V.]	un	clavecin
	une	clavette
	une	clavicule
	un	clavier

[KLan.]

un	clan
	clandestin
	clandestine.ment
la	clandestinité
une	clenche

[KLe.]

un	club

[KLé.] [Klè.]

[-]	une	claie
	une	**clé** ou **clef** *pour ouvrir*
[M.]	une	clématite
	la	clémence
		clément.e
	une	clémentine
[R.]		**clair**
		claire.ment
	à	claire-voie
	une	clairière
	un	clairon
		claironner*
	être	clairsemé.e
		clairvoyant.e*
	un	clerc
	le	clergé

[KLi.]

[an.]	un.e	**client.e**
	la	clientèle*
[K.]	une	clique
		cliqueter*
	un	cliquetis
[CH.]	un	cliché*
[M.]	le	**climat**
		climatique
	la	climatisation
	être	climatisé.e*
[N.]	un	clignement
[GN.]		cligner
		clignotant.e
		clignoter*
	un	clignoteur
	(une)	**clinique**
[P.]	un	clip

[KLin.]

	un	clin d'œil
		clinquant.e

[KLo.]

[-]	être/un	clos
[a.]	un	cloaque
[K.]	une	cloque*

[CH.] (column 2)

[CH.]	un.e	clochard.e
	une	**cloche**
	à	cloche-pied
	(un)	clocher*
	une	**clochette**
[P.]		clopin-clopant
[R.]	du	chlore *(= gaz)* *
	le	chloroforme*
	la	chlorophylle*
		clore *(= fermer)*
[T.]	une	**clôture**
		clôturer*
[Z.]	une	clause
	elle est	close

[KLoi.]

	une	cloison
	être	cloisonné.e*
		cloître.r* ou cloitre.r*

[KLou.]

[-]	un	**clou**
	des	clous
[é.]		clouer*
[N.]	un	**clown**
	une	clownerie
[T.]	être	clouté.e

[Ko.]

[Ko.]

	qu'au...

[Koa.]

[B.]		cohabiter*
[G.]		coaguler*
[L.]		coaliser*
	une	coalition
	un	koala
[S.]	un	coassement
		coasser*

voir aussi [Koi.] p. 34

[KoB.]

	un	cobaye
	un	cobra
	un	cow-boy

[KoK.]

[-]	un	**coq**
[a.]		cocagne
	la	cocaïne*
	une	cocarde*
		cocasse*

[ø.] (column 3)

[ø.]	du	coke (= charbon)
	une	coque
	un	coquelicot
	la	coqueluche
	un	coquetier
[è.]	un	cocker
	être	coquet.te*
	la	coquetterie
[i.] [in.]	une	**coquille***
	un	**coquillage**
		coquin.e*
[L.]	un	coquelicot
	la	coqueluche
[o.]	du/un	coco
	un	cocotier
	une	cocotte
[on.]	un	cocon*
[P.]	un	cockpit
[S.]	une	**coccinelle**
	le	coccyx*
[T.]	un	cocktail ou coquetel
	un	coquetier

[KoCH.]

[.]	un.e	coche
[é.]		cocher, -ère
[M.]	un	cauchemar
		cauchemardesque
[o.]	un	**cochon**
[on.]	un	cochon d'Inde
	une	cochonne.rie
	un	cochonnet

[KoD.]

	un	code
	être	codé.e
		coder*

[Koé.]

	un	coefficient
	un.e	coéquipier, -ière
		cohérent.e*

[KoF.]

	un	coffrage
	un	**coffre***
	un	coffre-fort
	un	coffret

[Ko.in.]

	une	coïncidence
		coïncider*

voir aussi [Koin.] p. 34

IIII➡   IIII➡

[KoL.]

[-]	un	**col**
	la	colle
[a.]	un.e	collaborateur, -trice
	la	collaboration
		collaborer*
	un	collage
	une	collation*
[an.]	(un)	**collant**
		collante
[e.]	la	**colle**
[eu.]	un.e	colleur, -euse
[é.][è.]	le	choléra
	un	coléoptère
	la	**colère**
		coléreux, -euse
		colérique
	être	collé.e
	une	collecte
		collecter*
		collectif
	une	**collection**
		collectionner*
	un.e	collectionneur, -euse
		collective.ment
	la	collectivité
	un	**collège**
	un.e	collégien.ne
	un	collègue
		coller*
	un	collet
[i.]	un	colibri
	un	colimaçon
	une	**colique**
	un	**colis**
	un	**collier**
	le	collimateur
	une	**colline**
	une	collision
	un	quolibet
[in.]	un	colin
	à	colin-maillard
[M.]		colmater*
[o.]	un	colloque
	un	colonel
		colonial.e, -aux
	le	colonialisme*
	une	**colonie**
	la	colonisation
		coloniser*
	une	colonnade
		colorant.e
	une	coloration
	être	coloré.e
		colorer*
	un	coloriage
		colorier*
	un	coloris*
		colossal.e, -aux
	un	colosse
[on.]	un	colombage
	une	colombe
	un	colombier
	le	côlon (= intestin)
	un	colon
[P.]		colporter*
	un.e	colporteur, -euse
[Z.]	du	colza

[KoM.]

[a.]	le	coma
		comateux, -euse
[an.]	un.e	commandant.e
	une	commande
	un	commandement
		commander*
		commanditer*
	un	commando
	le	commencement
		commencer*
		commensurable
		comment
	un	commentaire
	un.e	commentateur, -trice
		commenter*
[ø.]		**comme**
[é.][è.]	une	comédie
	un.e	comédien.ne
		comestible
	une	comète
		commémoratif, -ive
	une	commémoration
		commémorer*
	un	commérage
	une	commère*
	(un.e)	**commerçant.e**
	le	**commerce**
		commercial.e, -aux
	la	commercialisation
		commercialiser*
		commettre
[i.]	(un.e)	**comique**
	un	comité
	un/j'ai	commis
		commise
	le	commissaire
	un	commissariat
	une	commission
	un.e	commissionnaire
	des	**commissions**
	une	commissure
[o.]	(une)	commode
	une	commodité
	une	commotion
	être	commotionné.e*

[KoN.] •[KoGN.]

[u.]		commun
		communal.e
		communautaire*
		communaux
	une	communauté
	(une)	**commune**
	un.e	communiant.e
		communicatif, -ive
	une	communication
		communier*
	la	communion
	un/j'ai	communiqué
		communiquer*
	le	communisme
		communiste
		commuter*

[ø.]	un	cône
[è.]	je/tu	connais
	la	connaissance*
	un/la	connaisseur, -euse
	il/elle	connaît ou connait
		connaître ou connaitre
		connecter*
	une	connexion
[i.]	un	conifère
		conique
	la	connivence
•[ ]	le	cognac
	une	cognée
	(se)	cogner*
[u.]	j'ai/c'est	connu
	être	**connu.e**

[Koo.]

[P.]		coopérant.e
		coopératif, -ive*
	la	coopération
	une	coopérative
		coopérer*
[R.]	la	coordination
	les	coordonnées
		coordonner*

[KoP.]

[i.]	il/elle	copie
	une	copie
		copier*
	un.e	copieur, -euse
		copieux, -euse
	un.e	copilote
	une	copine*
[in.]	un	**copain**
[o.]	un	copeau
[R.]	un.e	copropriétaire
	la	copropriété

⫸ ⫸

[KoR.]

[-]	un	cor (chasse/pied)
	le	**corps**
[a.]	une	chorale
	du	corail
[B.]	une	**corbeille**
	un	corbillard
	un	**corbeau**
[D.]	un	cordage
	une	**corde**
	un	cordeau
	une	cordée
	une	cordelette
		cordial.e.ment*
		cordiaux
	un	**cordon**
	un	cordon-bleu
	une	cordonnerie*
	un.e	cordonnier, -ière
[é.][è.]	la	chorégraphie*
		correct
		correcte.ment
		correctif, -ive
	une	**correction**
	(un.e)	correcteur, -trice
	la	**correspondance**
	un.e	correspondant.e
		correspondre*
[i.]	un.e	choriste
		coriace
	la	corrida
	un	corridor
		corriger*
		corrigible
	le	coryza
[M.]	un	cormoran
[N.]	une	**corne**
	la	cornée
	une	corneille
	la	cornemuse
	un	corner (=foot.)
	un	**cornet**
	une	corniche
	un	cornichon
	être	cornu.e
	une	cornue
[o.]	les	coraux (= corail)
	une	corolle
		corrosif, -ive*
[on.]		corrompre*
[P.]	une	corporation*
		corporel.le*
	la	corpulence
		corpulent.e*
	un	corpuscule*

[S.]	un	corsage
	un	corsaire
	être	corsé.e
	un	corset
[T.]	un	**cortège**
[u.]	la	corruption*
[V.]	une	corvée

[KoS.]

[ø.]	une	cosse
[i.]	une	caution*
	un	quotient
[M.]	(un)	cosmétique
		cosmique
	un.e	**cosmonaute**
		cosmopolite*
	le	cosmos
[T.]		caustique*
		costaud.e
	un	**costume**
	être	costumé.e*
[u.]		cossu.e

[KoT.]

[a.]	une	cotation
	un	quota
[ø.]	une/la	**côte**
	une	cote (= points)
	être	côtelé.e
	une	côtelette
	une	cotte de mailles
	une	quote-part
[é.]	un/le	**côté**
	être	coté.e
		coter (= noter)
[i.]		côtier, -ière
	une	cotisation
		cotiser*
		quotidien.ne.ment
[L.]		côtelé.e
	une	côtelette
[o.]	un	coteau
	une	cotonnade
		cotonneux, -euse
	le	cotonnier
[oi.]		côtoyer*
[on.]	du	**coton**

[Koü.]

	la	cohue

[KoY.]

	un	coyotte

[KoZ.]

	un	cosaque
		cause.r*

[Koi.]

[-]		**quoi**
[K.]		quoique
		quoi que tu fasses
[D.]	(un.e)	quadragénaire
	un	quadrilatère
	(un)	quadrimoteur
	un	quadriréacteur
	un	quadrupède
		quadruple.r
[F.]	une	coiffe
	être	coiffé.e
	(se)	coiffer*
	un.e	**coiffeur, -euse**
	une	**coiffure**
[T.]		quaternaire
	le	quartz
	un	quatuor

voir aussi [Koa.] p. 32

[Koin.]

	un	**coin**
	être	**coincé.e**
		coincer*
	une	coïncidence
		coïncider
	un	coing (= fruit)

[Kon.]

[Kon]

		qu'on
	(il faut	qu'on parte)
	(je veux	qu'on se taise)

[KonB.]

[a.]	un	combat
	(un.e)	combattant.e
		combatif, -ive ou combattif, -ive
	la	combativité ou combattivité
		combattre
	j'ai	combattu
[i.][ien.]		**combien**
	une	combinaison
	une	combine
		combiner*

[L.] (un) comble
             combler*

[u.] (un) combustible
      la   combustion

[KonK.]

[a.]   concasser*
            concave

[é.][è.] un.e conquérant.e
                conquérir

          une   conquête

[L.] un   conclave

      j'ai conclu
            concluant.e
            conclure
      une   conclusion*

[o.] la   concorde
            concorder*

[on.] un   concombre

[ou.]   concourir*
       un   **concours**

[R.]   concret
            concrète.ment

[u.] le   concubinage

      la   concurrence*
            concurrencer*

      un.e **concurrent.e**

[KonD.]

[a.]   condamnable
      une   condamnation
      être condamné.e
            condamner*

[an.] un   condensateur
       la   condensation
       un   condensé
       être condensé.e
            condenser*

[i.] un   condiment*

      un   condisciple

      une   **condition**
            conditionnel.le*
            conditionner*

[o.] les   condoléances

      un   condor

[u.][ui.] un.e **conducteur, -trice**
                 conduire

           je/tu   conduis
           un/j'ai **conduit**
           il/elle conduit
           (la)   **conduite**

[KonF.]

[é.][è.] la   confection
               confectionner*

          la   confédération
          être confédéré.e*

une   **conférence**
un.e   conférencier, -ière
(la)   confesse
(se)   confesser*
un   confesseur
la   confession
       confessionnal, -aux
       confessionnel.le*
des   confetti(s)

[i.] la   **confiance**
           confiant.e

      une confidence
      un.e confident.e
           confidentiel.le.ment

      (se) confier

      être confiné.e
           confiner*

      une confirmation
           confirmer*

      la   confiscation

      un.e confiseur, -euse
      une confiserie

           confisquer*

      un fruit confit
                confite
      la   **confiture**

[in.] aux confins

[L.] une conflagration

      un   conflit

      un   confluent

[o.]   conforme
           conformément
      (se) conformer*
      le   conformisme*
      la/en conformité

      le   **confort**
           confortable.ment
           conforter*

[on.]   confondre
      j'ai confondu

[R.] un   confrère*

      une confrontation
           confronter*

[u.]   confus.e
      la   confusion

[KonG.]

           congratuler*
      un   congre
      un   congrès
      un.e congressiste

[KonJ.]

[ø.] un   **congé**
[é.][è.]   congédier*

      un   congélateur
      être congelé.e

un.e   congénère

       congénital.e, -aux

une   congère

une   congestion
être   congestionné.e*

une   conjecture

[L.] être congelé.e
[oin.] un.e conjoint.e*
[on.] une   conjonction

       une   conjonctivite

       une   conjoncture

[u.]   conjugal.e, -aux

       la   **conjugaison**
             conjuguer*

       une   conjuration
             conjurer*

[KonP.]

[KonPa.]

[-]   un   compas
[K.]   compact.e*

[GN.] une **compagne**
       la   compagnie
       un   **compagnon***

[R.]   comparable
       la   comparaison
            comparaître ou
            comparaitre

            comparatif
            comparative.ment
            comparer*

       un.e comparse

       un   compartiment*

       une comparution

[S.] la   compassion

[T.] la   compatiblité
            compatible

            compatir*

       un.e compatriote

[KonPan.]

       une compensation
            compenser*

[KonPé(è).]

       un   compère

       une compétence
            compétent.e

            compétitif, -ive
       une **compétition**
       la   compétitivité

[KonPi.]

       une compilation*

[KonPL.]

[é.][è.]	se	complaire
	la	complaisance
		complaisant.e*
	un	complément*
		complémentaire*
		complet
		complète.ment
		compléter
		complexe
	être	complexé.e
	la	complexité
[i.]	une	complication
	un.e	complice
	la	complicité
	un	compliment
		complimenter*
	être	**compliqué.e***
[in.]	une	complainte
[o.]	un	complot
		comploter*

[KonPo.]

[R.]	un	comportement
	(se)	comporter*
[S.]	un	compost
		composter*
[T.]	la	**compote**
	un	compotier
[Z.]	un.e	composant.e
	un	composé
		composer*
	un.e	compositeur, -trice
	une	composition

[KonPR.]

[an.]	il/elle	comprend
		comprendre
	je/tu	comprends
[é.][è.]		compréhensible
		compréhensif, -ive
	la	compréhension
	une	compresse
		compressible
	la	compression
[i.]	un	comprimé
		comprimer*
		compris.e
[o.]		compromettant.e
		compromettre
		compromis.e

[KonS.]

[KonSa.]

	(se)	consacrer*

[KonSan.]

	être	concentré.e
	(se)	concentrer
		concentrique
	le	consentement
		consentir*

[KonSK.]

		conscrit.e*

[KonSé.][KonSè.]

[K.]	la	consécration
		consécutif
		consécutive.ment
	une/la	conséquence
[D.]		concéder
[P.]	la	conception*
[R.]		concerner*
	un	**concert**
	se	concerter*
	un	concerto
	(un.e)	conservateur, -trice
	la	conservation
	un	conservatoire
	une	conserve
		conserver*
[S.]		concession.naire
[Y.]	un	**conseil**
	il/elle	conseille
	un.e	conseiller, -ère
		conseiller*

[KonSi.]

[-]		concis
[a.]		consciemment
[an.]	la	conscience
		consciencieuse.ment
		consciencieux
		conscient.e*
[D.]		considérable.ment
	la	considération
		considérer*
[è.]	un.e	**concierge***
[L.]	un	concile
	un	conciliabule
		conciliant.e
	la	conciliation
		concilier*
[N.]	une	consigne*
[GN.]		consigner*
[S.]	la	consistance
		consistant.e
		consister*
[T.]	un.e	concitoyen.ne*
[Z.]		concise
	la	concision

[KonSo.]

[L.]		consolant.e
	un.e	consolateur, -trice
	la	consolation
	je/une	console
	être	consolé.e
		consoler
		consolider*
[M.]	un.e	consommateur, -trice
	la	consommation
	un	consommé
		consommer*
[N.]	une	consonne*
[P.]	un.e	conspirateur, -trice
	la	conspiration
		conspirer*
		conspuer*

[KonST.]

[a.]		constamment
	un	constat
	une	constatation
		constater*
[an.]		constant.e
[è.]	une	constellation*
		consternant.e
	la	consternation
	être	consterné.e*
[i.]	la	constipation
	être	constipé.e*
		constituant.e
		constituer*
	la	constitution
		constitutionnel.le.ment
[R.]	un.e	constructeur, -trice
		constructif, -ive
	la	construction
		construire
		construit.e

[KonSu.]

[L.]	un	consul
	le	consulat
	une	consultation
		consulter*
[M.]	(se)	consumer*

[KonT.]

[KonTa.]

[B.]		comptable
	la	comptabilité*
[K.]	un/le	contact
		contacter*

⫸

[J.]	un	comptage
		contagieux, -euse
	la	contagion
[M.]	la	contamination
		contaminer*

[KonTan.]

[-]	en	comptant (= compter)
	au	comptant
	être	**content** (= heureux)
[P.]	la	contemplation
		contempler*
		contemporain.e
[T.]		**contente**
	le	contentement
	(se)	contenter

[KonTø.][KonTe.] [KonTeu.]

	le	**compte** (= calcul)
	un	compte-gouttes
	un	compte rendu
	un	compteur (=compter)
	un	comte (= noble)
	un	**conte** (de fée)
	la	contenance
		contenant.e
	un	conteneur
		contenir
	(le)	contenu
	un	conteur (= raconter)
	une	conteuse

[KonTé.][KonTè.]

[-]		compter (=calculer)
	un/le	comté
		conter (=raconter)
[KS.]	un	contexte*
[N.]	un	container
[S.]	une	comtesse
		contestable
	un.e	contestataire
	la	contestation
		contester*

[KonTi.]

[G.]		contigu, -uë ou contigu, -üe
[N.]	une	comptine
	un	continent
		continental.e, -aux
	un/en	continu
	il/elle	continue
		continuel.le.ment
		continuer*

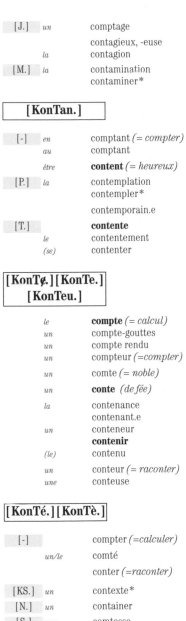

[KonTin.]

	(un)	contingent*

[KonTo.]

	une	contorsion*

[KonTon.]

		contondant.e

[KonTou.]

	un	contour
	un	contournement
		contourner*

[KonTR.]

[a.]	la	contraception
		contracter*
	une	contraction
		contractuel.le*
	une	contradiction
		contradictoire
		contrariant.e
	être	contrarié.e
		contrarier
	la	contrariété
	un	contraste*
	un	contrat
	une	contravention
	une	contre-allée
	une	contre-attaque*
[an.]	un	compte rendu
[ø.][e.]		**contre**
		contrebalancer*
	une	contrebande
	un.e	contrebandier, -ière
	en	contrebas
	une	contrebasse
		contrecarrer*
	à	contrecœur
	un	contrecoup
		contredire
		contrefaire
		contrefait.e
	un	contrefort
	à/le	contre-jour
	un.e	contremaître.sse ou contremaitre.sse
	la	contrepartie
	à/le	contre-pied
	le	contreplaqué
	un	contrepoids
	un	contrepoison
	à/un	contresens
	un	contretemps

[é.][è.]		**contraire.ment**
	une	contrée
		contrer*
[i.]	un.e	contribuable
		contribuer*
	une	contribution
[in.]		contraindre
		contraint
	(une)	contrainte
[o.]		contrôlable
	un	**contrôle**
		contrôler*
	un.e	contrôleur, -euse
	un	contrordre
	une	controverse*
	être	controversé.e
[u.]	par	contumace
	une	contusion*

[KonV.]

[a.]	la	convalescence
		convalescent.e
[an.]	une	convention*
		conventionnel.le.ment
[ø.]		convenable.ment
	une	convenance*
		convenir
		convenu
[è.]		converger*
	la	**conversation**
		converser*
	la	conversion
	être	converti.e
	(un)	convertible
		convertir
		convexe*
[i.]	la	conviction
	cela	convient
		convier*
	un.e	convive
		convivial.e, -aux
[in.]		convaincant.e
		convaincre
	être	convaincu.e
[o.]	une	convocation
		convoler
		convoquer*
[oi.]	un	convoi
		convoiter*
	la	convoitise
		convoyer*
	un.e	convoyeur, -euse
	quelqu'un	qu'on voit
[u.]	une	convulsion

▐▐▐▶

[Kou.]

[Kou]

le	**cou** *(=tête)*	
il/elle	coud *(= coudre)*	
je/tu	couds	
un	**coup**	
un	coup *de pied*	
un	coup *de poing*	
un	coup *de soleil*	
le	coût *(= prix)*	

[KouCH.]

un	couchage
	couchant.e
une	couche
être	couché.e
(se)/le	**coucher***
une	couchette

[KouD.]

le	**coude**
une	coudée
	coudoyer*
	coudre
un	coudrier
un	coup *de pied*
un	coup *de poing*
un	coup *de soleil*

[Kouè.]

la	couenne
une	couette

[KouF.]

un	couffin

[KouK.]

(un)	coucou
une	**couque**

[KouL.]

[a.]	un	coulage
[an.]		coulant.e
[ø.][e.]	il/elle	coule
[é.]	une	coulée
		couler*
	une	**couleur**
	une	couleuvre
[i.]	un	coulis
		coulissant.e
	une	coulisse
		coulisser*
[oi.]	un	**couloir**

[KouP.]

[a.]		**coupable**
[an.]		**coupant.e**
[ø.]	une	coupe
[é.][è.]	être	coupé.e
	un	coupe-gorge
	un	coupe-papier
	(se)	**couper***
	un	couperet
	un	coupe-vent
[L.]	un	couple*
	un	couplet
[o.]	une	coupole
[on.]	un	coupe-ongles
	un	coupon
[R.]	un	couperet
[u.]	une	**coupure**

[KouR.]

[-]	une/la	**cour**
	en	cours
	un/le	**cours**
	je/tu	cours
	il/elle	**court** *(= courir)*
	c'est	**court** *(courte)*
	un	court *(tennis)*
[a.]	le	**courage**
		courageuse.ment
		courageux
		couramment
[an.]		**courant.e**
[B.]	être	courbatu.e
	être	courbaturé.e
	des	courbatures
	(une)	courbe
	être	courbé.e
	(se)	courber*
	une	courbette
	la	courbure
	un	court-bouillon
[ø.][e.]	eux, ils/elles	courent
[eu.]	un	**coureur**
	une	coureuse
	la chasse à	courre
[i.]		**courir**
	un	courrier
[J.]	une	courge.tte
[o.]	une	**couronne**
	un	couronnement
		couronner*
[oi.]	une	courroie
[ou.]	être	courroucé.e*
	le	courroux
[S.]	une/la	**course**
	un.e	coursier, -ière
	un	court-circuit*

[T.]	un.e	courtisan.e
		courtiser*
		courtois.e*
	la	courtoisie
[u.]	il/elle a	**couru**

[KouS.]

du	couscous
un	**coussin**

[KouT.]

[-]	le	coût ou cout
[an.]		coûtant.e ou coutant.e
[ø.][eu.]	ça	coûte ou coute
[é.][è.]	il a	coûté ou couté
	un	coutelas
	la	coutellerie
		coûter ou **couter**
		coûteux, -euse ou couteux, -euse
[o.]	un	**couteau**
[u.]	la	coutume
	la	**couture**
	un.e	couturier, -ière

[KouV.]

[an.]	en	couvant *(= couver)*
	un	couvent
[eu.]	une	couveuse
[é.][è.]	une	couvée
		couver*
	un	**couvercle**
		couvert.e
	une	**couverture**
[R.]	il/elle	couvre
	un	couvre-feu
	un	couvre-lit
	un	couvreur
		couvrir

[KouZ.]

un.e	**cousin.e***
	cousu.e

[KR.]

[KRa.]

[B.]	un	**crabe**
[K.]	être	craquelé.e*
	un	craquement
		craquer*
[CH.]	le	crachat
		cracher*
		cracheur, -euse
	le	crachin
	un	crachoir

[M.]		cramoisi.e
[N.]	un	**crâne**
		crâner*
	(un.e)	crâneur, -euse
		crânien.ne
[P.]	un	**crapaud**
	une	crapule*
[S.]	la	crasse
		crasseux, -euse
[T.]	un	cratère
[V.]	une	cravache*
	une	**cravate***

[KRan.]

[-]	le	cran
[P.]	une	**crampe**
	un	crampon
	se	cramponner

[KRe.][KReu.]

[-]	un	creux
[V.]	une	crevaison
		crevant.e
	une	crevasse*
	être	crevé.e
		crever
	une	crevette*
[Z.]		creuse*
		creuser*
	un	creuset

[KRé.][KRè.]

[-]	une	craie
[a.]	(un.e)	créateur, -trice
		créatif, -ive
	la	création
	la	créativité
	une	créature
[an.]	un.e	créancier, -ière
[CH.]	une	crèche*
[D.]		crédible*
	le/à	crédit
		créditer*
		crédule
	la	crédulité
[é.]		créer*
[M.]	une	crémaillère
		crématoire
	la	**crème**
	une	crémerie ou crèmerie
		crémeux, -euse
	un.e	crémier, -ière
[N.]	je	craignais*
[GN.]	un	créneau
[o.]		créole

[P.]	une/du	**crêpe***
	une	crêperie
	un/être	crépi*
	un	crépitement
		crépiter*
	être	crépu.e
	le	crépuscule
[S.]	une	crécelle
	du	cresson*
[T.]		chrétien.ne
	la	chrétienté
	une	crête
	(un.e)	crétin.e*
[Y.]		crayeux, -euse
	un	crayon
		crayonner*

[KRi.]

[-]	un	**cri**
	je/il/elle	**crie**
[a.]		criard.e
[an.]	(en)	criant
		criante
[B.]	un	crible
	être	criblé.e*
[K.]	un	cric
	le	cricket (=jeu)
	une	crique
	un	criquet (=insecte)
[é.]	la	criée
		crier*
[M.]	un	**crime**
	(un.e)	criminel.le*
[N.]	une	crinière
[P.]	une	crypte*
[S.]	le	christianisme
	être	crispé.e*
		crisser*
	du	**cristal**
		cristallin.e
	être	cristallisé.e*
[T.]	un	critère*
	(la)	critique
		critiquer*
[Z.]	une	chrysalide
	un	chrysanthème
	une	**crise**

[KRin.]

[-]	je/tu	crains
	il/elle	craint
	du	crin (=poil)
[D.]		**craindre**
[T.]	la	crainte
		craintif, -ive*

[KRo.]		
[-]	un	croc
[a.]	un	croassement
		croasser*
[K.]	un	croc-en-jambe
	un	**crocodile***
	un	crocus
		croquant.e
	un	croque-monsieur
	un	croque-mort
		croquer*
	le	croquet
	une	croquette
	un	croquis
[CH.]	une	croche
	un	croche-pied
	un	**crochet**
		crocheter*
	être	crochu.e
[L.]	le	crawl (=nage)
[M.]	du	chrome*
	être	chromé.e
[N.]	(une)	chronique*
	la	chronologie
		chronologique*
	un	chrono.mètre*
[S.]	un	cross
	une	crosse*
[T.]	un	crotale
	une	crotte
	être	crotté.e
	du	crottin

[KRoi.]		
[-]	je/tu	crois
	il/elle	**croit** (=croire)
	il/elle	croît (=grandir)
	une	**croix**
[R.]		**croire**
[S.]	un	croassement
		croasser*
	la	croissance
	un	croissant
		croissant.e
[T.]		croître ou croitre
[Y.]		croyable
	il/elle	croyait
	la	croyance
		croyant.e
	vous	croyez
[Z.]	une	croisade
	être	croisé.e
	la	croisée
	un	croisement
		croiser*
	un	croiseur
	une	croisière

IIII➡

[KRou.]

[P.]	la	croupe
	un	croupion
		croupir*
[S.]		croustillant.e
		croustiller*
[T.]	une	croûte ou croute
	un	croûton ou crouton

[KRu]

[-]	être	cru.e
	(tout	cru)
	(toute	crue)
	j'ai	**cru**
[CH.]	une	cruche*
[D.]	des	crudités
[è.]		**cruel**
		cruelle.ment
[o.]	la	cruauté
[S.]		crucial.e, -aux
	être	crucifié.e*
	un	crucifix
	un	crustacé

40-41

[KS.]

	xénophobe
la	xénophobie
un	xylophone

[Ku.] •[Kui.]

[Ku.]

le	cul

[KuB.]

un	**cube**
	cubique*
le	cubitus

[KuD.]

un	cul-de-jatte
un	cul-de-sac

•[Kui.]

[-]	j'ai/c'est	**cuit**
[R.]	du	**cuir**
	une	cuirasse
	être	cuirassé.e*
	un	cuirassier
		cuire
[S.]	une	**cuisse***
	la	cuisson

[T.]	elle est	**cuite**
[V.]	le/du	**cuivre**
[Y.]	une	cuiller ou cuillère
	une	cuillerée
[Z.]	une	**cuisine**
		cuisiner*
	un.e	cuisinier, -ière

[KuL.]

[a.]	une	culasse
[B.]	une	culbute
		culbuter*
[i.]		culinaire
[M.]		culminant.e*
[o.]	un	culot
	une	**culotte***
	être	culotté.e
[P.]	être	culpabilisé.e*
[T.]	un	culte
	un.e	cultivateur, -trice
		cultiver*
	la	**culture**
		culturel.le.ment

[KuM.]

	cumuler*
un	cumulus

[KuN.]

	qu'une...

[KuP.]

	cupide.ment
la	cupidité

[KuR.]

[ø.]	une	cure
	un	cure-dent(s)
[é.]	un	curé
	la	curée
[i.]		**curieux**
		curieuse.ment
	une	curiosité
	un.e	curiste
	le	curry

[KuT.]

	cutané.e
la	cutiréaction ou cuti-réaction

[KuV.]

une	cuve
une	cuvée
une	cuvette

[CHa.]

[CHa]

le	chas *d'une aiguille*
un	**chat** *(= animal)*

[CHaK.]

un	chacal
	chacun.e
	chaque
	(chaque fois)
	(chaque jour)

[CHaG.]

(le)	chagrin
	chagrine
être	chagriné.e*

[CHaL.]

un	chaland
un	châle
un	chalet
la	**chaleur**
	chaleureux
	chaleureuse.ment
un	challenge*
une	chaloupe
un	chalumeau
un	chalut.ier

[CHaM.]

se	chamailler*
être	chamarré.e
un	**chameau**
un	chamelier
une	chamelle
un	chamois

[CHaP.]

	chaparder*
une	chape
un	**chapeau**
un	chapelet
un.e	chapelier, -ière
une	chapelle
la	chapelure
un	chaperon
un	chapiteau
un	chapitre
un	chapon

[CHaR.]

[-]	un	char
[a.]	le	charabia
	une	charade

[B.]	du	**charbon**
	un	charbonnage
	un.e	charbonnier, -ière
[K.]	la	charcuterie
	un.e	**charcutier, -ière**
[D.]	un	chardon
	un	chardonneret
[ø.]	un	charretier
[è.]	une	**charrette***
[i.]	un	**chariot** ou **charriot**
		charitable*
	la	charité
	le	charivari
		charrier*
[J.]	une	charge
	être	chargé.e
	un	chargement
	(se)	charger
	un	chargeur
[L.]	un	charlatan*
[M.]		**charmant.e**
	le	charme
	être	charmé.e*
	(un.e)	charmeur, -euse
[N.]	un	charnier
	une	charnière
	être	charnu.e
[o.]		charognard.e
	une	charogne
[P.]	une	charpente*
	un	charpentier*
	la	charpie
[T.]	un	charretier*
	une	charte
	un	charter
[u.]	une	charrue

[CHaS.]

	la	**chasse**
	être	chassé.e
	un	chasse-neige
		chasser*
	un	**chasseur**
	un	châssis
	la	chasteté*

[CHaT.]

[ø.]	un.e	châtelain.e
	une	**chatte**
[è.]	une	**châtaigne***
	un	châtaignier
[i.]		châtier
	une	chatière
	un	châtiment
[in.]		châtain
[L.]	un.e	châtelain.e

[o.]	un	**château**
	un	château fort
[oi.]	le	chatoiement
		chatoyant.e
		chatoyer*
[on.]	un	chaton
[ou.]	un.e	chatouille.ment
		chatouiller*
		chatouilleux, -euse
[R.]		châtrer*

[CHaü.]

	(le)	chahut.er*
		chahuteur, -euse
	un	chat-huant

[CHaV.]

		chavirer*

[CHan.]

[-]	un	**champ** (de blé)
	le/un	**chant** (= chanter)
[B.]		chambard.er
	un	chambardement
	un	chambellan
	un	chambranle
	une	**chambre***
	une	chambrée
	une	chambrette
[D.]	un	chandail
	un	chandelier
	une	chandelle
[J.]	il/elle/le	change
	il/elle	changeait
		changeant.e
	un/le	changement
		changer*
[P.]	le	champagne
		champêtre
	un	**champignon**
	un.e	**champion.ne**
	un	**championnat**
	du	**shampooing** ou **shampoing**
[S.]		chançard.e
	la	**chance**
		chancelant.e
		chanceler
	une	**chanson**.nette
	un	chansonnier
[T.]	le	chantage
		chanter*
	un.e	**chanteur, -euse**
	un	chantier
		chantonner
[V.]	du	chanvre

[CHe.]

[M.]	un	**chemin**
	le	chemin de fer
	une	**cheminée**
		cheminer*
	un	cheminot
	une	**chemise**
	une	chemiserie
	une	chemisette
	un	chemisier
[N.]	un	chenal
	un	chenapan
	des	chenaux
	des	chenets
	un	chenil
	une	**chenille**
[V.]	un	**cheval**
		chevaleresque
	la	chevalerie
	un	chevalet
	un	**chevalier**
	une	chevalière
		chevalin.e
	une	chevauchée
	des	**chevaux**
	être	chevelu.e
	une	chevelure
	le	chevet
	un	**cheveu**
	des	cheveux
	une	**cheville**
	un	chevreau
	une	chevrette
	un	chevreuil
		chevron.né.e
	la	chevrotine

[CHé.][CHè.]

[-]		**chez**
		chez toi
		chez moi
		chez le boucher...
[K.]	un	**chèque**
	un	chéquier
[D.]	un	chef d'œuvre
[F.]	le	**chef**
	un	chef-lieu
[M.]	un	schéma
		schématique.ment*
[N.]	une	**chaîne** ou **chaine**
	une	chaînette ou chainette
	un	chaînon ou chainon
	un	**chêne**
	un	chêne-liège
[P.]	le	cheptel

[R.]	de la	**chair**
	une	chaire *(=tribune)*
	c'est	**cher**
		cher *ami*
		chercher*
	un.e	chercheur, -euse
	elle est	**chère**
		chère *maman*
	faire bonne	chère
	mon	**chéri**
	ma	**chérie**
		chérir
	un	chérubin
	un	shérif
[T.]		chétif, -ive
[V.]	une	**chèvre**
	le	chèvrefeuille
[Y.]	un	cheikh ou cheik
[Z.]	une	**chaise***

[CHi.] •[CHien.]

[K.]	c'est	**chic**
		chic *alors !*
	une	chicane
		chicaner*
	le	chicon
	un	chicot
	la	chicorée
	une	chique
	une	chiquenaude
		chiquer*
[CH.]		chiche !
		chichement!
[è.]	une	chienne
•[ ]	un	**chien**
	du	chiendent
	un	chien-loup
[F.]	une	chiffe *molle*
	un	**chiffon**
	être	chiffonné.e
		chiffonner*
	un.e	chiffonnier, -ière
	un	**chiffre**
		chiffrer*
[M.]	une	chimère
		chimérique
	la	chimie
		chimique
	un.e	chimiste
[N.]	une	chignole
[GN.]	un	chignon
	être	chiné.e
		chiner*
	(un.e)	chinois.e.rie
[o.]	un	chiot

[P.]		chiper*
	une	chipie
	un	chipotage
		chipoter*
	des	chips
[R.]		chirurgical.e, -aux
	la	chirurgie
	un.e	chirurgien.ne
[S.]	un	schisme*
	le	schiste

[CHin.]

	un	chimpanzé

[CHo.]

[-]	c'est/il fait	**chaud**
	de la	chaux
	un	show (=spectacle)
[B.]	le	show-business ou show-biz
[K.]	un	**choc**
	du	choco
	du	**chocolat**
	une	chocolaterie
	un	chocolatier*
		choquant.e
	être	choqué.e
		choquer*
[D.]		**chaude.ment**
	une	chaudière
	un	chaudron*
[F.]	le	**chauffage**
	un	chauffard
	ça	chauffe
	un	chauffe-bain
	un	chauffe-eau
		chauffer*
	un.e	**chauffeur**, -euse
[M.]	le	chaume *(= paille)*
	une	chaumière
	le	**chômage**
	il/elle	chôme
		chômer
	un.e	chômeur, -euse
[P.]	une	chope
		choper*
[R.]	un	short
[S.]	être	chaussé.e
	une	**chaussée**
	un	chausse-pied
	(se)	chausser*
	une	chausse-trappe ou chausse-trape
	une	**chaussette**
	un	**chausson**
	une	**chaussure**

[V.]		chauve
	une	chauve-souris
		chauvin.e
	le	chauvinisme
[Z.]	une	**chose**
	quelque	chose

[CHoi.]

		choir
	j'ai	choisi
	être	choisi.e
		choisir
	un/le	**choix**
	être	choyé.e
		choyer*

[CHou.]

[-]	un	**chou**
	des	choux
[K.]	la	choucroute
[CH.]		chouchou
		chouchouter
[è.]	une	**chouette**
	c'est	chouette!
[F.]	un	chou-fleur
	des	choux-fleurs
[i.]	un	chewing-gum
[S.]	un	schuss
[T.]	un	shoot
		shooter

[CHu.]

	un	chuchotement
		chuchoter*
		chut ! *(= silence)*
	une	**chute**
		chuter*

[CHW.]

	du	chewing-gum

[Da.]

[B.]		**d'abord**
		d'habitude
[K.]		**d'accord**
	un.e	dactylo.graphe
	la	dactylographie
		dactylographier*
[D.]	un/à	dada
	un	dadais

[G.] *une*	dague
[L.] *un*	dahlia
un	dallage
une	**dalle**
être	dallé.e
	daller* *(=des dalles)*
je viens	**d'aller**
[M.] *une*	**dame**
	damer*
un	damier
[N.] *la*	damnation
être	damnée*
[P.]	d'aplomb
	d'après
[R.] *beaucoup*	**d'arbres**
un	dard
	darder*
une	dartre
[T.] *une/la*	**date** *(= calendrier)*
	dater
une	datte *(= fruit)*
un	dattier
[V.]	**d'avance**
	davantage *(= plus)*
je n'ai pas	d'avantage
je viens	**d'avoir**
[Y.]	**d'ailleurs**

[Dan.]

[-]	**dans** *(= dedans)*
	dans *la maison*
je refuse	d'en *prendre*
une	**dent**
[B.]	d'emblée
[D.] *se*	dandiner
[J.] *un/le*	**danger**
	dangereux
	dangereuse.ment
[R.] *une*	denrée
[S.] *un*	dancing
une/la	**danse**
	danser*
un.e	danseur, -euse
c'est	dense
la	densité
[T.]	dentaire
être	denté.e
être	dentelé.e
la	**dentelle**
un	dentier
du	**dentifrice**
le	**dentiste**
la	dentition
je viens	**d'entrer**

[De.][Deu.]

[-]	**de**
	deux *(=2)*
[B.]	**debout**
[D.]	**dedans**
il n'a pas	de dents
[G.] *un*	**degré**
[L.]	**de la** *crème*
	de la *maison*
je viens	de là *(=de là-bas)*
[M.]	**demain**
une/je	**demande**
j'ai	demandé
	demander*
un.e	demandeur, -euse
une	demeure
	demeurer*
(un)	**demi**
(une)	**demie**
une heure et	demie
	de mieux en mieux
un	demi-cercle
une	demi-finale
un	demi-frère
une	demi-heure
un	demi-mal
une	demi-mesure
à	demi-mot
	demi-pension.naire
une	demi-soeur
un	demi-tarif
un	demi-tour
une	**demoiselle**
[N.]	**de nouveau**
[oR.]	**dehors**
[P.]	de peur
	de plus en plus
	depuis
un	deux-pièces
[R.] *un*	deux-roues
[S.] *(en)*	deçà *(de)*
	deci...delà
(un)/de	**dessous**
de	dessous
au-	dessous *(de)*
en	dessous
par-	dessous
un	dessous-de-plat
(le)	**dessus**
là	dessus
au-	dessus *(de)*
ci-	dessus
par-	dessus
un	dessus-de-lit
[T.]	**de tout**
	de toute façon

[V.] *eux, ils/elles*	devaient
je/tu	devais
il/elle	devait
	devancer*
	devant
une	devanture
	devenir
il/elle est	**devenu.e**
vous	**devez**
ils/elles	deviennent
je/tu	deviens
il/elle	devient
un	devin
	deviner*
une	**devinette**
un	devis
une	devise
un	**devoir**
nous	devons
[Y.] *un*	**deuil**
[Z.]	**deuxième.ment**

[Dé.][Dè.]

un	dé
	dès *le matin*
	dès que
	des
	des *bonbons*
	des *enfants*

[Déan.]

	déambuler*

[DéB.]

[a.] *un*	déballage
	déballer*
(se)	débarbouiller
un	débarquement
	débarquer*
un	débarras
	débarrasser*
un	débat
il/elle se	débat
(se)	débattre
[i.] *un/le*	débit
	débiter*
un.e	débiteur, -trice
[L.] *il/elle*	déblaie
les	déblais
	déblayer*
le	déblocage
	débloquer*
[o.] *la*	débauche
être	débauché.e*
un	débordement
	déborder*

⬛⮕   ⬛⮕

[oi.]	les	déboires
	le	déboisement
		déboiser*
		déboîter* ou déboiter*
[ou.]	un	débouché
		déboucher*
		débouler*
		débourser*
		déboutonner*
[R.]	être	débraillé.e
		débrancher*
	le	débrayage
		débrayer*
	être	débridé.e*
	des	débris
		débrouillard.e
	la	débrouillardise
	(se)	débrouiller
		débroussailler*
[u.]		débusquer
	un/le	**début**
	un.e	débutant.e
		débuter*

[DéK.] [DèK.]

[DéKa.]

[CH.]		décacheter*
[D.]	une	décade
	la	décadence*
[F.]	il/elle est	décaféiné.e
[L.]	un	décalage
	une	décalcomanie
		décaler*
	un	décalitre
		décalquer*
[M.]	un	décamètre
[P.]		décaper*
	être	décapité.e
		décapiter*
		décapotable
		décapsuler*
	un	décapsuleur
[T.]	le	décathlon

[DéKan.]

		décamper
	se	décanter*

[DèKe.]

		dès que

[DéKè.]

		desquels (m.)
		desquelles (f.)

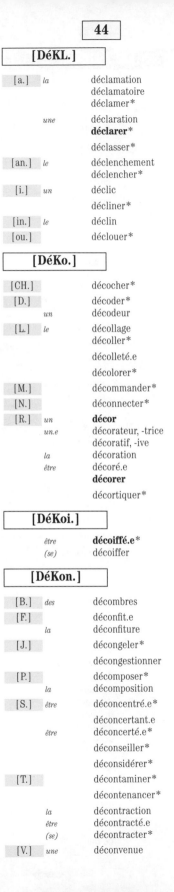

[DéKL.]

[a.]	la	déclamation
		déclamatoire
		déclamer*
	une	déclaration
		déclarer*
		déclasser*
[an.]	le	déclenchement
		déclencher*
[i.]	un	déclic
		décliner*
[in.]	le	déclin
[ou.]		déclouer*

[DéKo.]

[CH.]		décocher*
[D.]		décoder*
	un	décodeur
[L.]	le	décollage
		décoller*
		décolleté.e
		décolorer*
[M.]		décommander*
[N.]		déconnecter*
[R.]	un	**décor**
	un.e	décorateur, -trice
		décoratif, -ive
	la	décoration
	être	décoré.e
		décorer
		décortiquer*

[DéKoi.]

	être	**décoiffé.e***
	(se)	décoiffer

[DéKon.]

[B.]	des	décombres
[F.]		déconfit.e
	la	déconfiture
[J.]		décongeler*
		décongestionner
[P.]		décomposer*
	la	décomposition
[S.]	être	déconcentré.e*
		déconcertant.e
	être	déconcerté.e*
		déconseiller*
		déconsidérer*
[T.]		décontaminer*
		décontenancer*
	la	décontraction
	être	décontracté.e
	(se)	décontracter*
[V.]	une	déconvenue

[DéKou.]

[CH.]		découcher
[D.]		découdre
[L.]		découle.r*
[P.]	un	découpage
		découper*
[R.]		décourageant.e
	être	**découragé.e**
	le	découragement
	(se)	décourager
[V.]	(à)	**découvert***
	(une)	**découverte**
		découvrir
[Z.]	être	décousu.e

[DéKR.]

[a.]		décrasser*
[é.] [è.]		décrépit.e*
	un	décret
		décréter*
[i.]	être	décrié.e*
		décrire
[o.]		décrocher*
[oi.]		décroissant.e
		décroître ou décroitre
[u.]	une	décrue

[DèKS.]

	la	dextérité

[DéKu.]

		décupler*

[DéCH.]

[a.]	une	décharge
	un	déchargement
		décharger*
		décharné.e
[an.]		déchanter*
[é.] [è.]	être	déchaîné.e* ou
		déchainé.e*
	la	déchéance
	un	déchet
	des	déchets
[i.]	le	déchiffrement
		déchiffrer*
		déchiqueter*
		déchirante
	être	déchiré.e
	un	déchirement
		déchirer*
	une	déchirure
[o.]	(se)	déchausser*
[oi.]		déchoir
[u.]	être	déchu.e

Left margin: 44-45

[DéD.]

[a.]	un	dédale
[è.]		dédaigner
		dédaigneux, -euse
[i.]		dédicace.r*
		dédier*
	(se)	dédire
[in.]	le	dédain
[o.]	le	dédommagement
		dédommager*
[ou.]		dédoubler*
[R.]		dédramatiser*
[u.][ui.]	une	déduction
		déduire

[Déè.]

	une	déesse

[DéF.]

[a.]	une	défaillance
		défaillant.e
		défaillir
		défavorable*
	être	défavorisé.e*
[an.]	il/elle/on	défend
		défendre
	je/tu	défends
	être	défendu.e
	la	**défense**
	un	défenseur
		défensif
	(la)	défensive
[é.][è.]		**défaire**
	il est	défait
	une	défaite
	(un.e)	défaitiste*
	la	défection
		défectueux, -euse
	la	déférence*
		déferler*
[i.]	un	**défi**
	la	défiance
	une	déficience
		déficient.e
	(un)	déficit.aire
	(se)	défier
	être	défiguré.e*
	un	défilé
		défiler*
		défini.r
		définitif, -ive.ment
	la	définition
[un.]	une	défunt.e
[L.]	une	déflagration

[o.]	un	**défaut**
		déformant.e
	une	déformation
	être	déformé.e
	(se)	déformer*
[on.]	(se)	défoncer
[ou.]	se	défouler
[R.]	être	défraîchi.e ou
		défraichi.e
		défrayer*
		défricher*

[DéG.]

[a.]	un	dégagement
	(se)	dégager*
		dégarni.e
	des	**dégâts**
[e.]		déguenillé.e
[é.][è.]		dégaine.r
		déguerpir
[i.]	un	déguisement
	être	déguisé.e
	(se)	**déguiser**
[on.]	(se)	dégonfler*
[ou.]		dégouliner*
	être	dégourdi.e
	(se)	dégourdir
	le	dégoût ou dégout
		dégoûtant.e ou
		dégoutant.e
	être	dégoûté.e ou dégouté.e
[R.]		dégradant.e
	la	dégradation
	être	dégradé.e*
		dégrafer*
		dégressif, -ive*
	une	dégringolade
		dégringoler*
		dégrossi.r*
[u.]	une	dégustation
		déguster*

[DéJ.]

[a.]		**déjà**
[eu.]	(le)	**déjeuner**
[ø.]		dégeler*
[é.]	le	**dégel**
[è.]	il	dégèle
		dégénérer*
[i.]		dégivrer*
[ou.]		déjouer*

[DéL.]

[a.]	être	délabré.e*
	le	délabrement

		délacer (lacets)
	un	délassement
	(se)	délasser
	un.e	délateur, -trice
	la	délation
	être	délavé.e*
[é.][è.]	un	délai
		délaisser*
		délayer*
	(se)	délecter*
	une	délégation
	un.e	délégué.e*
	(se)	délester*
[i.]	une	délibération
		délibérément
		délibérer*
		délicat.e.ment
	la	délicatesse
	un	délice
		délicieux
		délicieuse.ment
		délier*
		délimiter*
		délirant.e
		délire.r*
	un	délit
	la	délivrance
		délivrer*
[in.]	la	délinquance
	un.e	délinquant.e
[o.]		déloger*
[oi.]		déloyal.e, -aux
[T.]	un	delta.plane
[u.]	un	déluge
	il/elle est	déluré.e

[DéM.]

[a.]		démagogique*
		démaquillant.e
	(se)	démaquiller*
	la	démarcation
	une	démarche*
	(se)	démarquer*
	un	démarrage
		démarrer*
	un	démarreur
		démasquer
[an.]	une	démangeaison
		démanger*
		démanteler*
	il/elle est	démantibulé.e*
	la	démence
		dément.e
		démentiel.le
	(un)	démenti.r

⫸   ⫸   ⫸

[e.]	*se*	démener
	être	démesuré.e
[é.][è.]		démêler*
	un	déménagement
		déménager*
	un	déménageur
	(se)	démettre
[i.]	*une/la*	démission
		démissionner*
[o.]	*une*	démobilisation
		démobiliser*
		démocrate
	la	démocratie
		démocratique.ment
		démocratiser*
	être	démodé.e
	se	démoder
	la	démographie*
		démoli.r
	un	démolisseur
	la	démolition
		démoniaque
		démoraliser*
		démordre
[on.]	*un*	démon
	un.e	démonstrateur, -trice
		démonstratif, -ive
	la	démonstration
		démontable
		démonter*
		démontrer*
[ou.]		démouler*
[u.]		démuni.r

46 - 47

[DéN.] •[DéGN.]

[a.]		dénaturer*
[é.]		déneiger*
[i.]		dénicher*
		dénigrer*
	la	dénivellation
•[ ]		daigner*
[o.]	*un*	dénominateur
		dénommer*
		dénoter*
[oi.]		dénoyauter*
[on.]		dénombrer*
		dénoncer*
		dénonciateur, -trice
	la	dénonciation
[ou.]	*le*	dénouement
		dénouer*
[u.]		dénuder*
	être	dénué.e
	le	dénuement

[Déo.]

	un	déodorant

[DéP.]

[a.]	*un*	dépannage
		dépanner*
	un.e	dépanneur, -euse
		dépaqueter*
	être	dépareillé.e
		déparer*
	le	**départ**
		départager*
	un	département
		départemental.e, -aux
	(se)	départir
	un	dépassement
		dépasser*
[an.]	*la*	dépendance
		dépendant.e
		dépendre
	aux	dépens
	une	dépense
	(se)	**dépenser**
		dépensier, -ière
[e.]		dépecer*
		dépeupler*
[é.][è.]	*le*	dépaysement
		dépayser*
	une	dépêche
	(se)	**dépêcher***
		dépêche-toi
		dépêchez-vous
	être	dépeigné.e*
	une	déperdition
		dépérir*
	se	dépêtrer*
[i.]		dépister*
	être	dépité.e
[L.]	*un*	déplacement
		déplacer*
		déplaire
		déplaisant.e
	ça me	déplaît ou déplait
	être	déplâtré.e*
	(un)	dépliant.e
		déplier*
	le	déploiement
		déplorable
		déplorer*
	(se)	déployer*
[o.]		dépoli.r
	la	déportation
	(se)	déporter*
		déposer*
	un.e	dépositaire
	une	déposition
		déposséder*
	un	dépôt
	un	dépotoir
[ou.]	*une*	dépouille
	le	dépouillement
	(se)	dépouiller*
	au	dépourvu
	être	dépourvu.e
[R.]		déprécier*
	la	déprédation
		dépressif, -ive
	une	dépression
		déprimant.e
	être	déprimé.e*
[u.]	*un.e*	député.e

[DéR.][DèR.]

[a.]		déraciner*
	le	déraillement
		dérailler*
	un	dérailleur
	un	dérapage
		déraper*
[an.]	*être*	dérangé.e
	un	dérangement
	(se)	**déranger***
[é.][è.]		déraisonner*
	un	dérèglement
	(se)	dérégler*
[i.]		dérider*
	la	dérision
		dérisoire
		dérivatif, -ive
	(à) la	dérive
	un	dérivé
		dériver*
	un	dériveur
	un	derrick
		derrière
[N.]		**dernier**
		dernière.ment
[o.]	*à la*	dérobée
	(se)	dérober*
	une	dérogation*
[ou.]	*le*	déroulement
	(se)	**dérouler***
	une	déroute
	être	dérouté.e*

[DéS.][DèS.]

[a.]		décemment
		dessaler*
[an.]		**décembre**
	la	décence
	être	décent.e
		décentraliser*

il/elle	descend	
la	descendance	
(un.e)/(en)	descendant.e	
	descendre	
je/tu	descends	
une	**descente**	
j'ai	descendu	
je suis	descendu.e	

[ø.]
	déceler*
	décevant.e
	décevoir

[é.] [è.]
	il/elle est	décédé.e*
une		décennie
une		déception
		décerner*
un		**décès**
		desceller*
une		description
(se)		dessaisir*
le		dessèchement
		dessécher*
		desserrer*
un		**dessert**
		desservi.r

[i.]
un	décibel
être	décidé.e
	décidément
(se)	**décider***
un	décigramme (=dg)
un	décilitre (=dl)
	décimal.e, -aux
	décimer*
un	décimètre (=dm)
	décisif, -ive
une	décision
un.e	dessinateur, -trice
	dessiner*

[in.]
un/à	dessein (=idée)
un	**dessin** (=dessiner)

[o.] *se* désolidariser*
[ou.] dessouder*
[P.] *un.e* despote
  despotique*
[T.] déstabiliser*
le	destin
le/la	destinataire
une	destination
la	destinée
être	destiné.e
(se)	destiner
	destituer*
	destructeur, -trice
	destructible
la	destruction

[u.] *être* **déçu.e**

[DéT.] [DèT.]

[a.]
un	détachant
le	détachement
(se)	**détacher***
un	**détail**
un.e	détaillant.e
	détailler*
	détaler*
	détartrer*
	détaxer*

[an.]
	détendre
être	détendu.e
la	détente
un.e	détenteur, -trice
la	détention

[ø.]
	dételer*
	détenir
	détenu.e
une	dette

[é.] [è.]
	détecter*
la	détection
un.e	détective
un	détergent
la	détérioration
(se)	détériorer*
	déterminant.e
la	détermination
être	déterminé.e
(se)	déterminer
	déterrer*
	détestable
	détester*

[in.]
	déteindre
je viens	d'éteindre (=éteindre)

[L.] dételer*
[N.]
	détenir
(un.e)	détenu.e

[o.]
un	détonateur
une	détonation

[ou.]
un	détour
un	détournement
	détourner*

[R.]
un.e	détracteur, -trice
être	détraqué.e*
	d'être
être	détrempé.e*
la	détresse
au	détriment
les	détritus
un	détroit
(se)	détromper*
être	détrôné.e*
	détruire
être	**détruit.e**

[Dév.]

[a.]
	dévaler*
	dévaliser*
	dévaloriser*
une	dévaluation
	dévaluer*
	dévaster*

[è.]
la	déveine
un	déversement
(se)	déverser*
(se)	dévêtir
être	dévêtu.e

[i.]
une	déviation
	dévier*
	dévisager*
	dévisser*

[L.]
le	développement
(se)	développer*

[o.]
	dévorer*
un.e	dévot.e
la	dévotion

[oi.] dévoiler*
[ou.]
être	dévoué.e
le	dévouement
se	dévouer

[DéZ.]

[DéZa.]

[B.]	*être*	désabusé.e
	être	déshabillé.e
	(se)	**déshabiller**
		des habits
[K.]	*(un)*	désaccord.é.e
[F.]	*être*	désaffecté.e
[G.]		**désagréable.ment**
	un	désagrément
	se	désagréger*
[L.]		désaltérant.e
	se	désaltérer
[M.]		**des amis**
		désamorcer*
[P.]	*être*	désappointé.e
	le	désappointement
		désapprobateur, -trice
	la	désapprobation
		désapprouver
[R.]		**des arbres**
	être	désarçonné.e*
		désarmant.e
	être	désarmé.e
	le	désarmement
	le	désarroi
[S.]	*un*	désastre
		désastreux, -euse

▭▭▶

[V.] *un* désavantage
désavantager*
désavantageux, -euse
des avantages
désavouer*

[DéZan.]

être désemparé.e
sans désemparer
être désenchanté.e
des enfants

[DéZe.]

être désoeuvré.e*

[DéZé(è).]

le déséquilibre
être déséquilibré.e*
(un) **désert**
déserte
un déserteur*
la désertion
désertique
désespérant.e
être désespéré.e*
désespérément
le désespoir
désherber*
être déshérité.e*

[DéZi.]

être déshydraté.e*
une désignation
désigner*
une désillusion*
des images
le désir
désirable
désirer*
désireux, -euse
se désister

[DéZin.]

désinfectant.e
être désinfecté.e
désinfecter*
la désinfection
la désintégration
(se) désintégrer
être désintéressé.e*
la désintoxication
désintoxiquer*
désinvolte
la désinvolture

48-49

[DéZo.]

[B.] *il/elle a* désobéi
désobéir
la désobéissance
désobéissant.e
eux, ils/elles désobéissent
[D.] *un* désodorisant
désodoriser
[L.] désolant.e
la désolation
être **désolé.e***
[N.] déshonorant.e
être déshonoré.e*
[P.] désopilant.e
[R.] *être* désordonné.e
le **désordre**
la désorganisation
être désorganisé.e*
être désorienté.e*
désormais
[S.] *être* désossé.e*
[T.] **des autos**

[DéZoi.]

des oiseaux

[DéZou.]

des outils

[DéZu.]

désuet, -ète
la désunion
désuni.r
des usines

[Di.]

[Di]

je/tu dis
j'ai/il dit
il/elle a **dit**

[Dia.]

[-] *une* dia
[B.] *le* diabète
diabétique
un/le diable
diablement
une diablerie
une diablesse
un diablotin
diabolique*

[D.] *un* diadème
[F.] *un* diaphragme
[G.] *un* diagnostic
diagnostiquer*
une diagonale
[L.] *un* dialecte*
un/le dialogue
dialoguer*
[M.] *un* **diamant**
un.e diamantaire
diamétral.e.ment
un **diamètre**
[P.] *un* diapason
une diapositive
[R.] *une/la* **diarrhée**

[DiK.] •[DiKS.]

•[ ] *la* diction
un **dictionnaire**
[T.] *un* dictateur
dictatorial.e, -aux
la **dictature**
une **dictée**
dicter*
un dicton

[Dieu]

Dieu
un dieu
les dieux

[Dié.]

[T.] *la* diète
un.e diététicien.ne
diététique
[Z.] *une* dièse
diesel *ou* diésel

[DiF.]

[a.] *la* diffamation
diffamer*
[é.] *en* différé
différemment
la **différence**
différencier*
un différend
c'est **différent**
différente
différer*
[i.] **difficile.ment**
la **difficulté**
[o.] difforme*
[T.] *la* diphtérie*
[u.] diffuser*
une diffusion

▸

[DiG.]

une	digression
une	digue

[DiJ.]

[é.]		**digérer***
		digeste
		digestif, -ive
	la	digestion
[i.]		digital.e, -aux
	la	digitale*

[DiL.]

[a.]		dilapider*
	la	dilatation
	être	dilaté.e
	(se)	dilater*
[e.]		dis-le *(= dire)*
[è.]	un	dilemme
		dilettante*
[i.]	une	diligence*
[u.]	être	dilué.e
	(se)	diluer*
	la	dilution

[DiM.]

[an.]	le	**dimanche**
	une	dimension*
[ø.]	la	dîme ou dime
[i.]	cela	diminue
		diminuer*
	un	diminutif
	une	diminution
[oi.]		dis-moi *(= dire)*

[DiN.] •[DiGN.]

[a.]		dynamique
		dynamiser*
	le	dynamisme
	la	dynamite
		dynamiter*
	une	dynamo
	la	dynastie
[é.]	j'ai	dîné ou diné
	(le)	**dîner ou diner**
	une	dînette ou dinette
•[ ]		digne.ment
	un	dignitaire
	la	dignité
[o.]	un	dinosaure

[Dio.]

un	diocèse
	diocésain.e

[DiP.]

un	diplodocus
un.e	diplomate
la	diplomatie
	diplomatique.ment
un	**diplôme**
être	diplômé.e*

[DiR.]

[ø]		**dire**
[è.]		**direct.e.ment**
	un/le	**directeur**
		directif
	la	**direction***
	(une)	directive
	des	directives
	une/la	**directrice**
[i.]	un	dirigeable
	un/en	dirigeant
	une	dirigeante
	(se)	**diriger***

[DiS.]

[DiS.]

dix (10)

[DiSₛan.]

une	dissension
la	dysenterie*

[DiSK.]

[a.]	la	disqualification
	être	disqualifié.e*
[ø]	un.e	disquaire
[é.][è.]	un	**disque**
	une	disquette
[o.]		discordant.e*
	la	discorde
	(une)	disco.thèque
[on.]		discontinu.e
	sans	discontinuer*
[ou.]	un	discount
		discourir
	un	**discours**
[R.]		discrédit.er
		discret
		discrète.ment
	la	discrétion*
	une	discrimination*
[u.]		disculper*
	une	discussion
		discutable
		discuter*

[DiSₛé(è).]

le	discernement
	discerner*
la	dissection
	disséminer*
	disséquer*

[DiSG.]

la	disgrâce
	disgracieux, -euse

[DiSₛi.]

un.e	disciple
la	discipline
être	discipliné.e*
un.e	dissident.e*
la	dissimulation
	dissimuler*
la	dissipation
	dissiper*
	dissymétrique*

[DiSJ.]

	disjoindre
	disjoint.e
un	disjoncteur

[DiSL.]

	disloquer*
	dyslexique*

[DiSN.]

dix-neuf (19)

[DiSₛo.]

	dissocier*
la	dissolution
un	dissolvant

[DiSₛou.]

	dissoudre
être	dissous ou dissout
	dissoute

[DiSP.]

[a.]	je/tu	disparais
	il/elle	disparaît ou disparait
		disparaître ou disparaitre
		disparate
	la	disparition
		disparu.e
[an.]	un	dispensaire
	une	dispense
	être	dispensé.e*

⫘➡

[é.][è.]		disperser*
	la	dispersion
[o.]		disponible*
	être	dispos.e
		disposer*
	un	dispositif
	la	disposition
[R.]	la	disproportion
	être	disproportionné.e
[u.]	une	**dispute**
	(se)	**disputer***

[DiS.S.]

dix-sept (17)

[DiST.]

[an.]	une	**distance**
	(se)	distancer
		distant.e
[i.]	la	distillation
		distiller*
	une	distillerie
[in.]		distinct
		distincte.ment
		distinctif, -ive.ment
	la	distinction
	être	distingué.e
	(se)	**distinguer***
[o.]	un livre	d'histoire(s)
[R.]	une	distraction
	(se)	distraire
		distrait.e
		distrayant.e
	il/elle	distribue
		distribuer*
	un.e	distributeur, -trice
	la	distribution
	un	district

[DiSsu.]

		dissuader*
	la	dissuasion

[DiT.]

	elle est	dite
		dites-le
		dites-moi
		dithyrambique

[Diu.]

		diurne

[DiV.]

[a.]		divaguer*
[an.]	un	**divan**

[è.]	un jardin	**d'hiver** (saison)
	une	divergence
		divergent.e
		diverger*
c'est		**divers**
		diverse.ment
		diversifier*
	une	diversion
	la	diversité
	être	diverti.e
	(se)	divertir
		divertissant.e
	un	divertissement
[i.]	un	dividende
	la	divination
		divine.ment
	la	divinité
	être	divisé.e
	(se)	**diviser**
	un	diviseur
		divisible*
	une	division*
[in.]		divin
[o.]	un	**divorce**
	être	divorcé.e
		divorcer
[u.]		divulguer*

[DiZ.]

[an.]	en	disant
		dix ans (= 10 ans)
[∅]	ils/elles	**disent**
[è.]	il/elle	disait
	la	disette (= faim)
	une	**dizaine**
[i.]	un	dixième
[N.]		**dix-neuf** = 19
[on.]	nous	disons
[ui.]		**dix-huit** = 18

[Din.][Dun.]

[Din.]

[-]	un	daim
[D.]	une	dinde
	un cochon	d'Inde
	un	dindon
	un	dindonneau
[G.]	(un.e)	dingue

[Dun.]

		d'un côté
		d'un coup

[DJ.]

[a.]	le	jazz
[è.]	un	gentleman
[i.]	un	jean
	des	jeans
	une	jeep
[o.]	le	jogging
[ou.]	un	juke-box

[Do.]

[Do]

beaucoup		**d'eau**
la note		do
le		**dos**

[DoK.]

[-]	les	docks
[è.]	un	docker
[T.]		docte
	un	**docteur**
	un	doctorat
	une	doctoresse
	une	doctrine*
[u.]	un	document
	(un)	documentaire
	un.e	documentaliste
	la	documentation
	(se)	documenter

[DoD.]

		dodeliner*
		dodu.e
	un	dos d'âne

[DoF.]

	un	**dauphin**

[DoG.]

		dogmatique*
	un	dogme
	un	dogue

[DoL.]

	un	dollar
	un	dolmen

[DoM.]

[a.]		domanial.e, -aux
	c'est	**dommage**
	des	dommages

[ø.]	un	dôme
[è.]	un	domaine
		domestique.r*
[i.]	le	domicile
	être	domicilié.e
		dominant.e
	(un.e)	dominateur, -trice
	la	domination
		dominer*
		dominical.e, -aux
	un	domino

[DoN.]

	un.e	donateur, -trice
	je/il/elle	**donne**
	ils/elles	donnent
		donner*
	un.e	donneur, -euse

[DoP.]

	le	dopage
	être	dopé.e
	(se)	doper
	le	doping

[DoR.]

[-]	un coeur	d'or
	je/tu	dors
	il/elle	**dort**
[a.]	une	daurade ou dorade
[é.]	être	**doré.e**
		dorénavant
	(se)	dorer
[i.]	un	doryphore
[L.]		dorloter*
[M.]	(en)	dormant.e
	eux, ils/elles	dorment
	un.e	dormeur, -euse
	j'ai	**dormi**
		dormir
[S.]		dorsal.e, -aux
[T.]	un	dortoir
[u.]	une	dorure
[Z.]		d'ores et déjà

[DoS.]

		docile.ment
	la	docilité
	un	dossard
	un	**dossier**

[DoT.]

		d'autant
	quelqu'un	**d'autre**
	beaucoup	**d'autres**
	une	dot
	(se)	doter

[DoZ.]

	un	dosage
	une	dose
	être	dosé.e
		doser*
	un	doseur

[Doi.]

[-]	un	**doigt**
	je/tu	dois
	il/elle/on	**doit**
[N.]	la	douane
	(un)	douanier
		douanière
[T.]	le	doigté
	un	doigtier
[V.]	ils/elles	**doivent**
[Y.]	un.e	doyen.ne
	un.e	doyenné

[Don.]

[-]	un	don *qu'on donne*
		dont
	ce	dont *on parle*
[K.]		**donc**
[J.]	un	donjon
[P.]	être	dompté.e
		dompter*
	un.e	dompteur, -euse

[Dou.]

[Dou.]

[-]		d'où
		d'où *viens-tu ?*
	c'est	**doux**
[a.]	la	douane
		douanier, -ière
[B.]	un	doublage
		double
	un	doublé
	une	double-fenêtre
	le	doublement
		doubler*
	un.e	doubleur, -euse
	une	doublure
[CH.]	une	**douche**
	être	douché.e
	(se)	doucher
	une	douchette
[é.]	être	doué.e*
[L.]	la	**douleur**
		douloureuse.ment
		douloureux

[S.]		douceâtre ou douçâtre
	(en)	**douce**
		doucement
	la	douceur
		douceureux, -euse
[T.]	un/je	**doute**
		douter*
		douteux, -euse
[V.]	une	douve
[Y.]	une	douille
		douillet.te
[Z.]		**douze (12)**
	une	douzaine
	(un)	douzième

[DR.]

[DRa.]

[-]	un	**drap**
[K.]		draconien.ne
	un	drakkar
[CH.]	une	drache*
[G.]		draguer*
	un.e	**dragon.ne**
[J.]	une	dragée
[M.]		dramatique.ment
		dramatiser*
	un	**drame**
[P.]	(se)	draper*
	une	draperie
	un	drapier
	un	**drapeau**

[DRè.]

	le	drainage
		drainer*
	le	dressage
	être	dressé.e
	(se)	**dresser**
	un.e	dresseur, -euse
	une	drève

[DRi.]

| | | dribbler* |
| | un | drille |

[DRin.]

| | un | drain |

[DRo.]

[G.]	la	**drogue**
	être	drogué.e
	(se)	droguer
	une	droguerie
	une	droguiste
[L.]		**drôle.ment**
	une	drôlerie
[M.]	un	dromadaire

▮▮▮➡

[DRoi.]

un/c'est	**droit**
tout	droit
à/(la)	**droite**
(un.e)	droitier, -ière
la	droiture

[DRu.]

	dru.e
un	druide

[Du.]

[-]		**du**
		(du *papier*)
		(du *fer*)
	(je viens	du *magasin*)
	j'ai	**dû** (= *devoir*)
[B.]		dubitatif, -ive.ment
[K.]	un	duc
	la	**ducasse**
		duquel
[CH.]	un	duché
	une	duchesse
[è.]	un	duel
[F.]	un	duffel-coat ou duffle-coat
[M.]		dûment
[N.]	une	dune
	plus	d'une...
[o.]	un	duo
	le	duodénum
[P.]	un	dupe.r*
	une	duperie
	un	duplex
	un	duplicata
	un	duplicateur
	la	duplicité
[R.]	c'est	**dur**
		durable*
		durant
	être	durci.e
		durcir
	le	durcissement*
	elle est	**dure**
	ça	**dure**
	ça a	duré
	la	durée
		durement
		durer*
	la	dureté
	un	durillon
[V.]	le	duvet
		duveteux, -euse

[e.][eu.]

[-]		euh !=*heu!*
		eux (=*ils*)
	des	**œufs**
[K.]	un	eucalyptus
[F.]	un	euphémisme
	l'	euphorie
		euphorique
	un	**œuf**
[M.]		**eux-mêmes**
[R.]	un	euro
	une	**heure**
		heureuse.ment
		heureux
	un	heurt
		heurter*
[V.]	une	**œuvre**
[Y.]	un	**œil**
	un	œil-de-boeuf
	des	œils-de-boeuf
	une	œillade
	un	œillet
	une	œillère

[é][è]

	eh !
tu	es
il/elle	**est**
	et
une	haie
	hé ! (= *appel*)

[éa.]

	et alors
	et après

[éB.][èB.]

[a.]	être	ébahi.e*
	des	ébats
	s'	ébattre
[D.]		**hebdomadaire**
[é.][è.]	l'	ébène
	un.e	ébéniste
	l'	ébénisterie
	être	éberlué.e
	un	hébergement
		héberger
	être	hébété.e*
[ien.]		**eh bien !**

[L.]

[L.]	être	ébloui.e
		éblouir
		éblouissant.e
	un	éblouissement
[o.]	(une)	ébauche.r*
	être	éborgné.e*
[ou.]	un	éboueur
	être	ébouillanté.e*
	être	éboulé.e
	un	éboulement
	(s')	ébouler*
	un	éboulis
	être	ébouriffé.e*
[R.]		ébrancher*
	être	ébranlé.e
	(s')	ébranler
	un	ébrasement*
	être	ébréché.e*
	l'	ébriété
	s'	ébrouer*
	(s')	ébruiter*
[u.]	l'	ébullition

[éK.] '[èKS.]

[éKa.]

[R.]		écarlate
		écarquiller*
	un	écart
	être	écarté.e
		écarteler*
	un	écartement
	(s')	**écarter***
	une heure	**et quart**
[T.]	une	hécatombe
[Y.]	une	**écaille***
	(s')	écailler

[éKe.][éKeu.]

		écœurant.e
	être	écœuré.e*
	un	écueil

[éKè.]

	une	**équerre**
		équestre

[éKi.]

[L.]	un/l'/en	**équilibre**
	être	équilibré.e
	(s')	équilibrer
	un.e	équilibriste
[M.]	une	ecchymose
[N.]	un	équinoxe

[P.]	un	équipage
	une	**équipe**
	une	équipée
	un	équipement
	s'	**équiper***
	un.e	équipier, -ière
		équitable.ment
	l'	équitation
	l'	équité
		équivalent.e*
		équivaloir
	cela	équivaut
		équivoque

[éKL.]

[a.]	être	éclaboussé.e*
	une	éclaboussure
	un	éclat
		éclatant.e
	un	éclatement
		éclater*
[é.] [è.]		ecclésiastique
	un	**éclair**
	un/l'	**éclairage**
	une	éclaircie
		éclaircir
	un	éclaircissement
	être	éclairé.e
	(s')	**éclairer**
	un	éclaireur
[i.]	une	éclipse
	(s')	éclipser
[o.]	être	éclopé.e
		éclore
		éclos.e
	une	éclosion
[u.]	une	écluse
	un.e	éclusier, -ière

[éKo.]

[-]	un/l'	écho
[G.]	une	échographie
[L.]	une	**école**
	un.e	écolier, -ière
	l'	écologie
		écologique
	un.e	écologiste
[N.]		économe
	une/l'	**économie***
		économique.ment
		économiser*
	un.e	économiste
[P.]		écoper*
[R.]	une	**écorce***
	être	écorché.e*
	une	écorchure
[S.]		écosser*
	un	écosystème

[éKoi.]

	l'	équateur
		équatorial.e, -aux

[éKou.]

[L.]	être	écoulé.e
	un	écoulement
	(s')	écouler
[R.]		écourter*
[T.]	en	écoutant
	il/elle	écoute
	une/l'	écoute
		écouter*
	un	écouteur
	une	écoutille

[éKR.]

[a.]		écrasant.e
	être	écrasé.e
	un	écrasement
	(s')	**écraser***
[an.]	un	écran
[e.]	une	écrevisse
[é.]	être	écrémé.e
		écrémer*
[i.]	il s'est	écrié
	(s')	écrier
		écrire
	un/j'ai	**écrit**
	il/elle (a)	écrit
	un	écriteau
	une/l'	**écriture**
	un.e	écrivain.e
[in.]	un	écrin
[ou.]	un	écrou
	des	écrous
	être	écroué.e*
	être	écroulé.e
	l'	écroulement
	(s')	écrouler*
[u.]		écru.e

ᵒ[èKS.]

[èKSan.]

	une	excentricité
		excentrique
		exsangue

[èKSK.]

[a.]	un.e	excavateur, -trice
	une	excavation*
[i.]		exquis.e
[L.]		exclamatif, -ive
	une	exclamation
	il/elle s'est	exclamé.e
	(s')	exclamer*

	être	exclu.e
		exclure
		exclusif
	une	exclusion
		exclusive.ment
	une	exclusivité
[o.]		excommunier*
[R.]	une	excrément*
	une	excroissance
[u.]	une	**excursion***
	une	excuse
	être	excusé.e
	(s')	**excuser**
		excusez-moi

[èKSé.] [èKSè.]

[-]	un	excès
[D.]		excédent.aire
		excéder
[K.]		exécrable*
[L.]	l'	excellence
		excellent.e
		exceller*
[P.]	une	exception
		exceptionnel.le
		exceptionnellement
		excepté
[S.]		excessif
		excessive.ment

[èKSi.]

	un	excipient
		excitant.e
	l'	excitation
	être	**excité.e**
	(s')	exciter

[èKSP.]

[a.]	s'	expatrier*
[an.]		expansif, -ive*
	l'	expansion
[é.] [è.]		expédient.e
		expédier*
	un.e	expéditeur, -trice
		expéditif, -ive
	une	expédition
	une	**expérience**
		expérimental.e, -aux*
	une	expérimentation
	être	expérimenté.e
		expérimenter*
	(un.e)	expert.e
	une	expertise
		expertiser*
[i.]		expier*
	une	expiration
		expirer*

[L.]		explicatif, -ive
	une	explication
		explicite.ment
		expliquer*
	un	**exploit**
	un.e	exploitant.e
	une	exploitation
		exploiter*
	un.e	exploiteur, -euse
	un.e	explorateur, -trice
	une	exploration
		explorer*
		exploser*
	(un)	explosif, -ive
	une	**explosion**
[o.]	l'	exportation
	(s')	exporter
		exposant.e
	être	exposé.e
		exposer*
	une	**exposition**
[R.]		**exprès, -esse**
	(un)	express
		expressément
		expressif, -ive
	une/l'	**expression**
	(s')	exprimer
		exproprier*
[u.]	être	expulsé.e
	une	expulsion

[èKST.]

[a.]	une	extase
	(s')	extasier*
[an.]	un	extenseur
		extensible
	une	extension*
[é.][è.]		exténuant.e
	être	exténué.e*
		extérieur.e.ment
		extérioriser*
	une	extermination
		exterminer*
		externe
[i.]		extirper*
[in.]	un	extincteur
	une	extinction
[o.]		extorquer*
[R.]	c'est/un	extra
	(un)	extracteur, -trice
	une	extraction
		extra-fin
		extraire
	(un)	extrait.e
		extra-lucide
		extraordinaire.ment
	(un.e)	extra-terrestre
	l'	extravagance
		extravagant.e

		extrême
		extrêmement
	l'	extrême-onction
		extrémiste
	l'	extrémité

[èKSV.]

	un	ex-voto

[èKT.]

	un	hectare
	un	hectolitre

[éKu.] •[éKui.]

[-]	un	écu
[é.]	une	écuelle
•[ ]	un	écuyer
	une	écuyère
		équidistant.e*
		équilatéral.e, -aux
[M.]	l'	écume
		écumer*
	une	écumoire
[R.]	un	**écureuil**
	une	écurie
[S.]	un	écusson

[éCH.]

[a.]	un	échafaud
	un	échafaudage
		échafauder*
	un	échalas
	une	échalote
	une	échappatoire
	s'être	échappé.e
	une	échappée
	un	échappement
	(s')	**échapper**
	une	écharde
	une	**écharpe**
	s'	écharper*
	une	échasse
	un	échassier
[an.]	être	échancré.e*
	une	échancrure
	un	échange
	(s')	**échanger***
	un	échangeur
	un	échantillon*
[ø.][e.]	un	échelon
	(s')	échelonner*
	être	échevelé.e
	un.e	échevin.e
		échevinal.e
	un	écheveau

[é.][è.]	une	échéance
	le cas	échéant
	un	**échec**
	une	**échelle**
[i.]	l'	échine
	un	échiquier
[L.]	(s')	échelon.ner
[o.]	un	échauffement
	(s')	échauffer*
	une	échauffourée
	une	échoppe
[ou.]	j'/il/elle	échoue
	(s')	échouer*
[V.]	un	écheveau
	un.e	échevin.e
		échevinal.e

[éD.][èD.]

[an.]		édenté.e
[ø.][e.]	j'/il/elle	**aide**
	l'/une	**aide**
	ils/elles	aident
		et demi
	une heure	**et demie**
[é.]	être	aidé.e
	(s')	**aider**
	un	edelweiss ou édelweiss
	un	oedème*
[i.]		édifiant.e
	l'	édification
	un	édifice
		édifier*
	un	édit
		éditer
	un.e	éditeur, -trice
	un	édition
		éditorial.e, -aux
[R.]	un	édredon
[u.]	un.e	éducateur, -trice
		éducatif, -ive
	une/l'	**éducation**
	être	éduqué.e
		éduquer*

[éF.]

[éFa.]

[R.]		effarant.e
	être	effaré.e
	un	effarement
	être	effarouché.e*
[S.]	être	effacé.e
	un	effacement
	(s')	**effacer***
	un	effaceur

⫸ ⫸

[éFé.][éFè.]

[-]	un	effet
	en	**effet**
[K.]		effectif
		effective.ment
		effectuer*
[M.]	être	efféminé.e
		éphémère
	une	éphéméride
[R.]	l'	effervescence
		effervescent.e

[éFe.]

		effeuiller*

[éFi.]

		efficace.ment
	l'	efficacité
	une	effigie
	être	effilé.e
	(s')	effilocher*

[éFL.]

	être	efflanqué.e
		effleurer*
	un	effluve

[éFoR.]

	s'	efforcer*
	un	**effort**

[éFon.]

	être	effondré.e
	un	effondrement
	(s')	effondrer

[éFR.]

[a.]	une	effraction
[é.][è.]	il	effraie
	une	effraie
		effrayant.e
	être	effrayé.e
	(s')	**effrayer**
		effréné.e
[i.]	(s')	effriter*
[oi.]	un	effroi
		effroyable.ment
[on.]	être	effronté.e*

[éFu.]

	une	effusion

[éG.][èG.] *[èGZ.]

[éGa.]

[L.]	c'est	**égal**
	il est	égal
	elle est	**égale**
		également
		égaler*
	une	égalisation
		égaliser*
		égalitaire
	l'	égalité
[R.]	un	égard
	des	égards
	un	égarement
	être	égaré.e
	(s')	égarer

[éGui.]

	un	aiguisage
	être	aiguisé.e
		aiguiser*

[éGL.][èGL.]

	un	**aigle**
	un	aiglon
	un	églantier
	une	églantine
	un	églefin
	une	**église**

[éGo.]

	ils sont	**égaux**
		égocentrique
	l'	égoïsme
		égoïste.ment
	être	égorgé.e
	un	égorgement
		égorger*
	s'	égosiller*

[éGou.]

	un	**égout**
	un	égoutier
	(s')	égoutter
	un	égouttoir

[éGR.][èGR.]

[a.]	être	égratigné.e*
	une	égratignure
[∅.][e.]		aigre*
	une	aigreur
	être	égrené.e*
[è.]	une	aigrette
[i.]	être	aigri.e
	s'	aigrir

[éGü]

	il est	aigu
	elle est	aigüe ou aiguë

[éGüi.]

	un	aiguillage
	une	**aiguille**
		aiguiller*
	un	aiguilleur
	un	aiguillon

*[èGZ.]

[a.]		exacerber*
	c'est	**exact**
		exacte.ment
	l'	exactitude
	une	exagération
	il/elle	exagère
	c'est	exagéré
		exagérément
		exagérer
	l'	exaltation
		exalter*
	un	**examen**
	un.e	examinateur, -trice
	être	examiné.e
		examiner
	une	exaspération
		exaspérer*
		exhaler*
	un	hexagone*
[an.]	un	**exemple**
		exemplaire*
		exempt.e.r*
		exsangue
[é.][è.]	un	eczéma ou exéma*
		ex aequo
		exécrable
		exécutant.e
		exécuter*
		exécutif, -ive
	une	exécution
	(s')	exercer*
	un	**exercice***
[i.]		exhiber*
		exigeant.e
	une	exigence
		exiger*
	c'est	exigu
	elle est	exigüe ou exiguë
	l'	exiguïté ou exigüité
	un	exil
	(un.e)	exilé.e
	(s')	exiler
	l'	existence
		exister*

III➡

[o.]		exaucer*
		exorbitant.e
	une	exhortation
		exhorter*
	un	exode
	être	exonéré.e*
		exotique
	l'	exotisme
[u.]		exhumer*
		exubérant.e*
		exulter*

[éL.][èL.]

[éLa.]

[B.]	une	élaboration
		élaborer*
[G.]	un	élagage
		élaguer*
	un	élagueur
[R.]	être	élargi.e
	(s')	élargir
	un	élargissement
[S.]	l'	élasticité
	(un)	**élastique**
		hélas !

[éLan.]

	un	**élan**
	être	élancé.e
	(s')	élancer

[éL¢.][èLe.]

	une	aile (d'oiseau)
	un	aileron
	un	élevage
	être	élevé.e
	j'ai	élevé
	(s')	**élever**
	un.e	éleveur, -euse
		elle
		(elle est belle)
		(elle joue)
		elles
		(elles sont belles)
		(elles jouent)

[éLé.][éLè.]

[-]		ailé.e (avec des ailes)
[K.]	un	électeur
	une	élection
		électoral.e.ment
		électoraux
	une	électrice
	un.e	électricien.ne
	l'	**électricité**
		électrifier*

56-57

		électrique
		électriser*
	être	électrocuté.e*
	un	électrophone
	l'	électrocution
		électroménager
	un	électron
	un.e	électronicien.ne
		électronique
[F.]	un	**éléphant**
	un	éléphanteau
[G.]		élégamment
	l'	élégance
		élégant.e
[M.]	un	élément
		élémentaire
[V.]	une	élévation
		élévateur, -trice
	un.e	**élève**
	il/elle	élève

[èLF.]

	un	elfe

[éLi.]

[K.]	un	élixir
	un	**hélicoptère**
[é.]	un	ailier
[J.]		éligible*
[M.]		élimé.e*
	une	élimination
		éliminatoire
	être	éliminé.e
		éliminer
[P.]	une	ellipse
		elliptique
	un	héliport*
[R.]		élire
[S.]	une	**hélice**
[T.]	une	élite*
[Z.]	une	élision

[èLM.]

	elle m'aime (= amour)
	elles m'aiment
	elle-même (=soi-même)
	elles-mêmes

[éLo.]

[K.]	l'	élocution
	l'	éloquence
		éloquent.e
[J.]	un	éloge
		élogieux, -euse*

[éLoi.]

	être	éloigné.e
	un	éloignement
	(s')	**éloigner**

[éLu.]

	être	**élu.e**
		élucider*
	une	élucubration*
		éluder*

[éLV.]

	un	élevage
	être	élevé.e
	(s')	**élever**
	un.e	éleveur, -euse

[éM.][èM.]

[éMa.]

[B.]		**aimable**
[N.]	une	émanation
		émaner*
[S.]	être	émacié.e
[T.]	un	hématome
[Y.]	de l'	**émail**
	être	émaillé.e*

[éMan.]

[-]	(un)	aimant
[S.]	l'	émancipation
	être	émancipé.e*
[T.]		aimante
	être	aimanté.e
		aimanter*

[éMe.][éMeu.]

	j'/il/elle	**aime**
	ils/elles	aiment
	une	émeraude
	une	émeute
	un.e	émeutier, -ière

[éMé.][éMè.]

[-]	j'ai	**aimé**
	être	aimé.e
	(s')	**aimer**
[CH.]	être	éméché.e
[R.]	être	émergé.e*
	être	émerveillé.e
	(s')	émerveiller*
	l'/un	émerveillement
[T.]	(un.e)	émetteur, -trice
		émettre

▶

[éMi.]

[é.]	être	émietté.e*
[G.]	un.e	émigrant.e
	l'	émigration
	être	**émigré.e***
		émigrer
[N.]	une	éminence
		éminent.e
[R.]	un	émir.at
[S.]	(un)	émissaire
	une	**émission**
	un	hémisphère*

[éMo.]

[-]	des	émaux
[R.]	une	hémorragie*
[S.]	une	émotion
	être	émotionné.e
[T.]		émotif, -ive*

[éMoi.]

	en/un	émoi
		et moi

[éMou.]

	(s')	émousser*
		émoustiller*
		émouvant.e
	(s')	émouvoir

[éMu.]

	être	ému.e
	l'	émulation
	les	émules
	une	émulsion

[éN.][èN.]

[èNe.][èNeu.]

	l'	aine
	(un.e)	**ennemi.e**
	la	haine
		haineux, -euse*

[éNé.][éNè.]

	l'	**aîné*** ou **ainé**
	l'	**aînée** ou **ainé.e**
	l'	énergie
		énergique.ment
	un	énergumène
		énervant.e
	être	**énervé.e**
	un	énervement

	(s')	énerver
	du	henné

[éNi.]

		énigmatique
	une	énigme
		hennir
	un	hennissement

[éNin.]

	un	hennin

[éNon.]

	un	énoncé
		énoncer*

[éNoR.]

		énorme
		énormément
	une	énormité

[éo.][éon.]

	(une)	éolien.ne
		éhonté.e

[éP.]

[èP.]

hep!

[éPa.]

[N.]	un.e	épagneul.e
[GN.]	être	épanoui.e
	(s')	épanouir
	l'	épanouissement*
[R.]		épargnant.e
	l'	épargne
		épargner*
	un	éparpillement
	(s')	éparpiller*
		épars.e
[T.]	être	épatant.e
	être	épaté.e
		épater*
		hépatique
	une	hépatite
[V.]	une	épave

[éPan.]

	un	épanchement
	(s')	épancher*
	un	épandage*

[éPø.]

		épeler*
	(un)	éperon.ner*

[éPé.][éPè.]

[-]	c'est	**épais**
	une	**épée**
[P.]		épépiner*
[R.]		éperdu.e
		éperdument
	un	éperlan
	un	épervier*
[S.]	elle est	épaisse
	une	épaisseur
	être	épaissi.e
	(s')	épaissir

[éPi.]

[-]	un	épi
[K.]		épique
[D.]	une	épidémie*
	l'	épiderme*
[eu.]	un	épieu
[L.]	l'	épilation
	l'	épilepsie
		épileptique
	(s')	épiler*
		épilogue.r
[N.]	des	épinards
	une	**épine**
		épineux, -euse
[S.]	un	épicéa
	être	épicé.e
	une	**épicerie**
	des	épices
	un.e	épicier, -ière
[T.]	une	épitaphe
	une	épithète
[Z.]	un	épisode
		éposodique*

[éPin.]

	une	**épingle**
		épingler*

[éPL.]

[é.]		épeler*
[o.]	être	éploré.e
[u.]	l'	épluchage
	être	épluché.e
		éplucher
	une	épluchure

⟩

[éPo.]

[K.]	une	**époque**
[P.]	une/l'	**épaule**
		épauler*
	une	épaulette
	une	épopée

[éPon.]

	une	**éponge**
		éponger*

[éPou.]

[-]	un/les	époux
[M.]	(s')	époumoner*
[S.]		épousseter*
		époustoufler*
[V.]		**épouvantable***
	un	épouvantail
	l'	épouvante
		épouvanter*
[Z.]	une	épouse
		épouser*

[éPR.]

		éperon.ner*
	une	épreuve
		éprouver*
	une	éprouvette

[éPu.][éPui.]

		épuisant.e
	être	épuisé.e
	l'	épuisement
	(s')	**épuiser**
	une	épuisette
	une	épuration
		épurer*
		et puis

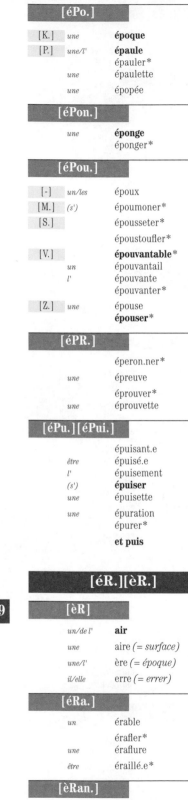

[éR.][èR.]

58-59

[èR]

	un/de l'	**air**
	une	aire (= surface)
	une/l'	ère (= époque)
	il/elle	erre (= errer)

[éRa.]

	un	érable
		érafler*
	une	éraflure
	être	éraillé.e*

[èRan.]

		errant.e*

[èRB.]

	un	herbage
	de l'	**herbe**
	(un)	herbicide
	un	herbier
	(un)	herbivore
		herboriser*

[èRK.]

	un	hercule
		herculéen.ne

[èR∅.][èRe.]

	une/l'	ère (= époque)
	une	aire (= surface)
	il/elle	erre (= errer)
	une	**erreur**

[éRé.][éRè.]

[-]		errer
[K.]	l'	érection
[D.]		héréditaire*
	l'	hérédité
[L.]	une	airelle
[T.]	(un.e)	hérétique
[Z.]	une	hérésie

[èRG.]

	(un)	ergot.er*

[éRi.]

[J.]		ériger*
[S.]	être	hérissé.e*
	un	**hérisson**
[T.]	un	héritage
		hériter*
	(un.e)	héritier, -ière

[éRin.]

		éreintant.e
	être	éreinté.e*

[èRM.]

[a.]		hermaphrodite
[é.]		hermétique.ment
[i.]	un	ermitage
	un	ermite
	une	hermine

[éRN.]

	une	hernie*

[éRo.][èRo.]

[-]	un	héraut (=messager)
	un	**héros**

[i.]	une	héroïne
		héroïque
	l'	héroïsme
[N.]	être	erroné.e
[T.]		érotique*

[éRon]

	un	héron

[èRS.]

	une	herse*

[éRu.]

	(un.e)	érudit.e
	une	érudition
	une	éruption

[èRZ.]

	un	ersatz

[éS.][èS.]

[éSₛan]

	de l'	**essence**
	il est	essentiel
		essentielle.ment

[èSB.]

	l'	esbroufe*

[èSK.]

[a.]	un	**escabeau**
	une	escabelle
	une	escadre
	une	escadrille
	un	escadron
	une	**escalade**
		escalader*
	un	escalator
	une	escale
	un	**escalier**
	une	escalope*
		escamotable
		escamoter*
	une	escapade
	une	escarbille
	une	escarcelle
	un	**escargot**
	une	escarmouche
	être	escarpé.e
	un	escarpement
	un	escarpin
	une	escarpolette
[an.]	l'	escampette
[e.]		**est-ce que**

[i.]	un	eskimo ou esquimau
	(un.e)	esquimau.de
	(une)	esquisse.r*
	(une)	esquive.r*
		est-ce qu'il
[in.]		esquinter*
[L.]	(s')	esclaffer*
	un	esclandre
	l'	esclavage*
	un	**esclave**
[o.]	un	escogriffe
	une	escorte
		escorter*
[on.]		escompte.r*
[ou]	une	escouade
[R.]	l'	escrime
	s'	escrimer
	un	escroc
		escroquer*
	une	escroquerie

[éSₛé.] [éSₛè]

[-]	un	essai
	il/elle/on	essaie
	ils/elles	essaient
[L.]	une	aisselle
[M.]		essaimer*
[R.]	être	écervelé.e
[Y.]	un	essayage
		essayer*

[éSₛi.]

	à bon	escient
	un	essieu
	des	essieux

[éSₛin.]

	un	essaim

[éSₛo.]

	un/l'	essor
	un	essorage
		essorer*
	une	essoreuse

[éSₛou.]

	être	essoufflé.e
	un	essoufflement
	s'	essouffler

[èSP.]

[-]	un/l'	**espace**
	être	espacé.e
	un	espacement
		espacer*
	des	espaces verts

	un	espadon
	une	espadrille
	une	espagnolette
	un	espalier
[é.] [è.]	une	**espèce**
	l'	espérance
	j'/il/elle	espère
		espérer*
[i.]	(un.e)	espiègle
	l'	espièglerie
	l'	espionnage
	un.e	espion.ne
		espionner*
[L.]	une	esplanade
[oi.]	un/l'	**espoir**
[R.]	un/l'	**esprit**

[èST.]

[-]	l'	est
[a.]	une	estafilade
[an.]	un.e	estampe*
[é.]	un.e	esthéticien.ne
		esthétique*
[i.]	une	estimation
	l'	estime
		estimer*
		estival.e, -aux
	un.e	estivant.e
[o.]	un/l'	**estomac**
[on.]	(s')	estomper
[R.]	une/l'	**estrade**
	l'	estragon
	être	estropié.e*
[u.]	un	estuaire
	un	esturgeon

[éSₛui.]

	il/elle	essuie
	eux, ils/elles	essuient
	un	essuie-glace
	un	essuie-main(s)
	j'ai	essuyé
	(s')	**essuyer**
	vous	essuyez

[éT.] [èT.]

[éTa.]

[-]	un/l'	**état**
	l'	État (= *pays*)
[B.]	une	étable
	être	établi.e
	un	établi
	(s')	établir
	un	établissement

[J.]	un	**étage**
	s'	étager*
	une	**étagère**
[L.]	un	étal
	un/l'	**étalage**
	un.e	étalagiste
		étale
	un	étalement
	un	étalon*
	(s')	**étaler***
[M.]	une	étamine
	un	état-major
[P.]	une	étape

[éTan.]

[-]	un	**étang**
	(en)	**étant**
[CH.]		étanche
	l'	étanchéité
[D.]	un	étendard
		étendre
	être	étendu.e
	une	étendue

[èTₓ.]

	vous	**êtes**

[éTé.] [éTè.]

[-]	un	étai
	ils/elles	étaient
	tu	étais
	il/elle	**était**
	j'ai	**été**
	l'	**été**
[GN.]	ils/elles	éteignent
	vous	éteignez
	nous	éteignons
[R.]		éternel.le.ment
	s'	éterniser*
	l'	éternité
	il/elle	éternue
	un	éternuement
		éternuer*
	l'	éther
		hétéroclite
		hétérogène*
[Y.]		étayer*

[éTi.]

[K.]	un	étiquetage
		étiqueter*
	une	**étiquette**
[M.]	l'	étymologie
		étymologique*
[o.]	(s')	étioler*
[R.]	(s')	étirer*
	un	étirement

Ⅲ➡   Ⅲ➡

[éTin.]

[-]	de l'	étain
	j'/tu	éteins
	j'ai	**éteint**
	il/elle	**éteint**
[D.]		**éteindre**
[S.]		étincelant.e
		étinceler*
	une	**étincelle**

[èTN.]

	l'	ethnie
		ethnique
	l'	ethnologie*
	un.e	ethnologue

[éTo.]

[-]	un	étau
[F.]	une	étoffe
	(s')	étoffer*
[N.]		étonnamment
		étonnant.e
	un	étonnement
	(s')	**étonner**

[éToi.]

	une	**étoile**
	une	étoile de mer
	une	étoile filante
	le ciel	étoilé

[éTou.]

[F.]		étouffant.e
	être	étouffé.e
	à l'	étouffée
	l'	étouffement
	(s')	**étouffer***
[R.]	une	étourderie
	être	étourdi.e
		étourdir
		étourdissant.e
	un	étourdissement
	un	étourneau

[éTR.] [èTR.]

[a.]	une	étrave
[an.]		étrange
		étrangement
	(un.e)	**étranger, -ère**
	une	étrangeté
	être	étranglé.e
	un	étranglement
	(s')	étrangler
	un.e	étrangleur, -euse
[ǿ.]		**être** (= verbe)
	un	être (= personne)
	un	hêtre (= arbre)

IIII➡

[é.] [è.]

		étrenner*
	les	**étrennes**
[i.]	un	étrier
		étriller*
		étriqué.e
	(s')	étriper*
[in.]		étreindre
	une	étreinte
[oi.]		**étroit**
		étroite.ment
	une	étroitesse

[èTS.]

etc. ou **et cetera** ou
et caetera

[éTu.] •[éTui.]

[D.]	une/l'	**étude**
	un.e	**étudiant.e**
		étudier*
•[ ]	un	étui
[V.]	une	étuve
	à l'	étuvée
		étuver*

[éV.]

[éVa.]

[K.]	une	évacuation
		évacuer*
[D.]	être	évadé.e
	(s')	évader
[L.]	une	évaluation
		évaluer*
[N.]	être	évanoui.e
	s'	évanouir
	un	évanouissement
[P.]	une	évaporation
	être	évaporé.e
	s'	évaporer
[Z.]	être	évasé.e
		évasif
	une	évasion
		évasive.ment

[éVan.]

[J.]		évangélique
		évangéliser*
	un	évangile
	l'	Evangile
[T.]	un	éventail
	un	éventaire
		éventer*
	être	éventré.e
		éventrer*

[éVé.] [éVè.]

[a.]	un	hévéa
[K.]	un	évêque
[CH.]	un	évéché
[N.]	un	événement ou
		évènement*
[R.]	(s')	évertuer*
[Y.]	un	éveil
	il/elle s'	éveille
	être	**éveillé.e**
	(s')	éveiller

[éVi.]

[K.]	une	éviction
[D.]		**évidemment**
	une	évidence
		évident.e
		évider*
[é.]	un	**évier**
[T.]		évitable
		éviter*
	(vous)	évitez de...

[éVin.]

évincer*

[éVo.]

[K.]		évocateur, -trice
	une	évocation
		évoquer*
[L.]	être	évolué.e
		évoluer*
		évolutif, -ive
	l'	évolution

[éY.]

(que vous)	ayez	
	ayez du courage	
(que nous)	ayons	
	ayons du courage	

[éZ.] [èZ.]

[an.]	l'	aisance
[ǿ.]	à l'	**aise**
[é.]	être	aisé.e
		aisément
[i.]		hésitant.e
	une	hésitation
		hésiter*
[o.]	un	oesophage

[Fa.]

[Fa.]

la note	fa
il est	fat (=poseur)

[FaB.]

[L.]	une	fable
[R.]	un.e	fabricant.e
	une	fabrication
	en	fabriquant
	(une)	fabrique
		fabriquer*
[u].		fabuleux, -euse

[FaK.] °[FaKS.]

[-]	la	fac
[i.]	un	fakir
[o.]	un	phacochère
•[ ]	un	fac-similé
	une	faction
	un	fax
[T.]	un	**facteur**
		factice
	une	factrice
	une	facture*
[u.]		facultatif, -ive*
	la/une	faculté

[FaCH.]

	être	**fâché.e**
	se	fâcher
		fâcheux, -euse
	le	fascisme
		fasciste

[FaD.]

	fade
la	fadeur

[FaG.]

un	fagot
être	fagoté.e

[Faï.]

de la	faïence

[FaL.]

[a.]		fallacieux, -euse
[an.]	une	phalange
[è]	une	falaise
	il	**fallait**
[oi.]	(il va)	falloir
[S.]	une	falsification
		falsifier*

[u.]	(il aurait)	fallu

[FaM.]

[ø.]	une	**femme**
[eu.]		fameux, -euse*
[é.]	mal	famé.e
		famélique
[i.]		familial.e, -aux
	(se)	familiariser
	la	familiarité
		familier
		familière.ment
	une	**famille**
	une/la	famine

[FaN.]

[a.]	un	fanal
		fanatique
	le	fanatisme
[é.]	être	fané.e
	(se)	faner
[i.]	un	fanion
[on.]	un	fanon

[FaR.]

[-]	du	fard (= maquillage)
[a.]		faramineux, -euse
	un	pharaon
[an.]	une	farandole
[D.]	une	**farde**
	un	fardeau
	se	farder
[ø.]	un	**phare**
[F.]	un	farfadet
		farfelu.e
[i.]	la	**farine**
		farineux, -euse
[in.]	le	pharynx*
[M.]		pharmaceutique
	une	**pharmacie**
	un.e	**pharmacien.ne**
[ou.]		farouche.ment
[S.]	une	**farce**
	être	farcé.e
	un.e	farceur, -euse
	être	farci.e
		farcir

[FaS.]

[a.]	une	façade
[ø.]	une/la	**face**
[é.][è.]	une	facétie
		facétieux, -euse
	une	facette
[i.]		facial.e, -aux

		facile.ment
	une/la	facilité
		faciliter (= verbe)
	un	fascicule
		fascinant.e
	la	fascination
	être	fasciné.e*
	le	fascisme
		fasciste
[o.]		façonner*
[on.]	une/la	**façon**
[T.]		faste
		fastidieux, -euse*
		fastueux, -euse*

[FaT.]

[-]	(un)	fat (=poseur)
[a.]	c'est	fatal
		fatale.ment
	la	fatalité
[i.]		fatidique
	c'est	**fatigant**
		fatigante
	en se	fatiguant
	la	**fatigue**
	être	**fatigué.e**
	se	fatiguer
[R.]	un	fatras

[FaV.]

[e.]	une	faveur
[o.]		**favorable.ment**
	être	favorisé.e
		favoriser
		favori.te
	le	favoritisme

[FaY.]

	de la	faïence
	une	faille
	j'ai	**failli**
		faillir
	une	faillite

[FaZ.]

une	phase

[Fan.]

[-]	le	faon de la biche
[D.]	se	fendiller
	(se)	**fendre**
	être	fendu.e
[F.]	une	fanfare
	(un.e)	fanfaron.ne
	une	fanfaronnade
	une	fanfreluche

⫸ ⫸ ⫸

[J.]	*la*	fange
[T.]	*une*	fantaisie
	(un.e)	fantaisiste
		fantasmagorique
		fantasque
	un	fantassin
		fantastique
	un	fantoche
	un	**fantôme**
	une	fente

[Fe.][Feu.]

[-]	*un/le*	**feu**
	un	feu d'artifice
	des	**feux**
[M.]	*une*	**femelle**
[N.]	*la*	fenaison
	une	**fenêtre**
	du	fenouil
	le	foehn
[R.]	*il/elle*	**fera**
	tu	feras
	je	**ferai**
	vous	ferez
	nous	ferons
	ils/elles	feront
[T.]	*le/un*	feutre
	être	feutré.e*
	la	feutrine
[Y.]	*un/le*	**feuillage**
	une	**feuille**
	un	feuillet
	être	feuilleté.e
		feuilleter*
	un	feuilleton
		feuillu.e
[Z.]		faisable
	eux, ils/elles	faisaient
	je/tu	faisais
	lui, il/elle	**faisait**
	un	faisan
		faisandé.e
	poule	faisane
	en	**faisant**
	nous	faisons

[Fé.][Fè.]

[Fé.][Fè.]

	je/tu	fais
	j'ai/il/elle	**fait**
	un	fait
	une	**fée**

[FèB.]

		faible
		faiblement
	la	faiblesse
		faibli.r*
		fébrile*
	la	fébrilité

[FéK.]

	la	fécondation
		fécond.e.r
	la	fécondité
	la	fécule
		féculent.e

[FéD.]

		fédéral.e, -aux
	le	fédéralisme
	(un.e)	fédéraliste
	une	fédération

[Féé.]

	une	féerie
		féerique

[FéL.]

[é.]	*être*	fêlé.e*
[i.]	*des*	félicitations
	(se)	**féliciter**
		féline
[in.]	*(un)*	félin
[on.]	*(un.e)*	félon.ne
[u.]	*une*	fêlure

[FéM.]

		féminin
		féminine
		féminiser*
		féministe
	la	féminité
	le	fémur

[FéN.]

[ø.]	*une*	faîne ou faine
[é.][è.]		**fainéant.e**
	la	fainéantise
	un	fennec
[i.]	*un*	phénix
[o.]		phénoménal.e, -aux
	un	**phénomène**

[Féo.]

		féodal.e, -aux
	la	féodalité

[FéR.][FèR.]

[-]	*du*	**fer**
	un	fer *à repasser*
[a.]	*de la*	ferraille
	un	ferrailleur
[ø.]	*je vais*	**faire**
[é.]	*être*	ferré.e*
[i.]		férié.e
	un	ferry
[M.]	*une*	**ferme**
	je/il/elle	ferme
		ferme.ment
	un	ferment
	la	fermentation
	être	fermenté.e*
	eux, ils/elles	ferment
	(se)	**fermer***
	la	fermeté
	une	fermeture
	un	**fermier**
	une	fermière
	un	fermoir
[o.]		féroce.ment
	la	férocité
		ferroviaire
[P.]	*un*	faire-part
[T.]		fertile
		fertiliser*
	la	fertilité
[u.]		féru.e
[v.]		fervent.e
	la	ferveur

[FèS.][FéS.]

	un	faisceau
	une	fesse
	une/la	fessée
	un	festin
	un	festival
	des	festivals

[FéT.][FèT.]

[ø.]	*le*	faîte ou faite *(=sommet)*
	(vous)	faites
	une/la	**fête**
[é.][è.]	*que*	fait-elle ?
		fêter*
[i.]	*que*	fait-il ?
	un	fétiche*
		fétide

[on.]	*que*	fait-on ?
[ou.]	*un*	faitout ou fait-tout
[u.]	*quo*	fais-tu ?
	un	fétu

[FéV.] [Fèv.]

	une	fève
		février

[Fi.]

[Fi]

	je me	fie *(= se fier)*

[Fia.]

[B.]	*la*	fiabilité
		fiable
[K.]	*un*	fiacre
[S.]	*un*	fiasco

[Fian.]

[S.]	*les*	fiançailles
	être	**fiancé.e**
	se	fiancer
	des	fiancé(e)s
[T.]	*la*	fiente

[FiB.]

	une	fibre*

[FiK.] •[FiKS.]

•[ ]	*la*	fiction
	une	fixation
		fixe.ment
	(se)	fixer*
[T.]		fictif, -ive

[FiCH.]

[ǿ.]	*une*	**fiche**
	je m'en	fiche
[é.]	*(se)*	ficher
[i.]	*un*	fichier
[u.]	*un/c'est*	fichu

[FiD.]

		fidèle.ment
	la	fidélité

[Fié.] [Fiè.]

[-]	*se*	fier
[F.]	*un*	fief
[L.]	*du*	fiel

[R.]	*il est*	**fier**
	elle est	**fière**
		fièrement
	la	fierté
[T]	*une*	**fillette**
[V.]	*la*	**fièvre**
		fiévreux, -euse*

[FiF.]

	un	fifre
	un	fifrelin

[FiG.]

[ǿ.]	*une*	figue
[i.]	*un*	figuier
[u.]	*une*	figurant.e
	la	figuration
	une	**figure**
	se	figurer*
	une	figurine

[FiJ.]

	(se)	figer*

[FiL.]

[-]	*un*	**fil**
	du/un	fil de fer
[a.]	*un*	filament*
	une	filature
	la	philatélie
		philatéliste
[an.]		filandreux, -euse
		filant.e
		philanthrope*
[ǿ.]	*une*	**file**
	il	file *(= filer)*
[é.] [è.]	*il a*	filé
		filer
	un	**filet**
[i.]		filial.e, -aux
	une	filiale
	une	filière
		filiforme
	un/en	filigrane
[M.]	*un*	**film**
	être	filmé.e
		filmer*
[o.]	*un.e*	philosophe
	la	philosophie
		philosophique
[on.]	*un*	filon
[ou.]		filou
[T.]	*un*	filtre *(pour filtrer)*
		filtrer*
	un	philtre *(d'amour)*

[FiN.] •[FiGN.]

[a.]		final *(m.)*
	(la)	finale
		finalement
		finaliste
[an.]	*un*	financement
		financer*
	les	finances
	(un)	financier
		financière.ment
[ǿ.]		fine.ment
[è.]	*la*	finesse
[i.]	*j'ai/c'est*	**fini**
		finir
	la	finition
•[ ]		fignoler*

[Fio.]

	une	fiole
	des	fioritures

[Fiou.]

	du	fioul=fuel

[FiR.]

	le	firmament
	une	firme

[FiS.]

[-]	*le*	**fils**
[K.]	*le*	fisc
		fiscal.e, -aux*
[è.]	*une*	**ficelle**
[L.]	*être*	ficelé.e
		ficeler*
[u.]	*une*	fissure
	être	fissuré.e
	se	fissurer*

[FiY.]

	une	**fille**
	une	**fillette**
	un.e	filleul.e

[FiZ.]

	un.e	physicien.ne
	la	physionomie
		physionomiste
		physique.ment

[Fin.]

	j'ai	**faim**
	une	feinte*
	la/c'est	**fin**

IIII➡

[FL.]

[FLa.]

[K.]	un	**flacon**
	une	**flaque**
[CH.]	un	flash*
[G.]		flagrant.e
[J.]		flageoler*
	des	flageolets
[M.]	être	flamand.e *(=langue)*
	un	flamant *(=oiseau)*
	une	**flamme**
	une	flammèche
[N.]	la	flanelle
		flâner*
	la	flânerie
		flâneur, -euse
[S.]		flasque
[T.]	être	flatté.e
		flatter
	une	flatterie
		flatteur, -euse*

[FLan.]

[-]	du	flan *(= dessert)*
	le	flanc *(= côté)*
[B.]	ça a	flambé
	un	flambeau
	une	flambée
		flamber
		flamboyant.e
		flamboyer*
[K.]	être	flanqué.e*
[CH.]		flancher*

[FLe.][FLeu.]

[R.]	une	fleur*
	une	fleurette*
	être	fleuri.e
		fleurir
	ils/elles	fleurissent
	un.e	**fleuriste**
	il/elle	fleurit
	(un)	flirt.er
[V.]	un	**fleuve**

[FLé.][FLè.]

[KS.]		flexible*
	une	flexion
[CH.]	une	**flèche**
		flécher*
	une	fléchette
		fléchir
	un	fléchissement
[G.]	le	flegme*
[O.]	un	fléau

[R.]	du	flair
		flairer*
[T.]	le	flétan
	être	flétri.e
		flétrir*

[FLi.]

	un	flibustier*

[FLin.]

	un	flingue*

[FLo.]

[-]	un	flot
	les	flots
[K.]	un	**flocon***
[R.]	la	floraison
		floral.e, -aux
	les	floralies
	la	flore
		florissant.e
[T.]		flottant.e
	une/il/elle	flotte
	un	flottement
		flotter*
	un	flotteur
	une	flottille

[FLon.]

	les	flonflons

[FLou.]

	il/elle est	flou.e

[FLu.] •[FLui.]

[-]	le	flux
[K.]	la	fluctuation*
[è.]		fluet.te
•[ ]		fluide
	la	fluidité*
[o.]	le	fluor*
		fluorescent.e*
[T.]	une	flûte ou flute
	un.e	flûtiste ou flutiste
[V.]		fluvial.e, -aux

[Fo.]

[Fo.]

	il	**faut**
	c'est	**faux**
	une	faux *pour faucher*

[FoB.]

	un	faubourg
	une	phobie*

[FoK.]

	un	faucon*
	le	foc *(=voile)*
	un	**phoque** *(=animal)*

[FoCH.]

	être	fauché.e
		faucher
	un.e	faucheur, -euse
	un	faucheux

[FoD.]

	il	faudra
	il	faudrait

[FoF.]

	se	faufiler
	un	faux-fuyant

[FoL.]

[a.]		folâtre.r
[K.]	le	folk
	le	folklore
		folklorique
[ø.]	elle est	**folle**
		follement
[i.]	la	folie

[FoM.]

	un	faux-monnayeur
		fomenter*

[FoN.]

[ø.]	la/un	faune
[é.]	un	faux nez
		phonétique.ment

[FoR]

[-]	le	for intérieur
	il est	**fort**
	un	fort
[a.]	un	forage
[B.]	un	forban
[é.][è.]		foraine
		forer*
		forestier, -ière
	une	**forêt**
[F.]	un	forfait*
[J.]	une	forge
	du fer	forgé
		forger*
	un	forgeron
[in.]		forain
	le	for intérieur

[M.]	(se)	formaliser*
	une	formalité
	un	format*
	une	formation
	une	**forme**
	être	formé.e
		formel.le.ment
		former
	du	formica
		formidable*
	une	formule
		formuler*
[S.]	un	forçat
	la	**force**
	être	forcé.e
		forcément
	un.e	forcené.e
		forcer
[T.]		**forte**
		fortement
	une	forteresse
	un	fortifiant
	une	fortification
		fortifier*
	un	fortin
		fortuit.e*
	une	fortune
	être	fortuné.e

[FoS.]

[ø.]	elle est	**fausse**
		faussement
	une	fosse
[é.][è.]	un.e	faussaire
		fausser (= déformer)
		fausser compagnie
	un	**fossé**
	une	fossette
[F..]	le	phosphate*
	le	phosphore*
		phosphorescent.e
[i.]	une	faucille
	un	fossile*
[oi.]	un.e	fossoyeur, -euse

[FoT.]

[ø.]	une/la	**faute**
[e.]	un	**fauteuil**
[i.]		fautif, -ive*
[o.]	une	**photo**
	une	photocopie
		photocopier*
	un.e	photocopieur, -euse
		photogénique
	un.e	photographe
	un.e	photographie

---

photographier*
photographique

[FoV.]

	(un)	fauve*
	une	fauvette

[Foi.]

[-]	la	foi (= croire)
	le	**foie**
	une	**fois**
	à la	fois
[R.]	la	**foire**
[Y.]	un	**foyer**
[Z.]		foison.ner*

[Foin.]

	du	foin

[Fon.]

[-]	le	**fond**
	ça	**fond** (= fondre)
	les/un	fonds (= argent)
	ils/elles	**font** (= faire)
	les	fonts baptismaux
[K.]	une/la	fonction
	un	fonctionnaire
		fonction.nel.le.ment
	le	fonctionnement
		fonctionner*
[D.]		fondamental.e.ment
		fondant.e
	un.e	fondateur, -trice
	une	fondation
	le	fondement
		fonder*
	une	fonderie
		fondre
	une	fondrière
	il/elle a	fondu
	une	fondue
[S.]	être	foncé.e
		foncer*
		foncier
		foncière.ment
[T.]	une	**fontaine**
	de la	fonte
	la	fonte de la neige

[Fou.]

[Fou.]

	un/il est	**fou**
	des	fous

[FouD.]

	la	**foudre**
		foudroyant.e
	être	foudroyé.e*

[Fouè.]

	un	**fouet**
		fouetter*

[FouG.]

	la	fougue
		fougueux, -euse*

[Foui.]

	une	fouine
		fouiner*

[FouJ.]

	une	fougère

[FouL.]

	un	**foulard**
	une/la	**foule**
	une	foulée
	se	fouler* (le pied)
	une	foulure

[FouR.]

[-]	un	**four**
[a.]	du	fourrage
		fourrager, -ère
[B.]		fourbe
	une	fourberie
	être	fourbu.e
[CH.]	une	fourche*
	une	**fourchette**
	être	fourchu.e
[ø.][e.]	une	fourre
	un	fourre-tout
	un	fourreur
[é.]	un	fourré
	être	fourré.e*
	se	fourrer
[G.]	un	fourgon
	une	fourgonnette
[i.]	une	fourrière
[M.]	une	**fourmi**
	une	fourmilière
	un	fourmillement
		fourmiller*

[N.]	une	fournaise
	un	fourneau
	une	fournée
		fournir*
	un	fournisseur
	une	fourniture
[o.]	un	fourreau
[T.]	un	fourre-tout
[u.]	une	**fourrure**
[V.]	se	fourvoyer*

[FouT.]

	le	**foot.ball**
	un.e	footballeur, -euse
	un	footing

[FouY.]

	une	fouille
	être	fouillé.e
		fouiller*
	un	fouillis

[FR.]

[FRa.]

[K.]	un	fracas
[KS.]		fracassant.e
		fracasser*
	une	**fraction**
		fractionner*
	une	fracture
		fracturer*
[G.]	un	fragment
		fragmentaire
		fragmenter*
[J.]		**fragile**
	la	fragilité*
[P.]		frappant.e
	une/il	frappe
	être	frappé.e
		frapper
[T.]		fraternel.le.ment
		fraterniser*
	la	fraternité
[Z.]	une	**phrase***

[FRan.]

[-]	un/il est	**franc**
[B.]	une	framboise
	un	framboisier
[K.]		franco
		francophone*
	à la bonne	franquette
[CH.]		franche.ment
		franchi.r
	la	franchise

[J.]	une	frange
	la	frangipane
[M.]	un.e	franc-maçon.ne
[P.]	le	franc-parler
[S.]	être	français.e
[T.]	un	franc-tireur

[FRe.]

		fredonner*
	être	frelaté.e
	un	frelon
	le	fretin

[Fré.][FRè.]

[-]	c'est/les	**frais**
	le	fret (=transport)
[K.]		fréquemment
	la	fréquence
		fréquent.e
	la	fréquentation
		fréquenter*
[CH.]		fraîche.ment ou fraiche.ment
	la	fraîcheur ou fraicheur
		fraîchir ou fraichir
[G.]	une	frégate
[L.]		frêle
[M.]		frémir
		frémissant.e
	un	frémissement
[N.]	le	freinage
		freiner*
	un	frêne
	la	frénésie
		frénétique
[R.]	un	**frère**
[S.]	une	fresque
[T.]	le	fret (=transport)
		frétillant.e
		frétiller*
[Y.]	se	frayer*
	la	frayeur
[Z.]	une	**fraise**
	un	fraisier

[FRi.]

[-]	c'est	frit
[a.]		friable*
[an.]		friand.e
		friandise
[KS.]	une	friction
		frictionner*
[CH.]	une	friche
[G.]	un	**frigo**
	être	frigorifié.e
		frigorifique

[J.]	un	frigidaire
[L.]		**frileux, -euse***
[M.]	la	frime
		frimer
	(un.e)	frimeur, -euse
	une	frimousse
[P.]	être	fripé.e*
	un.e	fripier, -ière
	(un.e)	fripon.ne
	une	fripouille
[R.]		frire
[S.]		frisquet.te
	un	frisson
		frissonnant.e
		frissonner*
[T.]	elle est	frite
	une	friterie
	des	**frites**
	une	friteuse
	la	friture
[V.]		frivole
	la	frivolité
[Z.]	une	frise
	être	frisé.e*
	un	freezer (congeler)

[FRin.]

	un	**frein**
	la	fringale
		fringant.e

[FRo.]

[D.]	la	fraude
		frauder*
	(un.e)	fraudeur, -euse
		frauduleux, -euse*
[L.]	le	frôlement
		frôler*
[M.]	un/du	**fromage***
	(un.e)	fromager, -ère
	du	froment
[T.]	un	frottement
		frotter*
	un	frotteur

[FRoi.]

[-]	le/c'est	**froid**
[D.]		**froide**
		froidement
	la	froideur
	la	froidure
[S.]	le	froissement
		froisser*

▄▄▶ ▄▄▶

[FRon.]

[-]	le	**front**
[D.]	une	frondaison
	la	fronde*
[S.]	une	fronce
	un	froncement
		froncer*
[T.]		frontal.e
		frontalier, -ière
	une/la	**frontière**
	un	fronton

[Frou.]

		froussard.e
	la	frousse

[Fru.] •[FRui.]

[K.]		fructifier*
		fructueux, -euse
[G.]		frugal.e, -aux*
•[ ]	un	**fruit**
		fruitier, -ière
[S.]		fruste
		frustrer*

[Fu.] •[Fui.]

[Fu]

	je/tu	fus
	il	**fut**
	un	fût ou fut (= tonneau)

[FuCH.]

	le	fuchsia

[FuG.]

		fugace*
	une	fugue
		fugueur, -euse

•[Fui.]

[-]	j'ai	**fui**
	eux, ils/elles	fuient
	je/tu	fuis
	il/elle	fuit
[R.]		**fuir**
[T.]	une/la	**fuite**
[Y.]		fuyant.e
	un.e	fuyard.e
	(vous)	fuyez
	(nous)	fuyons

[FuJ.]

	(un.e)	fugitif, -ive*

[FuL.]

		fulgurant.e*

[FuM.]

[an.]		fumant.e
[e.][eu.]	un.e	fumeur, -euse
[é.]	la	**fumée**
		fumer*
	un	fumet
[i.]	du	fumier
		fumigène
		fumiste.rie

[FuN.]

[an.]	un.e	funambule
[é.][è.]	les	funérailles
		funéraire
		funèbre
		funeste*
[i.]	un	funiculaire

[FuR.]

[-]	au	fur et à mesure
	ils/elles	furent
[∅.][e.]	la	fureur
[è.]	un	furet
[i.]		furibond.e
	une	furie
		furieuse.ment
		furieux
[on.]	un	furoncle*
[T.]		fureter*
		furtif, -ive.ment

[FuT.]

[é.][è.]	une	futaie
	être	futé.e
[i.]		futile*
	une	futilité
[u.]	(le)	**futur**
	la	future...
		futuriste*

[FuZ.]

[∅.]	un	fuselage
[é.]	une	**fusée**
		fuser*
[i.]	un	fusible
	un	**fusil**
	une	fusillade
	être	fusillé.e
		fusiller
	(la)	fusion.ner*

[in.]	le	fusain
[L.]	un	fuselage
[o.]	un	fuseau

[FY.]

	un	fjord

[Ga.]

[Ga]

	un	gars

[GaCH.]

		gâcher*
	un	gâchis

[GaD.]

	un	gadget
	la	gadoue

[GaF.]

	une	gaffe
		gaffer*
	un.e	gaffeur, -euse

[GaG.]

	un	gag

[GaJ.]

	un	gage
	des	gages
	une	gageure ou gageüre

[GaL.]

[a.]	un	gala
	une	galaxie*
[an.]		galant.e
	la	galanterie
	la	galantine
[B.]		galbe.r*
[e.][eu.]	la	gale
		galeux, -euse
[é.][è.]	une	galère
	un	galérien
	un	galet
	une	**galette**
[i.]	un	galimatias
	un	galion
	des	galipettes
[o.]	une	galoche
	le	galop
	une	galopade
		galoper*
	un	galopin

[on.]	un	galon
[R.]	une	galerie
[V.]		galvaniser*
		galvauder*

[GaM.]

[∅.]	une	gamme
[è.]	une	gamelle
[i.][in.]	un.e	**gamin.e**
	une	gaminerie

[GaN.][GaGN.]

	(un.e)	gagnant.e
	un	gagne-pain
		gagner*

[GaR.]

[a.]	un	**garage**
	un	garagiste
[an.]	c'est	garanti
	une/elle est	garantie
		garantir
[D.]	un/la	**garde**
	il/elle	garde
	(le)	garde-à-vous
	être	gardé.e
	un.e	garde-barrière
	un	garde-boue
	un	garde-chasse
	un	garde-fou
	un.e	garde-malade
	un	garde-manger
	un	garde-meuble
		garder*
	une	garderie
	une	garde-robe
	(un.e)	**gardien.ne***
	un	gardon
[∅.]	la	**gare**
	je me	gare (= se garer)
		gare !
		gare à toi !
[é.][è.]	être	garé.e
	lapin de	garenne
	se	**garer**
[G.]	(se)	gargariser
	un	gargarisme
	un	gargouillement
		gargouille.r*
[i.]	la	garrigue
[N.]	un	garnement
	être	garni.e
		garnir*
	une	garnison
	une	garniture
[o.]	(un)	garrot.ter*
[S.]	un	**garçon**
	un	garçonnet*

[GaS.]

[P.]	un	gaspillage
		gaspiller*
[T.]	un	gastéropode
		gastrique
	un.e	gastronome
	la	gastronomie
		gastronomique

[GaT.]

	un	**gâteau**
	être	gâté.e
	(se)	gâter
	une	gâterie
		gâteux, -euse

[GaV.]

	le	gavage
	un	gave
	se	gaver*
	un	gavial

[GaY.]

		gaillard.e*

[GaZ.]

[-]	un/du	**gaz**
	des	gaz
[∅.]	de la	gaze
[eu.]		gazeux, -euse
[è.]	une	gazelle
	une	gazette
[o.]	un	gazoduc
	le	gazole ou gas-oil
[on.]	le	gazon
[ou.]		gazouiller*
	un	gazouillis

[Gan.]

[-]	un	**gant**
	un	gant de toilette
[B.]		gambader*
[G.]	un	gang
	un	ganglion*
	la	gangrène*
	un	gangster*
	une	gangue
[T.]	être	ganté.e*

[G.e.][G.eu.]

[L.]	une	**gueule**
		gueuler*
[N.]	des	guenilles
	une	guenon

[G.é.][G.è.]

[-]	être	**gai.e**
	le	gué (= rivière)
	un	guet (= guetter)
[M.]		**gaiement** ou **gaîment**
[N.]	une	gaine*
[P.]	un	guépard
	une	**guêpe**
	un	guêpier
[R.]		guère (=pas beaucoup)
	être	**guéri.e**
	un	guéridon
	la	guérilla
	un	guérillero
		guérir
	la	guérison
	un.e	guérisseur, -euse
	une	guérite
	la	**guerre**
	(un.e)	guerrier, -ière
		guerroyer*
[T.]	la	**gaieté** ou **gaîté**
	un	ghetto
	un	guet-apens
	une	guêtre*
		guetter* (=surveiller)
	un	guetteur

[G.i.]

[-]	du	gui (= plante)
[CH.]	un	guichet*
[D.]	le	guidage
	un.e	guide
		guider*
	un	guidon
[M.]	la	guimauve
[N.][GN.]	la	guigne
		guigner*
	un	guignol
[R.]	une	**guirlande**
[T.]	une	**guitare**
	un.e	guitariste
[Y.]	des	guillemets
		guilleret.te
		guillotine.r
[Z.]	la	guise

[G..in.]

un/le	gain (= gagné)
être	guindé.e
de	guingois

[GL.]

[GLa.]

[-]	le	glas
[B.]		glabre
[D.]	un	gladiateur
[i.]	un	glaïeul
[N.]		glaner*
[P.]		glapir*
	un	glapissement
[S.]	une/la	**glace**
	être	**glacé.e**
	période	glaciaire
		glacial.e, -aux*
	un	glacier
	une	glacière
	un	glaçon
[Y.]	un	glaïeul

[GLan.]

un	gland
une	glande*

[GLè.]

la	glaise*
un	glaive

[GLi.]

une	**glissade**
	glissant.e
la/ça	glisse
un	glissement
	glisser*
une	glissière
une	glissoire
une	glycine

[GLo.]

[B.]		global.e, -aux*
	un	globe
	un	globe-trotter
	un	globule
		globuleux, -euse
[R.]		glorifier*
		glorieux, -euse*
	la	gloriole

[GLoi.]

la	**gloire**

[GLou.]

[S.]	un	gloussement
		glousser*
[T.]	(un.e)	glouton.ne
	la	gloutonnerie

[GLu.]

de la	glu
	gluant.e

[GNÏ.]

un	gnome
un	gnou

[Go.]

[B.]	un	gobelet
		gober*
[CH.]	à/la	**gauche**
	(un.e)	gaucher, -ère
	la	gaucherie
[D.]	une	godasse
	un	godet
		godille.r*
[é.]	un	goéland
	une	goélette
	le	goémon*
[F.]	une	**gaufre***
	être	gaufré.e
	une	gaufrette
	un	gaufrier
[G.]		goguenard.e*
[L.]	une	gaule (= bâton)
		gauler*
	un	**goal**
	le	golf (= jeu)
	un	golfe (= la mer)
[M.]	une	**gomme**
		gommer*
	une	gommette
[R.]	un	goret
	la	**gorge**
	une	gorgée
	se	gorger*
	un	gorille
[S.]	un	**gosse**
[T.]		gothique
[Y.]	une	goyave
[Z.]	un	gosier

[Goi.]

un	goitre*

[Goin.]

un	goinfre
se	goinfrer*
une	goinfrerie

[Gon.]

[-]	un	gond
[D.]	une	gondole
		gondoler*
	un	gondolier
[F.]		gonflable
	le	gonflage
	un	gonflement
		gonfler*
	un	gonfleur
[G.]	un	gong

[Gou.]

[-]	le	**goût** ou **gout**
[a.]	la	gouache
		gouailleur, -euse*
[D.]	le	goudron
	être	goudronné.e*
[F.]	un	gouffre
[J.]	un	goujat*
	un	goujon*
[L.]	un	goulet
	un	goulot
	être	goulu.e
		goulûment ou goulument
[P.]	une	goupille*
	un	goupillon
[R.]		gourd.e
	une	gourde
	un	gourdin
		gourmand.e*
	la	gourmandise
	un	gourmet
	une	gourmette
	un	gourou ou guru
[S.]	une	gousse
	un	gousset
[T.]	je	goûte (= goûter) ou goute
	(le)	goûter ou gouter
	une	goutte*
	une	gouttelette
	une	gouttière
[V.]	un	gouvernail
	(un.e)	gouvernant.e
	un	gouvernement
		gouvernemental.e, -aux
	(se)	**gouverner***
	un.e	gouverneur

[i.]		illicite.ment
	être	illimité.e
		illisible*
		il y a
		il y avait
		il y en a
		il y en avait
		il y est
[N.]		**il n'y a pas**
		il n'y avait pas
		il n'y en a pas
[o.]		illogique*
	un	îlot* ᵒᵤ ilot
[u.]	une	illumination
	être	illuminé.e
	(s')	**illuminer***
	une	illusion*
	un.e	illusionniste
		illusoire
	une	illustration
		illustre*
	un	illustré
	être	illustré.e
	(s')	illustrer

[iM.]

[a.]	une	**image**
		imagé.e*
		imaginaire
		imaginatif, -ive
	l'	**imagination**
	(s')	**imaginer***
	un	imam
	être	immaculé.e
	une	immatriculation
	être	immatriculé.e*
[an.]		immense
		immensément
	l'	immensité
[e.]	un	immeuble
[é.][è.]		immédiat.e
		immédiatement
		immerger*
	une	immersion
[i.]	un.e	imitateur, -trice
	une	imitation
		imiter*
	l'	immigration
	être	immigré.e*
		imminent.e*
	s'	immiscer
[N.]	un	hymne

[o.]		**immobile**
		immobilier, -ière
	être	immobilisé.e
	(s')	immobiliser*
	l'	immobilité
	(s')	immoler*
		immoral.e, -aux*
		immortaliser*
	l'	immortalité
		immortel.le

[iN.] ·[iGN.]

[iNa.]

[B.]		inabordable
		inhabitable
		inhabité.e
		inhabituel.le
[K.]		inacceptable*
[KS.]		inaccessible*
		inaccoutumé.e
		inactif, -ive*
	l'	inaction
[CH.]	être	inachevé.e*
[D.]	être	inadapté.e*
		inadmissible
	par	inadvertance
[L.]	une	inhalation
		inhaler*
[M.]		inamovible
[N.]	être	inanimé.e
	l'	inanition*
[P.]		inaperçu.e
		inappréciable
		inapte
	l'	inaptitude
[T.]		inattaquable
		inattendu.e
		inattentif, -ive
	l'	inattention
[V.]		inavouable

[iNé.] [iNè.]

[-]	il/elle est	inné.e
[B.]		inébranlable*
[KS.]		inexcusable
		inexpérimenté.e
		inexplicable
		inexprimable
		inextinguible
		in extremis
		inextricable
[D.]		inédit.e

[F.]		ineffable
		inefficace
	l'	inefficacité
[G.]		inégalable
		inégal.e.ment
	l'	inégalité
[GZ.]		inexact.e
	l'	inexactitude
		inexistant.e
		inexorable.ment
[L.]		inéluctable.ment
[P.]	une	inepsie
		inepte
		inépuisable
[R.]		inerte
	l'	inertie
		inhérent.e
[S.]		inespéré.e
		inestimable
[V.]		inévitable.ment

[iNi.]

[M.]		inimaginable
		inimitable
	l'	inimitié
[S.]	une	initiale
		initial.e.ment
	l'	initiation
	une	initiative
	(s')	initier*

·[iGN.]

		ignare
	être	ignifugé.e*
		ignoble*
	une	ignominie*
	l'	ignorance
		ignorant.e
	être	ignoré.e
		ignorer*

[iNin.]

		inintelligible*
		inintéressant.e
		ininterrompu.e

[iNo.]

[K.]		inoccupé.e*
[KS.]	l'	inox
		inoxydable
[D.]		inaudible
		inodore
[F.]		inoffensif, -ive

[G.]	l'	inauguration
		inaugurer*
[P.]		inopiné.ment
		inopportun.e*
[S.]		inhospitalier, -ière
	l'	innocence
		innocent.e
		innocenter*
[V.]	l'/une	innovation
		innover*

[iNon.]

		innombrable
	une	**inondation**
	être	inondé.e
		inonder*

[iNou.]

		inoubliable
	il/elle est	inouï.e

[iNu.]

[M.]		inhumain.e
	l'	inhumation
		inhumer*
[T.]		**inutile.ment**
		inutisable
	être	inutilisé.e
	l'	inutilité
[Z.]		inusable
	être	inusité.e

[io.]

[D.]	l'	iode*
[G.]	le	yoga*
	le	**yoghourt**
[T.]	un	yacht *(=bateau)*
	le	yachting

[iP.]

[è.]	un	hypermarché
		hypermétrope*
[i.]		hippique*
[N.]	l'	hypnose
	être	hypnotisé.e*
[o.]	un	hippocampe
	un	hippodrome
	un	hippopotame
	l'	hypocrisie
		hypocrite*
	une	hypothèse
		hypothétique*

[iR.]

[a.]	il/elle/ça	**ira**
	tu	iras
		irascible*
	être	irradié.e*
[an.]		irremplaçable
[é.]	j'	irai
	vous	**irez**
		irréalisable*
		irréel.le*
		irréfutable
	une	irrégularité
		irrégulier
		irrégulière.ment
		irrémédiable*
		irréparable
		irréprochable
		irrésistible*
		irrespirable
		irresponsable*
		irréversible*
[i.]	un	iris
	une	irrigation
		irriguer*
		irritable
		irritant.e
	une	irritation
	être	irrité.e*
[o.]		ironique.ment*
[on.]	une	**hirondelle**
	nous	**irons**
	ils/elles	**iront**
[S.]		hirsute*
[u.]	une	irruption

[iS.]

[B.]	un	iceberg
[é.]	(se)	hisser*
[i.]		**ici**
[L.]		islam.ique*
[M.]	un	isthme*
[R.]		israélite
[T.]	une	**histoire**
		historique*
		hystérique*
[u.]	une	issue
	être	issu.e

[iT.]

	en/l'	italique
	un	itinéraire

[iV.]

[a.]	il/elle	y va
[è.]	l'	**hiver**
	l'	hivernage
		hivernal.e, -aux
		hiverner*
[oi.]	l'	ivoire*
[R.]		ivre
	l'	ivresse
	un.e	ivrogne.sse
	l'	ivrognerie

[iZ.]

		isocèle
		isolant.e
	l'	isolation
	être	isolé.e*
		isolément
	un	isolement
	un	isoloir
		isotherme*

[in.][un.]

		hein?
		un *arbre*
	les	uns

[inB.][unB.]

[a.]		imbattable
[é.][è.]	(un.e)	**imbécile***
	l'	imbécilité ou imbécillité
		imberbe
[i.]		imbiber*
[L.]		humble.ment
[R.]	(s')	imbriquer*
	un	imbroglio
[u.]	être	imbu.e
		imbuvable

[inK.]

[inKa.]

[L.]		incalculable
		inqualifiable
[P.]		incapable
	l'	incapacité
[R.]		incarcérer*
		incarner*
	une	incartade
[S.]		incassable

[inKan.]

l'	incandescence
	incandescent.e

[inKi.]

[é.] [è.]	**inquiet**
	inquiétant.e
	inquiète
(s')	inquiéter*
l'	inquiétude

[inKL.]

[i.]	l'	inclinaison
		incliner*
[u.]		inclure
		inclus.e*

[inKo.]

[é.]	l'	incohérence
		incohérent.e
[L.]		incolore
[M.]		incommode.r*
[GN.]		incognito
[N.]	être	inconnu.e
	une	inconnue
[R.]		incorporer*
		incorrect.e
	une	incorrection
		incorrigible*
		incorruptible*

[inKon.]

[B.]		incomber*
[D.]		inconditionnel.le.ment
[F.]		inconfortable.ment
[G.]		incongru.e
	une	incongruité
[P.]		incomparable*
		incompatible*
	l'	incompétence
		incompétent.e
		incomplet
		incomplète*
		incompréhensible
	l'	incompréhension
[S.]		inconcevable
		inconsciemment
	l'	inconscience
		inconscient.e
		inconséquent.e*
		inconsidéré.e
		inconsistant.e*
		inconsolable*
		inconstant.e*

[T.]		incontestable*
[V.]		inconvenant.e
	un	**inconvénient**

[inKR.]

[é.]		incrédule
	l'	incrédulité
[i.]		incriminer*
[oi.]		**incroyable***
		incroyant.e
[u.]	(s')	incruster*

[inKu.]

[B.]	l'	incubation*
[L.]		inculquer
	une	inculpation
	être	inculpé.e*
		inculte
[R.]		incurable*
	une	incursion
	être	incurvé.e*

[inD.]

[inDé.] [inDè.]

[KS.]	un/l'	index*
[CH.]		indéchiffrable
[F.]		indéfendable
		indéfini.ment
[L.]		indélébile*
[M.]		indemne
		indemniser*
	une	indemnité
[N.]		indéniable*
[P.]	l'	indépendance
		indépendant.e*
[S.]		indécent.e*
		indécis.e
	une	indécision
		indescriptible
		indestructible*
[T.]		indéterminé.e
[Z.]		indésirable

[inDi.] •[inDien.]

[K.]	un.e	indicateur, -trice
		indicatif, -ive
	une	indication
		indiquer*
•[ ]	(un)	**indien**
[è.]	(une)	**indienne**

[F.]		indifféremment
	l'	indifférence*
		indifférent.e
[G.]	couleur	indigo
[J.]	(un.e)	indigène
	un.e	indigent.e*
		indigeste
	une	indigestion
[GN.]	l'	indignation
		indigne*
	être	indigné.e*
	s'	indigner
[R.]		indirect.e.ment
[S.]	un	indice
		indicible*
	l'	indiscipline
		indiscipliné.e
		indiscret
		indiscrète*
	une	indiscrétion
		indiscutable.ment
		indispensable
		indisposer*
	une	indisposition
		indistinct.e.ment
[V.]	un	individu
		individualiste*
		individuel.le.ment

[inDo.]

	l'	indolence
		indolent.e
		indolore
		indomptable*

[inDou.]

	être	hindou.e

[inDu.]

		indu.e
		indubitable.ment
	l'	indulgence
		indulgent.e
	une	**industrie**
		industriel.le.ment
		industrieux, -euse

[inF.]

[a.]		infaillible*
		infâme
	une	infamie*
	un	infarctus
		infatigable*

[an.]	l'	infanterie
		infantile*
[é.][è.]		infect.e
	(s')	infecter*
		infectieux, -euse
	une	infection
	il est	**inférieur**
	elle est	**inférieure**
	l'	infériorité
		infernal.e, -aux
		infester*
[i.]		infidèle*
	une	infiltration
	(s')	infiltrer*
		infime*
	être	infini.e
		infiniment
	une	infinité
	l'	infinitif
	(un.e)	infirme
		infirmer*
	une	infirmerie
	un	infirmier
	une	**infirmière**
	une	infirmité
[L.]		inflammable
	l'	**inflammation**
	l'	inflation*
		infléchi.r*
		inflexible*
		infliger*
		influençable
	l'	**influence**
		influencer*
		influent.e
		influer*
[o.]	un.e	informaticien.ne
		informatif, -ive
	une	**information**
	l'	informatique
		informe
	être	informé.e
	(s')	**informer**
		infortune*
[R.]	une	infraction
		infranchissable
		infrarouge
		infructueux, -euse*
[u.]		infuser*
	une	infusion

[inG.]

[an.]		ingambe
[é.]		inguérissable

[R.]		ingrat.e
	l'	ingratitude
	un	ingrédient
[u.]		ingurgiter*

[inJ.]

[é.][è.]	s'	ingénier*
		ingénieur
	un.e	ingénieux, -euse*
	l'	ingéniosité
		ingénu.e*
	l'	ingérence
	(s')	ingérer*
		injecter*
	une	injection
[on.]	une	injonction
[u.]	une	**injure**
		injurier*
		injurieux, -euse
		injuste.ment
	l'/une	**injustice**
		injustifié.e*

[inL.]

inlassable.ment

[inM.]

immangeable

immanquable*

immettable

[inP.]

[inPa.]

[K.]	un	impact
[R.]		imparable
		impardonnable
		imparfait.e*
		impartial.e, -aux*
	l'	impartialité
[S.]	une	impasse
	l'	impassibilité
		impassible.ment
		impatiemment
	l'	impatience
		impatient.e
	s'	impatienter*
[V.]		impavide

[inPan.]

impensable

[inPé.][inPè.]

[K.]		**impeccable***
[N.]		impénétrable
[R.]	un nombre	impair
	un	imper(méable)
	(l')	impératif
	une	impératrice
		imperceptible*
	une	imperfection
		impérial.e, -aux*
	l'	impérialisme*
		impérieux, -euse
		impérissable
		imperméable*
		impersonnel.le
	l'	impertinence
		impertinent.e
		imperturbable*
[T.]		impétueux, -euse*
	l'	impétuosité

[inPi.]

	(un.e)	impie
		impitoyable.ment

[inPL.]

[a.]		implacable*
[an.]	une	implantation
	(s')	implanter*
[i.]	une	implication
		implicite.ment
	être	impliqué.e*
[o.]		implorer*

[inPo.]

[-]	un	**impôt**
[L.]	être	impoli.e*
	l'	impolitesse
[P.]		impopulaire*
[R.]	l'	**importance**
		important.e
	(un.e)	importateur, -trice
	l'	importation
		importer*
		importuner*
[S.]	l'	impossibilité
		impossible
	un	imposteur
	une	imposture
[T.]	(un.e)	impotent.e*
[Z.]		imposant.e
	(s')	imposer*

нн➡

[inPon.]

	impondérable

[inPR.]

[a.]		impraticable
[e.]		imprenable
[é.][è.]		imprécis.e
	une	imprécision
		imprégner*
	une	**impression**
		impressionnable
		impressionnant.e
		impressionner*
		impressionniste*
		imprévisible
	l'	imprévoyance
		imprévoyant.e
		imprévu.e
[i.]	en	imprimant
	une	imprimante
	un	imprimé
	être	imprimé.e
	(s')	**imprimer**
	une	imprimerie
	un.e	imprimeur, -euse
[o.]		improbable
		impropre*
	une	improvisation
		improviser*
	à l'	improviste
[on.]		impromptu.e
[u.]		imprudemment
	l'	imprudence
		imprudent.e

[inPu.] •[inPui.]

•[ ]	l'	impuissance
		impuissant.e
[L.]		impulsif, -ive*
	une	impulsion
[N.]		impunément
		impuni.e*
[R.]		impur.e
	l'	impureté
[T.]		imputer*
		imputrescible*

[inS.]

[inSa.]

	insalubre*
une	insanité
	insatiable*
	insatisfaisant.e
	insatisfait.e

[inSan.]

		incendiaire
	un	**incendie**
		incendier*
		insensé.e
		insensibiliser*
	l'	insensibilité
		insensible.ment

[inSK.]

	inscrire
	inscrit.e

[inSé.][inSè.]

[K.]	un	**insecte**
	un	insecticide
		insectivore
	l'	insécurité
[M.]	l'	insémination*
[P.]		inséparable*
[R.]		incertain.e
	une	incertitude
		insérer*
[S.]		incessamment
		incessant.e
	un	inceste*
[Z.]		insaisissable*

[inSi.]

[-]		**ainsi**
[D.]	un	incident*
		insidieux, -euse*
[N.][GN.]		incinérer*
	(un)	insigne
		insignifiant.e*
	une	insinuation
	(s')	insinuer*
[P.]		insipide
[S.]	l'	insistance
		insister*
[T.]	une	incitation
		inciter*
[Z.]		inciser*
	une	incision

[inSo.]

	l'	insolation
	l'	insolence
		insolent.e
		insolite
		insoluble*
	une	insomnie*
		insonoriser*

[inSon.]

	insondable

[inSou.]

l'	insouciance
	insouciant.e
	insoutenable

[inSP.]

		inspecter*
	un.e	**inspecteur, -trice**
	une	inspection
	l'	inspiration
		inspirer*

[inST.]

[a.]		instable*
	un.e	installateur, -trice
	une	installation
	(s')	installer*
		instamment
[an.]	les	instances
	un	**instant**
		instantané.e
		instantanément
[i.]		instituer*
	un	institut
	un.e	**instituteur, -trice**
	un	institution
[in.]	un/l'	instinct*
		instinctif
		instinctive.ment
[o.]		instaurer*
[R.]		instructif, -ive
	l'	instruction
	(s')	instruire
	un	**instrument***
	un.e	instrumentiste

[inSu.]

[-]	à l'	insu
[B.]		insubmersible*
	l'	insubordination
	être	insubordonné.e
[KS.]	un	insuccès
[F.]		insuffisamment
	l'	insuffisance
		insuffisant.e
[L.]		insulaire*
		insultant.e
	une	insulte
		insulter*
[P.]		insupportable*
[R.]	s'	insurger*
		insurmontable
	l'	insurrection

176 MOTS USUELS

[a.]

1 (il/elle/on) **a**
2 (tu) **as**
3 **à**
4 **alors**
5 **après**
6 **assez**
7 **avant**
8 **avec**

[an.] en

9 **en** (≠ un an)
10 **encore**
11 **en face**
12 **enfin**
13 **entre**

[B.]

14 **beaucoup**
15 **bien**
16 **bientôt**

[K.] c, qu

17 **car**
18 **combien**
19 **comme**
20 **comment**
21 **contre**
22 **quand**
23 **que**
24 **qui**
25 **quelque(s)**
26 **quelquefois**
27 **quelqu'un**
28 **quelques-un(e)s**
29 **quoi**

[CH.]

30 **chacun(e)**
31 **chaque**
32 **cher, chère**
33 **chez**

[D.]

34 **d'abord**
35 **dans**
36 **dedans**
37 **de, du, des**
38 **déjà**
39 **demain**
40 **dehors**
41 **depuis**
42 **derrière**
43 **dessous**
44 **dessus**

45 **devant**
46 **donc**

[eu.]

47 **eux** (ils)

[é] [è]

48 **elle est**
49 **elle s'est**
50 **elles ont**
51 **elles sont**
52 **elle t'a**
53 **elles t'ont**
54 (il/elle) **est**
55 **et**
56 **et puis**

[F.]

57 (une) **fois**

[i.]

58 **hier**
59 **ici**
60 **il** (lui)
61 **ils** (eux)
62 **il est**
63 **il s'est**
64 **il t'a**
65 **ils ont**
66 **ils sont**
67 **il y a**
68 **il y avait**

[in.] [un.]

69 **ainsi**
70 **un**

[J.]

71 **j'ai**
72 **j'ai été**
73 **j'ai eu**
74 **jamais**
75 **j'aurai(s)**
76 **j'avais**
77 **je les**
78 **je les ai**
79 **je n'ai**
80 **je ne**
81 **jusqu'à, jusqu'au(x)**
82 **jusque**

[L.]

83 **le, la, les, l'**
84 **lui**
85 **leur, leurs**
86 **la mienne**

87 **le(s) mien.ne(s)**
88 **lorsque**
89 **lorsqu'il(s)/elle(s)**

[M.]

90 (oui) **mais**
91 **ma, mon, mes**
92 (il/elle) **m'a**
93 (ils/elles) **m'ont**
94 **malgré**
95 **maintenant**
96 **mieux**
97 **moi,** (un) **mois**
98 **moins**

[N.]

99 **ne... pas**
100 **ne... plus**
101 **non** (oui)
102 (ils/elles) **n'ont**
103 **notre, nos**
104 **nous**

[o] au

105 **au, aux**
106 **aujourd'hui**
107 **aussi**
108 **autant**

[on.]

109 (ils/elles) **ont**
110 **on**
111 **on a**
112 **on n'a pas/plus**

[ou.]

113 **ou** (bien)
114 **où ?**

[P.]

115 **par**
116 **parce que**
117 **parfois**
118 **partout**
119 **pendant (que)**
120 **peu, un peu**
121 **peut-être**
122 **plus**
123 **plusieurs**
124 **pour**
125 **pourquoi**
126 **pourtant**
127 **près (de)**
128 **presque**
129 **puis, et puis**
130 **puisque**

[R.]

131 **rien**

[S.] c = s

132 **sa, son, ses**
133 **ce (que)**
134 **ceci**
135 **ces, ceux-ci/là**
136 **c'est, c'était**
137 (il/elle/on) **s'est**
138 (il/elle/on) **s'était**
139 **celui-ci/là**
140 **celui qui**
141 **ça, cela**
142 **cette, celle(s)-ci/là**
143 (il/elle/on) **se**
144 (eux, ils/elles) **se**
145 **sans** (rien)
146 **sauf**
147 **selon**
148 **sinon**
149 **soi(-même)**
150 (nous) **sommes**
151 (ils/elles) **sont**
152 **sous**
153 **souvent**
154 **sur**
155 **surtout**

[T.]

156 **ta, ton, tes**
157 (il/elle) **t'a**
158 (ils/elles) **t'ont**
159 **tant (de)**
160 **tant que**
161 **tantôt**
162 **tard**
163 **toujours**
164 **tout, tous**
165 **tout à fait**
166 **tout à coup**
167 **tout à l'heure**
168 **toute(s) la/les**
169 **tous les**
170 **très**
171 **trop**

[u.]

172 **une**

[V.]

173 **vers**
174 **voici**
175 **votre, vos**
176 **vous**

LES NOMBRES EN LETTRES

0	zéro	20	vingt	21	vingt et un
1	un	30	trente	34	trente-quatre
2	deux	40	quarante	48	quarante-huit
3	trois	50	cinquante	52	cinquante-deux
4	quatre	60	soixante		
5	cinq	70	soixante-dix	76	soixante-seize
6	six	80	quatre-vingt**s**	82	quatre-ving**t**-deux
7	sept	90	quatre-vingt-dix		
8	huit				
9	neuf				
10	dix				
		100	cen**t**	120	cen**t** ving**t**
11	onze	200	deux cent**s**	315	trois cen**t** quinze
12	douze	300	trois cent**s**		
13	treize				
14	quatorze	1000	mill**e**	1510	mill**e** cinq cent dix
15	quinze	2000	deux mill**e**	2981	deux mill**e** neuf cent quatre-ving**t**-un
16	seize	10 000	dix mill**e**		
17	dix-sept				
18	dix-huit	1 000 000	un million	2 000 000	deux million**s**
19	dix-neuf	1 000 000 000	un milliard	3 000 000 000	trois milliard**s**

Rectifications orthographiques recommandées depuis 1990 par le Conseil supérieur de la langue française, approuvées par l'Académie française

- Les « numéraux composés » sont unis par des **traits d'union** :

    Ex. : 21 302   vingt-et-un-mille-trois-cent-deux

- Million et milliard, qui sont des noms comme millier, ne sont ni précédés ni suivis d'un trait d'union.

    Ex. : 2 300 000   deux millions trois-cent-mille

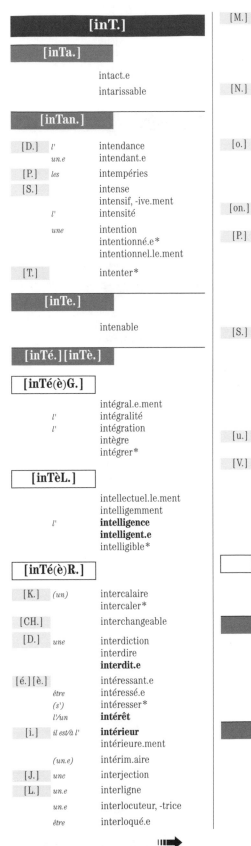

[inT.]

[inTa.]

intact.e
intarissable

[inTan.]

[D.] *l'* intendance
un.e intendant.e
[P.] *les* intempéries
[S.] intense
intensif, -ive.ment
l' intensité
une intention
intentionné.e*
intentionnel.le.ment
[T.] intenter*

[inTe.]

intenable

[inTé.][inTè.]

[inTé(è)G.]

intégral.e.ment
l' intégralité
l' intégration
intègre
intégrer*

[inTèL.]

intellectuel.le.ment
intelligemment
l' **intelligence**
intelligent.e
intelligible*

[inTé(è)R.]

[K.] *(un)* intercalaire
intercaler*
[CH.] interchangeable
[D.] *une* interdiction
interdire
interdit.e
[é.][è.] intéressant.e
être intéressé.e
(s') intéresser*
l'/un **intérêt**
[i.] *il est/à l'* **intérieur**
intérieure.ment
(un.e) intérim.aire
[J.] *une* interjection
[L.] *un.e* interligne
un.e interlocuteur, -trice
être interloqué.e

[M.] *un* intermède
(un.e) intermédiaire
interminable.ment
l' intermittence
intermittent.e
[N.] *un* internat
international.e, -aux*
interne*
interner*
[o.] *un.e* interrogateur, -trice
interrogatif, -ive
une **interrogation**
un interrogatoire
(s') interroger*
[on.] *(s')* interrompre
interrompu.e
[P.] interpel(l)er*
une interpellation*
interplanétaire
(s') interposer*
une interprétation
un.e interprète
interpréter*
[S.] intercéder*
intercepter*
une interception
une intersection
intersidéral.e, -aux
interstellaire
un interstice
[u.] *un* interrupteur
une interruption
[V.] *un* intervalle
intervenir
une intervention
interverti.r*
il/elle intervient
une interview*

[inTèS.]

(un) **intestin**.e
intestinal.e, -aux

[inTi.]

intime.ment
intimer*
être intimidé.e
l' intimité
intituler*

[inTo.]

intolérable
l' intolérance
intolérant.e
l' intonation
une intoxication
être intoxiqué.e*

[inTR.]

[a.] intraduisible
intramusculaire
intraveineux, -euse
[an.] *l'* intransigeance
intransigeant.e
intransitif, -ive
[é.][è.] intraitable
intrépide*
l' intrépidité
[i.] *(un.e)* intrigant.e
une intrigue
être intrigué.e
intriguer*
[o.] *l'* introduction
introduire
[ou.] introuvable
[u.] *un.e* intrus.e
une intrusion

[inTui.]

une intuition*

[inV.]

[a.] *un.e* invalide
une invalidité
invariable*
une invasion
[an.] *un* inventaire
inventer
un.e inventeur, -trice
inventif, -ive*
une **invention**
[é.][è.] invectiver*
des invectives
inverse
inversement
une inversion
invertébré.e
une investigation*
investir
un investissement
[i.] invisible
une **invitation**
être/un.e invité.e
inviter*
invivable
[in.] *être* invaincu.e
invincible*
[o.] *une* invocation
involontaire.ment
invoquer*
[R.] invraisemblable*
une invraisemblance
[u.] invulnérable*

[Ja.]

[B.]	un	jabot
		j'habille
		j'habite
[K.]		jacasser*
	une	jaquette
[CH.]	une/en	jachère
		j'achète
		j'achèterai
[D.]	le	jade
		jadis
[G.]	un	jaguar
[L.]		**j'allais**
		jalon.ner
		jalouse.r*
	la	jalousie
		jaloux
[M.]		**jamais**
[P.]		**j'appelle**
	un	jappement
		japper
		j'apprends
[R.]	un	**jardin**
	le	jardinage
		jardiner*
	un	**jardinier**
	une	jardinière
	un	jargon
	une	jarre
	le	jarret
		j'arrête
	un	jars
[S.]	une	**jacinthe**
	du	jasmin
		j'aspire
[T.]	une	jatte
		j'attends
[V.]		**j'avais**
	l'eau de	javel*
	un	javelot
		j'avoue
[Z.]		jaser*
[Y.]	il faut que	j'aille
		jailli.r

[Jan.]

[-]	les	**gens**
[B.]	un	jambage
	une	**jambe***
	une	jambière
	un/du	**jambon**
	un	jambonneau

[D.]	un	gendarme
	se	gendarmer
	la	gendarmerie
	un	gendre
[N.]		**j'en ai...**
[P.]		j'emporte
[R.]	un	**genre**
		j'en ris
[S.]	une	genciane
	la	gencive
[T.]	une	jante
	il est	**gentil**
	un	gentilhomme
	elle est	**gentille**
	la	gentillesse
		gentillet.te
		gentiment
		j'entends
		j'entre
[V.]		**janvier**
		j'en veux
		j'en viens
		j'en voudrais

[Je.][Jeu.]

[-]		**je**
		(je vais)
		(je suis)
		(je fais)
	un	**jeu**
	des	**jeux**
[D.]		**jeudi**
[L.]	c'est	gelé
	être	gelé.e
	la	gelée
	il va	**geler**
		je l'ai...
		(je l'ai pris)
		je les...
		(je les ai pris)
[N.]		**je n'ai pas**
		je n'ai plus
		je ne...
		(je ne vais pas)
		(je ne peux plus)
	le	jeûne *(=pas manger)*
		jeûner*
	être	**jeune** *(=pas vieux)*
	la	**jeunesse**
	la	genèse
	un	genêt *(=plante)*
	du	genièvre
	un	**genou**
	les	**genoux**
	une	genouillère

[T.]		jetable
	une	jetée
		jeter*
	vous	jetez
	un	jeton
	nous	jetons

[Jé.][Jè.]

[Jé.][Jè.]

	un	geai *(=oiseau)*
		j'ai
		(j'ai dit)
		(j'ai fait)
		(j'ai été)
		(j'ai eu)
	du	jais *(=noir)*
	un	**jet** *(=jeter)*

[Jéan.]

	(un.e)	**géant.e**

[JéK.]

		j'écris

[JèD.]

		j'aide
		j'aiderai

[Jéé.]

		j'ai été

[JéL.][JèL.]

	le	gel
	il	gèle
	(la)	gélatine.ux, -euse
	une	gélinotte ou gelinotte
	une	gélule

[JéM.][JèM.]

	(la)	gemme*
		gémi.r
		gémissant.e
	un	gémissement
		j'aime
		j'aimerais

[JéN.][JèN.] *[JèGN.]

[an.]		gênant.e
[e.][é.]	la	généalogie*
		généalogique
	une	**gêne**
	être	**gêné.e**
	(se)	**gêner**
	(un.e)	gêneur, -euse

un/en	**général**	
	généralement	
	généraliser*	
	généraliste	
des	généralités	
(un.e)	**générateur, -trice**"	
une	**génération***	
(les)	**généraux**	
	générer	
	généreux, -euse.ment	
	générique	
la	générosité	
	génétique*	
[i.] être	**génial.e, -aux***	
un/le	**génie**	
une	génisse	
	génital.e, -aux	
•[ ]	geignard.e*	
[o.] un	génocide	

[Jéo.]

un.e	géographe
la	**géographie**
	géographique*
la	géologie
	géologique*
un.e	géologue
un	géomètre
la	géométrie
	géométrique*

[JéR.][JèR.]

[a.]	un	géranium
[an.]	un.e	gérant.e*
[B.]	une	gerbe*
[é.]		gérer
	des	jérémiades
[i.]	un	jerrycan ou jerrican
[M.]		germain.e
	un	germe
	être	germé.e
		germer*
	la	germination*
[S.]	les lèvres	gercées*
	une	gerçure
[Z.]	le	jersey

[JéS.][JèS.]

[è.]		j'essaie
		j'essayais
[P.]		**j'espère**
		j'espérais
[T.]	un	**geste**
		gesticuler*
	un.e	gestion.naire

[JéT.][JèT.]

[∅.]	je/il/elle	**jette**
	ils/elles	jettent
	tu	jettes
[è.]		**j'étais**

[Jéu.]

j'ai eu

[JéZ.]

un	gésier
	gésir
un	geyser
	j'hésite

[Ji.]

[-]	ci/il/elle	gît ou git
[B.]	un	gibbon
	une	gibecière
	un	gibet
	du/le	**gibier**
	des	giboulées
		giboyeux, -euse
[K.]	une	giclée
		gicler*
	un	gicleur
[F.]	une	gifle
	être	giflé.e
		gifler
[G.]		gigantesque
		gigogne
	un	gigot
		gigoter*
[L.]	un	**gilet**
	un	gille (de Binche)
[M.]	un	gymnase
	un.e	gymnaste
	la	**gymnastique***
[N.]	un.e	gynécologue*
[P.]	le	gypse*
[R.]	une	**girafe**
		giratoire
	un clou de	girofle
	une	giroflée
	une	girolle
	une	**girouette**
		j'irai
		j'irais (= si)
[T.]	un.e	gitan.c
	un	gîte ou gite*
[V.]		givrant.e
	du	**givre**

	être	givré.e
		givrer*
		j'y vais
[Z.]		gisant.e
	un	gisement

[Jin.][Jun.]

		geindre
	il/elle	geint (= gémir)
	du	gingembre
	une	gingivite*
	à	jeun
		j'installe
		j'invente
		j'invite
	la	**jungle**

[Jo.]

[K.]	un	jockey
	un	jokari
	un	joker
[F.]		j'offre
		j'offrirai
[J.]		jauge.r
[L.]	une	geôle
	un	geôlier
	il/elle est	**joli.e***
		joliment
[N.]		jaunâtre
		jaune*
	être	jauni.e
		jaunir
	la	jaunisse
	le	jaunissement*
[R.]		**j'aurai**
		j'aurais... (si)
[V.]		jovial.e, -aux*
[Z.]		**j'ose.rais**

[Joi.]

la	joie
ils/elles	joignent
un	joyau
des	joyaux
	joyeux
	joyeuse.ment

[Join.]

	joindre
un	joint
(un)	joint.e*
	jointoyer*
une	jointure

▸▸▸➡

[Jon.]

du/le	jonc
être	jonché.e*
une	jonction
	jongler*
une	jonglerie
un.e	**jongleur, -euse**
une	jonque
une	**jonquille**

[Jou.]

[-]	une	**joue**
	je/il/elle	**joue**
	eux, ils/elles	jouent
	tu	joues
	un	joug
[B.]		j'oublie
[e.] [eu.]	ils/elles	jouaient
[é.] [è.]	je/tu	jouais
	il/elle	jouait
		jouer*
	un	**jouet**
	un.e	**joueur, -euse**
[F.]		joufflu.e
[i.]		jouir
	la	jouissance*
[J.]	un/(des)	joujou(x)
[R.]	un/le	**jour**
	un	**journal**
		journalier, -ière
	le	journalisme
	un.e	journaliste*
	des	**journaux**
	une	**journée**
		journellement
[T.]	une	joute*
[V.]		j'ouvre

[Ju.] •[Jui.] *[Juin.]

[Ju]

un/du	**jus**

[JuB.]

la	jubilation
	jubiler*
un	jubilé

[JuKS.]

juxtaposer*

[JuCH.]

être	juché.e

[JuD.]

un	judas
le	judaïsme*
	judiciaire
	judicieux, -euse*
le	**judo**
un	judoka

[JuG.]

juguler*

•[Jui.]

il est	juif
	juillet
elle est	juive

*[Juin.]

juin

[JuJ.]

un	juge
être	jugé.e
un	jugement
	juger*
la	jugeote

[JuM.]

un	jumeau
des	**jumeaux**
un	jumelage
	jumeler
des	**jumelles**
une	jument

[JuN.]

junior

[JuP.]

une	**jupe**
un	jupon*

[JuR.]

[é.]	il/elle est	juré.e
		jurer*
[i.]		juridique.ment*
	un	jury
[on.]	un	juron

[JuS.]

[K.]	**jusqu'à**
	jusqu'à ce que
	jusqu'au
	jusque
	jusque-là
	jusqu'en
	jusqu'où

[T.]	un	justaucorps
		juste
		justement
	la	justesse
	la	**justice***
	(un.e)	justicier, -ière
		justificatif, -ive
	une	justification
		justifier*

[JuT.]

du/le	jute
	juteux, -euse

[JuV.]

juvénile*

[La.]

[La]

		la
		(la *maison*)
		(la *voiture*)
il/elle est		**là**
ce jour-		là
il/elle		**l'a...**
il/elle		(l'a *pris*)
être		**las** *(= fatigué)*

[LaB.]

[a.]		**là-bas**
[e.]	le	labeur
[è.]	un	label*
[i.]	un	labyrinthe
		l'habit
		l'habitant.e
		l'habitation
		l'habitude
[o.]	un	laboratoire
		laborieux
		laborieuse.ment
[ou.]	un	labour
	le	labourage
		labourer*
	un	laboureur

[LaK.] •[LaKS.]

[-]	un	**lac**
[ø.]	de la	laque
[é.] [è.]	un	laquais
		laquelle
		laquer*
[o.]		laconique.ment*
[R.]		lacrymogène
•[ ]		**l'accident**
		laxatif, -ive

[T.]		lacté.e
[u.]	une	lacune
		lacunaire
		lacustre

[LaCH.]

	(un.e)	lâche
	je/il/elle	lâche
		lâchement
		lâcher*
	la	lâcheté
		lâcheur, -euse

[LaG.]

	un	lagon
	une	lagune*

[Laï.]

	un	laïc
	la	laïcité
	être/une	laïque
	un	laïus

[LaJ.]

		l'âge

[LaL.]

	je/il/elle	l'allume
	je vais	l'allumer
		l'allumette
		l'alphabet

[LaM.]

[a.]	un	lama
[an.]		lamentable.ment
	des	lamentations
	se	lamenter*
[ǿ.]		l'âme
	une	lame
[è.]	une	lamelle*
[i.]		**l'ami (m.)**
		l'amie (f.)
		laminer*
	un	laminoir
		l'amitié
[ou.]		**l'amour**

[LaN.]

		l'âne*
	une	lanière
		l'année
		l'année passée
		l'anniversaire
	la	lanoline

[Lao.]

là-haut

[LaP.]

[ǿ.]	un	lapereau
[é.] [è.]		laper* *(=boire)*
	je	**l'appelle**
[i.] [in.]		lapidaire
	un	**lapin**
	une	lapine
		l'appendicite
[R.]		**l'après-midi**
	je vais	l'apprendre
	je vais	la prendre *(=prendre)*
[S.]	un	laps
	un	lapsus

[LaR.]

[-]	du	lard
		l'art *de l'artiste*
[B.]		**l'arbre**
		l'arbuste
[K.]		l'arc
[D.]		larder*
	un	lardon
[G.]		larguer*
[i.]		**l'arrivée**
[in.]	une	laryngite
	le	larynx*
[J.]		**large**
		largement
		l'argent
	la	largesse
	la	**largeur**
[M.]	une	**larme**
		l'arme *(= une arme)*
		l'armée
		l'armoire
		larmoyant.e
		larmoyer
[on.]	un	larron
[S.]	un	larcin
[T.]		l'article
		l'artiste
[V.]	une	larve*

[LaS.]

[-]		l'as *(= un as)*
[an.]		l'ascenseur
		l'ascension
		lassant.e
[ǿ.]	elle est	lasse *(= fatiguée)*
	ça	lasse

[é.] [è.]		lacer* *(=lacet)*
		lacérer*
	un	**lacet**
	(se)	lasser *(= fatiguer)*
[i.]	la	lassitude
[o.]	un	lasso

[LaT.]

[an.]		latent.e
		l'attente
[ǿ.]	une	**latte***
[é.] [è.]		latéral.e, -aux
		latéralement
	le	latex
	être	latté.e
[i.] [in.]	le	latin
		latine
	la	latitude
[R.]	je	l'attrape
	je vais	**l'attraper**

[LaV.]

[a.]		lavable
	un	lavabo
	le	**lavage**
[an.]	à	**l'avance**
	la	lavande
	en	lavant
		l'avant *(=devant)*
[ǿ.] [e.]	la	lave
[eu.]	je/il/elle	**lave**
	un	lave-glace
	un	lave-linge
	(à)	l'avenir
		l'avenue *(=rue)*
		la venue *(= venir)*
	une	laverie
	un.e	laveur, -euse
	un	lave-vaisselle
[é.] [è.]	je	l'avais *(vu)*
	être	lavé.e
	(se)	**laver**
	une	lavette
[i.]		**l'avion** *(= un avion)*
	nous	l'avions *(= avoir)*
	nous	lavions *(= laver)*
[oi.]		l'avoine
	je voudrais	**l'avoir** *(= avoir)*
	un	**lavoir** *(= laver)*
	je veux	la voir *(=voir)*

[LaZ.]

	un	laser

80-81

[Lan.]

[-]		**l'an** *(= l'année)*
		l'an *passé*
	être	**lent**
[B.]	*un*	lambeau
		lambin*
	un	lambris
		l'ambulance*
[D.]	*un*	landau
	la	lande
	le	**lendemain**
[F.]		l'enfance
		l'enfant
[G.]	*le*	langage*
		l'anglais
		langoureux
		langoureuse.ment
	une	langouste
	une	langoustine
	la	**langue**
	une	languette
	la	langueur
		l'anguille
		languir, -issant.e
[J.]		l'ange *(= un ange)*
	un	lange *(langer)*
		langer*
[P.]	*un*	lampadaire
	une	**lampe**
	un	lampion
		l'ampoule
	une	lamproie
		l'an passé
[S.]	*je*	lançais
	une	lance
	je/il/elle	lance
	une	lancée
	un	lance-flammes
	un	**lancement**
	un	lance-pierre ou
		lance-pierres
		lancer*
	un.e	lanceur, -euse
	vous	lancez
		lancinant.e
[T.]	*une*	lanterne*
	(une) /elle est	**lente**
		lentement
		l'enterrement
	la	lenteur
	une	lentille
		l'entrée
[V.]		**l'envers**
	je	l'envoie
	je vais	l'envoyer

[Le.][Leu.]

[-]		**le**
		(le *matin*)
		(le *frère*)
[K.]		lequel
[F.]		**l'œuf**
[R.]		**leur**
	(je	leur *parle)*
		(leur *maison*)
	un	leurre
	se	leurrer*
		leurs
		(leurs *souliers*)
		l'heure *de la montre*
[S.]	*une*	**leçon**
	la	leucémie*
[V.]	*le*	levain
	le/en	levant
	être	levé.e
	une	levée
	(se)/le	**lever**
	un	levier
	un	levraut
	de la	levure
		l'œuvre

[Lé.][Lè.]

[Lé][Lè.]

je	**l'ai**
(je)	(l'ai *acheté*)
il est	**laid** *(= pas beau)*
du	**lait**
	les
	(les *fleurs*)
(je	les *connais)*

[LéK.][LèK.]

[è.]		lesquelles (f.)
		lesquels (m.)
[i.]		l'équipage
		l'équipe*
[L.]		**l'éclair**
		l'éclairage
	je vais	l'éclairer
[o.]		**l'école**
		l'écolier, -ière
		l'écologie
		l'économie
[S.]	*un*	lexique*
[T.]	*un.e*	lecteur, -trice
	la	**lecture**

[LéCH.]

	l'échelle
	lécher*

[LéD.][LèD.]

à/de/je	**l'aide**
elle est	**laide**
je vais	l'aider
la	laideur

[LéG.]

[-]	*un*	legs
[a.]		légal.e.ment
		légaliser*
		l'égalité
[é.]		léguer*
[L.]		**l'église**
[o.]		légaux (=légal)
	des	Lego (=jeu)
[ou.]		l'égout
[u.]	*un*	**légume**

[LéJ.]

[an.]		légendaire*
	une	légende
[é.][è.]		**léger**
		légère.ment
	la	légèreté
[i.]		légion.naire
	la	législation
		législatif, -ive
		légitime*

[LéL.]

	l'élastique
	l'électricien
	l'électricité
	l'éléphant
	l'hélice
	l'hélicoptère

[LéM.][LèM.]

je	**l'aime**.rais
un	lémurien

[LèN.]

un	lainage
la	**laine**
	laineux, -euse
	lainier, -ière

[Léo.]

un	léopard

[LéP.] [LèP.]

[é.] [è.]		l'épée
		l'épervier
[o.]		**l'épaule**
[R.]	la	lèpre
	un.e	lépreux, -euse

[LèR.]

	l'air
	l'erreur
	l'herbe

[LéS.] [LèS.]

[an.]	en	laissant
		l'essence
[K.]		**l'escalier**
		l'escargot
[ø.] [é.]	une/il/elle	laisse
		laisser*
[i.]		**lessive.r***
[P.]		l'espace
		l'espoir
		l'esprit
[T.]		leste.ment
		l'estomac

[LéT.] [LèT.]

[a.]	un	laitage
		l'étable
		l'étage
		l'étagère
	la	léthargie*
[an.]	la	laitance
		l'étang
[ø.] [eu.]	une	laiterie
		laiteux, -euse
[é.]		**l'été**
[i.]	(un.e)	**laitier, -ière**
[oi.]		l'étoile
[on.]	le	laiton
[R.]	une	**lettre**
[u.]	une	laitue
		l'étude

[LéV.] [LèV.]

	il/elle	**lève**
		l'évier
	une	**lèvre**
	un	lévrier

[LèY.]

	une	layette
	un	leitmotiv

[LéZ.]

		les amis
		les enfants
		léser*
		lésiner*
	une	lésion*
	un	**lézard**
		lézarde.r*

[Li.] [Lien.]

[Li]

	la	lie
	je/il/elle	lie *(=lier)*
	je/tu	lis *(=lire)*
	il/elle	**lit**
	un	**lit**

[Lia.]

	une	liane
	une	liasse

[LiB.]

		libeller*
	une	libellule
	(un.e)	libéral.e, -aux
	(un.e)	libérateur, -trice
	la	libération
	être	libéré.e
	(se)	**libérer**
	la	**liberté**
		libre.ment
	un	libre-service
	un	libraire
	une	**librairie**

[LiK.]

	le	lichen
	une	licorne
		liquéfier*
	la	liqueur
	la	liquidation
	(un)	**liquide**
		liquider*

[LiD.]

	un	leader
		l'idée

[Lié.] [Liè.]

	une	liaison
	être	lié.e

	du	liège
		lier
	du	lierre
	un	lièvre

[Lien.]

	un	**lien**

[Lieu]

	un	**lieu**
	il aura	lieu
	un	lieu-dit
	une	lieue
	un	lieutenant
	un	lieutenant-colonel
	les	lieux

[LiG.]

	un	ligament
		ligature.r
	être	ligoté.e
		ligoter*
	une	ligue
	se	liguer*

[LiL.]

	un/le	**lilas**
		l'île

[LiM.]

[a.]	une	limace
	un	limaçon
		l'image
		l'imagination
	la	limaille
[an.]	une	limande
	une	lime
[ø.] [é.]		limer*
[i.]	un	limier
	une	limitation
	la	**limite**
	être	limité.e
		limiter*
		limitrophe
[o.]		limoger*
	une/la	**limonade***
[on.]	le	limon*

[LiN.] [LiGN.]

	une	**ligne**
	une	lignée
	être	ligné.e
		ligner*
		ligneux, -euse
	du	lino.leum ou lino.léum
	une	linotte

▯▯▯➡

[Lio.][Lion]

un	**lion**.ceau
une	lionne
nous	lions

[LiP.]

l'hippopotame
lipide*

[LiR.]

l'hirondelle
lire

une	lire (=monnaie)
une	lyre = (musique)
	lyrique*

[LiS.]

[-]	un	lis ou lys (=fleur)
[an.]	une	licence
	être	licencié.e
	un	licenciement
		licencier*
[ø.][é.]	en	lice
	être	lisse
		lisser*
	un	lycée (= école)
	un.e	lycéen.ne
[i.]		licite*
[T.]		**l'histoire**
	une	**liste**
	un	listing

[LiT.]

[ø.]	la	literie
[é.]		littéraire
		littéral.e.ment
	la	littérature
[i.]	une	litière
	un	litige
		litigieux, -euse
[o.]	la	lithographie
		littoral.e, -aux
[R.]	la	literie
	un	**litre***

[LiV.]

[è.]		**l'hiver**
[i.]		livide*
	un/le	living
[R.]	une	livraison
	je/il/elle	livre
	un	**livre**
	une	livre (= poids)
	une	livre (=monnaie)

une	livrée
	livrer*
un	**livret**
un.e	livreur, -euse

[LiZ.]

eux, ils/elles	**lisent**
un	liséré ou liseré
un	liseron
un.e	liseur, -euse
vous	lisez
la	lisibilité
	lisible.ment
une	lisière
nous	**lisons**

[Lin.] •[Lun.]

[-]	du	lin
[KS.]	un	lynx
[CH.]		lyncher*
[D.]		l'indien.ne
[F.]		l'infirmerie
		l'infirmier
		l'infirmière
		lymphatique
	la	lymphe
[G.]	un	lingot
		linguistique*
[J.]	du/le	**linge***
	une	lingère
	la	lingerie
[P.]		l'imperméable
		limpide
	la	limpidité
		l'imprimerie
		l'imprimeur
[S.]		**l'incendie**
	un	linceul
		l'inspecteur, -trice
		l'instant
		l'instituteur, -trice
		l'instrument
[T.]	un	linteau
		l'intention
		l'intérieur
[V.]		**l'invité.e**
	je vais	l'inviter
•[ ]	un	lumbago

l'un
(l'un et l'autre)
(l'un ou l'autre)
lundi

[Lo.]

[Lo]

de	**l'eau**
un	lot (= loterie)

[LoB.]

un	lobe*

[LoK.] •[LoKS.]

[a.]		locace*
	un	**local**
		local.e.ment
		localiser*
	la	localité
	un.e	locataire
	une	location
[ø.]	une	loque*
[è.]	un	loquet
[o.]	(des)	locaux
	la	locomotion
	une	**locomotive**
•[ ]		l'occident
		l'oxygène
[u.]	une	locution

[LoD.]

un	loden
une	loggia

[LoG.]

	l'augmentation
je vais	l'augmenter
	l'ogre

[LoJ.]

une	loge
il/elle	loge
un	**logement**
	loger*
un.e	logeur, -euse
un	logiciel
	logique.ment
un	logis

[LoM.]

l'homme
l'omelette

[LoP.]

	l'hôpital
	l'opération
il faut	l'opérer
un	lopin

IIII➡

[LoR.]

[-]		**l'or**
[a.]	il/elle	l'aura
		l'orage
[an.]		**l'orange**
		l'orangeade
[D.]		**l'ordre**
		lors de
[é][è.]	je	l'aurai
		l'oreille
		l'oreiller
[i.]		**l'horizon**
	un	loriot
[L.]		**l'horloge**
		l'horloger, -ère
		l'horlogerie
[N.]		lorgner*
[GN.]	un	lorgnon
[S.]		**lorsque**
		lorsqu'elle
		lorsqu'elles (+)
		lorsqu'il
		lorsqu'ils (+)

[LoS.]

		l'océan
		l'os
	une	lotion

[LoT.]

[ø.]	une	lote ou lotte
	une	loterie
[è.]		**l'hôtel***
		l'hôtellerie
[i.]	être	loti.e
		lotir
	un	lotissement
[o.]		**l'auto**
		l'automne
		l'automobile
		l'autorisation
		l'autoroute
	le	loto
[R.]		**l'autre**
	une	loterie
[u.]	le	lotus

[LoV.]

		lover*

[LoZ.]

	un	losange

[Loi.]

[-]	la	**loi**
		l'oie (= oiseau)
[R.]	un	loir
[Y.]		loyal.e.ment
	la	loyauté
		loyaux
	le	**loyer**
[Z.]		**l'oiseau**
	un	loisir

[Loin.]

	(au)	**loin**
		lointain.e

[Lon.]

[-]		**l'on** (= on)
	(si	l'on veut)
	c'est/le	**long**
	ils	l'ont pris
[B.]		lombaire
		l'ombre
[K.]		l'oncle
[G.]		l'ongle
		longue.ment
	la	**longueur**
	une	longue-vue
[J.]		longer*
	la	longévité
	la	longitude*
[T.]		**longtemps**
[V.]	si	l'on veut
		l'on voit
		...

[Lou.]

[-]	je/il/elle	loue
	eux, ils/elles	louent
	tu	loues
	un/le	**loup**
[a.]		louable
		l'ouate
[an.]	une	louange
[B.]	un	loubard
		l'oubli (= un oubli)
	je	l'oublie
[CH.]	(une)	louche
		loucher*
[é.][è.]		**louer***
		l'ouest

[F.]

		loufoque*
[G.]	un	loup-garou
[i.]	un	louis
[P.]	un	looping
	une	loupe
	j'ai	loupé*
[R.]		**lourd**
	(un.e)	lourdaud.e
		lourde.ment
	une	lourdeur
		l'ours (=mâle)
		l'ourse (=femelle)
		l'ourson
[S.]	un	loustic
[T.]	une	loutre
[V.]	une	louve
	un	louveteau
		louvoyer*
		l'ouvrage
	je/il/elle	**l'ouvre**
		l'ouvrier
		l'ouvrière
	pour	**l'ouvrir**

[Lu.] •[Lui.]

[-]	j'ai	**lu**
[B.]	une	lubie
	(un)	lubrifiant
		lubrifier*
[K.]	une	lucarne
[KS.]	une	luxation
	le	luxe
		luxer*
		luxueux, -euse*
		luxuriant.e*
[euR.]	une	**lueur**
[G.]		lugubre*
•[ ]	c'est	**lui**
		lui-même
		luire
		luisant.e
	ça/il	**luit**
[J.]	une	**luge**
[M.]	la	**lumière**
	un	luminaire
		lumineux, -euse
	la	luminosité
[N.]		lunaire
		lunatique
	la	**lune**
	être	luné.e
	une	lunette
	des	**lunettes**
[R.]	belle	lurette
	un.e	luron.ne

84-85

[S.] lucide*
la lucidité
une luciole
un **lustre**
être lustré.e*

[T.]
un luth
un luthier
(un) lutin
une/la **lutte**
lutter*
un.e lutteur, -euse

[Z.] il/elle va l'user
l'usine
la luzerne

[Ma.]

[Ma]

ma
(ma *maman*)
il/elle/on **m'a**
(m'a *donné*)
tu m'as *frappé*
un mas *(=maison)*
un mât *de bâteau*

[Maa.]

un maharadjah

[MaB.]

je **m'habille**

[MaK.] •[MaKS.]

[a.] macabre
le macadam
un macaque
un macaron
un macaroni
des **macaroni(s)**
[∅.][è.] une maquette*
un maquereau
[i.] machiavélique
un maquignon*
le maquillage
être maquillé.e
(se) **maquiller***
un maquis.ard
[R.] le macramé
un maquereau
•**[ ]** (un) maxillaire
maximal.e, -aux
maximum
[u.] être maculé.e*

[MaCH.]

[∅.] la mâche
[é.][è.] mâcher*
une machette
[i.][in.] un mâchicoulis
un **machin**
être machinal.e, -aux
machinalement
une machination
une **machine***
une machinerie
le machinisme
un.e machiniste
[o.] mâchonner*
[oi.] une **mâchoire**

[MaD.]

madame = Mme
une madeleine
mademoiselle=Melle
un madrier

[Maé.]

la maestria

[MaF.]

la maffia ou mafia
mafieux, -euse ou
maffieux, -euse

[MaG.]

un **magasin***
un.e magasinier, -ière
un magazine
un magma
un magnolia
un magnum
un magot
une magouille*

[Maï.]

du maïs

[MaJ.]

[∅.] un **mage**
[e.][è.] la majesté
majestueux
majestueuse.ment
le majeur *(=doigt)*
il/elle est majeur.e
[i.] (un.e) **magicien.ne**
la **magie**
magique
magistral.e.ment
un magistrat
la magistrature

[o.] un major
la majoration
majorer*
une **majorette**
la majorité
[u.] une **majuscule**

[MaL.]

[-] c'est/le **mal**
j'ai **mal**
[a.] (un.e) **malade**
une **maladie**
maladif, -ive*
une maladresse
maladroit.e.ment
malappris.e
la malaria
malaxer*
malhabile*
[an.] malencontreux, -euse.ment
un malentendu
[CH.] la malchance
malchanceux, -euse
[∅.] un **mâle** *(de la femelle)*
une malle *(= valise)*
[é.][è.] un malaise
malaisé.e
une malédiction
un maléfice
maléfique
malléable*
une mallette
[euR.] le **malheur**
malheureux
malheureuse.ment
[F.] une malfaçon
mal famé.e
malfaisant.e*
un malfaiteur
une malformation*
[G.] **malgré**
[i.] la malice
malicieux
malicieuse.ment
maligne*
[in.] **malin**
malingre
être malintentionné.e
[M.] malmener*
[N.] la malnutrition*
[o.] **malhonnête***
la malhonnêteté
malodorant.e
un.e malotru.e

→ →

[P.]	.	malpropre*
[S.]		malsain.e
[T.]	du	malt*
		maltraiter*
[V.]	la	malveillance
		malveillant.e

[MaM.]

		maman
	une	mamelle
	un	mamelon*
	une	mamie ou mamy ou mammy
	un	mammifère
	un	mammouth
	je	**m'amuse**
	je vais	m'amuser

[MaN.] •[MaGN.]

[a.]	un	manager
[∅.] [e.]	un	**manège**
[è.]	une	manette
	un	mannequin
	un/une	**manœuvre**
		manœuvrer*
[i.]		maniable*
		maniaque*
	une	manie
	le	maniement
		manier*
	une	**manière**
	être	maniéré.e
	un.e	manifestant.e
	une	manifestation
		manifeste.ment
		manifester*
		manigance.r
	la	manille (= jeu)
	le	manioc
	un.e	manipulateur, -trice
	une	manipulation
		manipuler*
	une	manivelle
•[ ]		magnanime*
	le	magnésium
		magnétique
		magnétiser*
	le	magnétisme
	un	**magnétophone**
	un	**magnétoscope**
	la	magnificence
		magnifique.ment
	un	magnolia
[o.]	un	manomètre
[oi.]	un	manoir
[u.]	un.e	manucure

		manuel.le.ment
	une	manufacture*
		manuscrit.e
		manutention.naire*

[MaP.]

	je	m'appelle
	une	mappemonde
	on/il/elle	m'apporte

[MaR.]

[-]	le	marc (=résidu)
[a.]	un	marabout
	le	marathon
	un.e	marathonien.ne
	une	marâtre
[an.]		marrant.e
[B.]	du	marbre*
	être	marbré.e
	une	marbrure
[K.]	un	mark
	le	marketing
		marquant.e
	une	marque
		marquer*
	un.e	marqueur, -euse
	un.e	marquis.e*
[CH.]	(un.e)	**marchand.e**
	un	marchandage
		marchander*
	une	marchandise
	une/la	**marche**
	le/j'ai	**marché**
	un	marchepied
		marcher*
	un.e	marcheur, -euse
[D.]		**mardi**
[∅]	une	mare
	j'en ai	marre
[é.] [è.]	(un.e)	maraîcher, -ère ou maraicher, -ère
	un	marais
	un	marécage
		marécageux, -euse
	un	maréchal
	un	maréchal-ferrant
	des	maréchaux*
	la	marée
	la	marelle
	un.e	mareyeur, -euse*
	une	**marraine**
	se	marrer
[G.]	la	margarine
	une	marguerite

[i.] [in.]	le	mari
	le	**mariage**
	être	**marié.e**
	(se)	**marier**
	(un)	**marin**
	(la)	marine
		mariner*
	un.e	marinier, -ière
	une	**marionnette**
		maritime
[J.]	une	marge*
	une	margelle
		marginal.e, -aux*
	la	marjolaine
[M.]	la	marmaille
	de la	marmelade
	une	**marmite***
	un	marmiton
		marmonner*
	un	marmot
	une	marmotte*
[o.] [on.]		maraude.ur, -euse*
	une	maroquinerie*
	une	marotte
	(un)	**marron**
	un	**marronnier***
[S.]	le mois de	**mars**
	un	marsouin
		marsupial.e, -aux
		martial.e, -aux
	(un.e)	martien.ne
[T.]	un	**marteau**
	un	martèlement
		marteler*
	un	martinet
	une	martingale
	un	martin-pêcheur
	une	martre
	(un.e)	martyr.e
	le	martyre
	être	martyrisé.e
		martyriser

[MaS.]

[-]	un	mas (= maison)
[a.]		massacrant.e
	un	massacre
	être	massacré.e
		massacrer*
	un	massage
[K.]	une	mascarade
	une	mascotte
		masculin.e*
	un	**masque**
	être	masqué.e*

[∅.][e.]	une	macédoine
[é.]		macérer*
	une	masse
		masser*
	un.e	masseur, -euse
[i.]	je	m'assieds
		massif
		massive.ment*
[o.][on.]	un	**maçon**
	la	maçonnerie*
[oi.]		m'asseoir ou m'assoir
	je	m'asseois ou m'assois
[T.]	du	mastic*
		mastiquer*
	un	mastodonte
[u.]	une	massue

[MaT.]

[-]		mat *(= pas brillant)*
[a.]	un	matador
[CH.]	(un)	macho
	un	**match**
	des	matches ou matchs
[∅.]	une peinture	mate
	un	**matelas**
	être	matelassé.e*
	un	matelot
[é.][è.]		matérialiser*
	le	matérialisme
		matérialiste
	un/(des)	matériau(x)
	le	**matériel**
		matériel.le.ment
	le lait	maternel
	la/elle est	**maternelle**
	la	maternité*
		mathématique*
	(un.e)	mathématicien.ne
[i.][in.]	la	**matière***
	le	**matin**
		matinal.e, -aux
	la	**matinée**
[L.]	un	matelas
	être	matelassé.e*
	un	matelot
[ou.]	un	matou
[R.]	le	matraquage
		matraque.r
		matrimonial.e, -aux
[u.]	la	maturité*

[MaV.]

	il/elle	**m'avait...**
	il va	m'avoir
	il/elle	m'avoue
	il/elle	**m'a vu.e**

[MaY.]

	une	maille*
	un	maillet
	un	maillon
	un	**maillot***
	la	**mayonnaise**
	un	mile

[MaZ.]

	(un.e)	maso.chiste*
	une	masure
	le	**mazout**
	la	mazurka

[Man.]

[-]	je/tu	mens
	il/elle	**ment**
[B.]	je/il/elle	**m'embête**
	une	membrane*
	il/elle	m'embrasse
	un	**membre***
[K.]		manquant.e
	un/ça	manque
		manquer*
[CH.]	un/une	**manche**
	une	manchette
	un	manchon
	(un.e)	manchot.e
[D.]	une	**mandarine***
	un	mandat
	un.e	mandataire
	une	mandibule
	une	mandoline
	une	mandragore
	un.e	mendiant.e
		mendier*
	je	m'endors
[F.]	je	m'en fais
	je	m'en fiche
	je	m'enfuis
[G.]	une	mangouste
	une	mangue
[J.]	je/il/elle	**mange**
		mangeable
	il/elle	mangeait
	ils/elles	mangent
	une	mangeoire
		manger*
	un.e	mangeur, -euse
[N.]	je/il/elle	m'ennuie
	ils/elles	m'ennuient
[P.]	il/elle	m'empêche
	il/elle	m'en parle

[S.]	une	mansarde*
	(une)	mention.ner*
	un	**mensonge**
		mensonger, -ère*
	une	mensualité*
		mensuel.le.ment
	une	mensuration
[T.]	une	mante *religieuse*
	un	**manteau**
	une	mantille
		mental.e, -aux
		mentalement
	la	mentalité*
	(un.e)	**menteur, -euse***
	la	menthe
	j'ai	**menti**
		mentir
	un/le	**menton***
	je	m'entraîne
[V.]	je	**m'en vais**
	il/elle	m'en veut

[Me.][Meu.]

[-]		**me**
	(je	me *lave)*
[B.]	(un)	**meuble**
	être	meublé.e
		meubler*
[G.]	le	meuglement
		meugler*
[L.]	un	**melon***
	une	meule
		meuler*
		meulier, -ière
[N.]		menaçant.e
	une	menace
		menacer*
		mener*
	un.e	meneur, -euse
	une	menotte*
	un	**menu**
	être	menu.e
	un	menuet
	la	menuiserie*
	un	**menuisier***
	un.e	meunier, -ière*
[R.]	la	**meringue***
	une	merise
	un	merisier
	il/elle	**meurt**
	un	**meurtre**
	être	meurtri.e*
	un.e	meurtrier, -ière
	une	meurtrissure
	les	mœurs

[S.]		monsieur (M.)
[T.]	une	meute
[V.]	ils/elles se	meuvent
[Z.]	une	mesure
	être	mesuré.e
		mesurer*

[Mé.][Mè.]

[Mé.][Mè.]

le mois de	**mai**
oui	**mais**
	(mais = *pourtant*)
	mes
	(mes *amis*)
	(mes *affaires*)
	(mes *parents*)
il	m'est *arrivé*
il/elle	**met** (= *mettre*)
je/tu	mets
un	mets (= *plat/repas*)

[Méan.]

| un | **méandre*** |

[MéK.]

un.e	**mécanicien.ne**
	mécanique.ment
un	**mécanisme***
	méconnaissable*
	méconnaître ou
	méconnaitre
	méconnu.e
	mécontent.e.ment
	mécontenter*

[MéCH.][MèCH.]

	méchamment
la	méchanceté
	méchant.e
une	mèche*
un	méchoui

[MéD.][MèD.]

[a.]	une	**médaille***
	être	médaillé.e
	un	médaillon
		mesdames (Mmes)
[∅.][e.]	il/elle/on	**m'aide**
	on va	m'aider
	un	**médecin**
	la	**médecine**
		mesdemoiselles (Mlles)
[i.]	un	média
		médian.e
	une	médiane

	une	médiation
		médiatique*
		médical.e, -aux*
		médicalement
	un	**médicament***
		médicinal.e, -aux*
		médiéval.e, -aux*
		médiocre.ment
	la	médiocrité
		médire
	la	médisance*
	un	médium*
	la	méditation*
		méditer*
		méditerranéen.ne
	le	médius
[u.]	une	méduse
	être	médusé.e*

[MéF.]

un	méfait
la	méfiance
	méfiant.e
se	méfier*

[MéG.][MèG.]

[a.]	(un.e)	mégalo.mane*
	par	mégarde
[o.]	un	mégot*
[R.]		**maigre***
	la	maigreur
		maigri.chon.ne
		maigrir*

[MéJ.]

| une | mégère |

[MéL.][MèL.]

[a.]	la	mélasse
[an.]	la	mélancolie
		mélancolique*
		mélange.r*
	(un)	mélangeur
[∅.]	je me	mêle
[é.][è.]	une	mêlée
	se	mêler*
	un	mêle-tout
	un	mélèze
[i.]	la	mélisse
[o.]	une	mélodie
		mélodieux, -euse*
		mélodique
	un	mélodrame
		mélo.dramatique
	(un.e)	mélomane*
	une	mélopée

[MéM.][MèM.]

[∅.]	il/elle	**m'aime**
	ils/elles	m'aiment
		même
	(moi)	-même)
	(lui)	-même)
	(elle)	-même)
	(eux)	-mêmes)
	(elles)	-mêmes)
[in.]	un	mémento
[o.][oi.]	la	**mémoire**
		mémorable
		mémoriser*

[MéN.][MèN.]

[a.]	un	mainate
	le	**ménage**
	le	ménagement
		ménager, -ère*
	une	ménagerie
[∅.]	je/il/elle	mène
[è.]	je/il/elle	**m'énerve**
	il va	**m'énerver**
	tu	m'énerves
[i.]	un	menhir
[in.]	les	méninges*
	une	méningite

[MéP.]

se	méprendre
le	mépris
	méprisable
	méprisant.e
une	méprise
	mépriser*

[MéR.][MèR.]

[-]	le	maire
	la	**mer**
	la/ma	**mère** (=*maman*)
[K.]		**mercredi**
	du	mercure*
	le	mercurochrome
[D.]	(la)	merde*
[∅.]	le	maire
	la/ma	**mère** (= *maman*)
[G.]	une	merguez
[i.]	la	mairie
		méridien.ne
		méridional.e, -aux
	un	mérinos
		méritant.e
	le	mérite
		mériter*
		méritoire

88-89

[L.]	un	merlan
	un.e	merle.tte
[ou.]	un	mérou
[S.]	(un.e)	mercenaire
	une	mercerie*
		merci
	un.e	mercier, -ière
[V.]	une	merveille
		merveilleux
		merveilleuse.ment

[MéS.][MèS.]

[a.]	un	**message**
	(un.e)	messager, -ère
	les	messageries
[K.]		mesquin
	(une)	mesquine.rie*
[ø.]	la	**messe**
[é.][è.]	le	mécénat
	un	mécène
[i.]	un	messie*
		messieurs
[ui.]	je	m'essuie

[MéT.][MèT.]

[a.]	il	m'est arrivé
	un	**métal**
		métallique
	être	métallisé.e*
	la	métallurgie
		métallurgique
		métallurgiste
	une	métamorphose
	se	métamorphoser*
	une	métaphore*
	le	méthane*
		mettable
[ø.]	ils/elles	mettent (= mettre)
[e.]	une	métairie
[é.][è.]	je	m'étais amusé.e
	un	métayer
	la	**météo**
	un	météore
	une	météorite*
	la	météorologie
		météorologique*
	je	mettais (= mettre)
	un	metteur en scène
	vous	mettez (= mettre)
[i.]		méticuleux
		méticuleuse.ment*
	un	**métier**
	(un.e)	métis.se
[o.]	une	méthode*
		méthodique.ment
	la	méthodologie*

[on.]	nous	**mettons**
[R.]	un	**maître** ou **maitre** (d'école)
	une	**maîtresse** ou **maitresse**
		maîtrise.r ou maitrise.r*
	le	**mètre** (mesure)*
		métrique*
	le	métro
	un	métronome
	une	métropole*
		métropolitain.e
	je vais	**mettre**

[MèY.]

(le)	**meilleur**
(la)	**meilleure**
(les)	meilleures
(les)	meilleurs

[MéZ.][MèZ.]

	une	**maison**
	une	maisonnée
	une	maisonnette
		mes affaires
	une	mésange*
	une	mésaventure
	une	mésentente
		mésestimer*

[Mi.]*[Mien.]

[Mi.]

la note	mi
la	mie du pain
j'ai	**mis**
il/elle a	**mis**

[MiK.] *[MiKS.]

[a.]	le	mica*
	la	mi-carême
[L.]		mi-clos.e
[M.]	un	micmac
[o.]	la	mycologie*
[R.]	un	**micro**
	un	**microbe**
		microbien.ne
	un	microfilm*
	un	micro-ordinateur
	un	micro-ondes
	un	microscope
		microscopique*
	un	microsillon
•[ ]		mixer*
	un	mixeur ou mixer
		mixte
	une	mixture

[MiCH]

une	miche
une	micheline
à	mi-chemin

[MiD.]

	midi

[Miè.]

le	**miel**
	mielleux, -euse*
la	**mienne**
les	miennes
une	**miette**
	mièvre*
du	millet

*[Mien]

le	**mien**
les	miens

[Mieu.]

c'est/le	**mieux**
de	mieux en mieux

[MiG.]

une	migraine*
une	migration
	migrateur, -trice
	migratoire
une	mygale

[MiJ.]

	mijoter*

[MiL.]

[-]	du	mil
		mille (=1000)
[an.]	un	milan
[ø.]		**mille** (=1000)
[é.]	un	millénaire*
	un	millésime*
[F.]	un(e)	millefeuille ou mille-feuille
[i.]	une	milice
	un.e	milicien.ne
	le	**milieu**
		militaire.ment
	un.e	militant.e*
		militariste*
		militer*
	un	**milliard***
	(un.e)	milliardaire

⊪➡ ⊪➡

un	millième	
un	**millier**	
un	milligramme	
un	millilitre	
un	millimètre (= mm)	
	millimótré.e	
	millimétrique	
un	**million***	
(un.e)	millionnaire	
[P.] un	mille-pattes	

[MiM.]

(un)	mime.r*	
le	mimétisme*	
une	mimique	
du	mimosa	

[MiN.] •[MiGN.]

[a.]	minable*	
un	minaret	
[∅.][e.] une/la	**mine**	
[é.][è.]	miner*	
un	minerai	
	minéral.e*	
la	minéralogie*	
	minéralogique	
(des)	minéraux	
une	minerve	
un.e	minet.te	
(un.e)	**mineur.e**	
[i.] une	miniature*	
un	minibus ou minicar	
une	minicassette	
	minier, -ière	
une	minijupe	
	minimal.e, -aux	
	minime	
	minimiser*	
le	minimum	
un	ministère	
	ministériel.le	
un	**ministre***	
le	minitel	
du	minium	
•[ ]	**mignon.ne**	
[o.]	minauder*	
	minoritaire	
la	minorité	
une	minoterie*	
[oi.] un	minois	
[u.][ui.]	**minuit**	
	minus.cule	
une	**minute**	
	minuter.ie*	
la	minutie	
	minutieux, -euse*	

[Mio.]

il/elle	miaule	
un	miaulement	
	miauler*	
un.e	mioche	
(un.e)	myope	
la	myopie	
un	myosotis	

[MiR.]

[a.] une	mirabelle*	
un	miracle	
(un.e)	miraculé.e	
	miraculeux, -euse.ment	
un	mirador	
un	mirage	
[∅.] une	mire	
la	myrrhe (=parfum)	
[é.] se	mirer*	
[i.] une	myriade	
[o.]	mirobolant.e	
[oi.] un	**miroir**	
	miroiter*	
une	miroiterie	
[T.] une	myrtille	

[MiS.]

[-] une	miss	
[è.] un	missel	
[i.] un	missile	
une/la	**mission**	
un.e	missionnaire	
une	missive	
[T.] le	mistral	
un	**mystère**	
	mystérieux	
	mystérieuse.ment	
le	mysticisme	
une	mystification	
	mystifier*	
	mystique*	

[MiT.]

[an.] le	mitan	
la	**mi-temps**	
[∅.][eu.] une	mitaine	
[é.][è.] une	mite	
être	mité.e	
	miteux, -euse	
un	mythe	
[i.] un	meeting	
	mitigé.e*	
	mythique	
[o.]	mitonner*	

la	mythologie	
	mythologique	
un.e	mythomane*	
[oi.]	mitoyen.ne*	
[R.] la	mitraille.r*	
une	mitraillette	
(un.e)	mitrailleur, -euse	
une	mitre	
un	mitron	

[MiY.]

du	millet	

[MiZ.]

[an.] (un.e)	misanthrope*	
[∅.] elle est	**mise**	
une/la	mise	
je l'ai	mise	
[é.][è.]	miser*	
	misérable.ment	
la	**misère**	
	miséreux, -euse	
la	miséricorde*	
[o.]	misogyne*	

[Min.]

[-] une	**main**	
[D.] la	main-d'ouvre	
[F.]	main-forte	
[S.]	**mince**	
la	minceur	
je	m'inscris	
je	m'installe	
[T.]	**maintenant**	
	maintenir	
	maintes (fois)	
le	maintien	
il/elle	maintient	

[Mo.]

[Mo.]

des	maux (= mal)	
un	**mot**	

[MoB.]

(un)	mobile	
(le)	mobilier, -ière	
la	mobilisation*	
	mobiliser*	
la	mobilité	
une	mobylette	

⋙

[MoK.]

	un	mocassin
	le	moka
	(se)	moquer*
	une	moquerie
	la	moquette*
		moqueur, -euse

[MoCH.]

		moche

[MoD.]

[ø.]	la	**mode**
	le	modelage
		modeler*
[é.][è.]	un	modèle
	le	modélisme*
	la	modération*
	être	modéré.e*
		modérément
		moderne
	la	modernisation*
		moderniser
	le	modernisme*
		modeste.ment
	la	modestie
[i.]		maudire
		maudit.e
	une	modification*
		modifier*
		modique*
	un.e	modiste
[u.]	une	modulation*
	(un)	module.r*

[Moè.]

	le	mohair

[MoG.]

		maugréer

[MoL.]

[-]	un	mol *envol*
[ø.]	un	môle *(=digue)*
	elle est	**molle**
		mollement
		molleton.né.e*
[é.][è.]	une	molaire
	une	molécule
		moléculaire
		molester*
	une	molette *(=roulette)*
	la	mollesse
	(un)	mollet

[i.]		mollir*
[M.]		mollement
[T.]		molleton.né.e
[u.]	un	mollusque

[MoM.]

	un.e	môme*
	un	**moment**
		momentané.e
		momentanément
	une	momie
	être	momifié.e*

[MoN.]

[a.]	la	monarchie
		monarchique
		monarchiste*
	un	monarque
	un	monastère
[é.][è.]		monétaire*
	la	**monnaie**
		monnayer*
[i.]	un.e	**moniteur, -trice**
[o.]	un	monocle
		monogame*
	un	monologue*
	(un)	monoplan
	un	monopole*
		monopoliser*
	un	monoski
	(un)	monosyllabe*
		monotone
	la	monotonie
[u.]	un	**monument**
		monumental.e, -aux

[MoR.]

[-]	un.e	maure ou more *(= arabe)*
	il/elle	**mord**
	le	mors *aux dents*
	il est	**mort**
	la	**mort**
[a.]	le	moral
		moral.e, -aux
	la	morale
		moralement
		moralisateur, -trice*
		moraliste
	la	moralité
[B.]		morbide*
[D.]	(le)	mordant.e
		mordiller*
	être	mordoré.e*
		mordre
	il/elle a	**mordu**
	être	mordu.e

[è.]	une	moraine*
[F.]	se	morfondre
	la	morphine*
	la	morphologie
		morphologique.ment
[G.]	la	morgue
[i.]	(un.e)	moribond.e
	une	morille
[N.]		morne
	(un.e)	mort-né.e
[o.]		morose
	la	morosité
	la	mort-aux-rats
[S.]	un	**morceau**
		morceler
	le	morcellement ou morcèlement
	un/le	morse
	une	morsure
[T.]	la	mortadelle
	la	mortalité
		morte
	il est	**mortel**
		mortelle.ment
	un/du	mortier
	(se)	mortifier*
		mortuaire
[u.]	la	morue
[V.]	la	morve*

[MoS.]

		maussade*
	une	mosquée
	une	motion

[MoT.]

[a.]	un	motard
[ø.]	une	motte
[e.][è.]	un	motel
	un	**moteur**
[i.]	un	motif
	la	motivation*
	être	motivé.e
		motiver
[o.]	une	**moto**
	le	moto-cross ou motocross
	un	motoculteur*
	une	motocyclette*
	un	motocycliste
	être	motorisé.e*
[R.]	(une)	motrice*
[u.]		motus

➤   ➤

[MoV.]

	mauvais.e
	mauve
une	mauviette

[MoZ.]

un	mausolée
une	mosaïque*

[Moi.]

[-]	c'est	**moi**
	un	**mois** de l'année
[L.]	de la	mœlle
		mœlleux, -euse*
	un	mœllon
[N.]	un	moine
	un	**moineau**
[R.]	la	moire*
[S.]	la	**moisson**
		moissonner*
	un.e	moissonneur, -euse
[T.]		moite*
	la	**moitié**
[Y.]	un	**moyen**
	le	Moyen-Age ou Moyen Age
		moyenâgeux, -euse
		moyennant
	(une)	**moyenne***
		moyennement
	un	moyeu
[Z.]	être	**moisi.e**
		moisir
	la	moisissure

[Moin.]

	moindre
	moins

[Mon.]

[-]		**mon** (= à moi)
		(mon papa)
		(mon auto)
		(mon livre)
	un	**mont** (= montagne)
	ils/elles	**m'ont...**
		(... m'ont pris)
		(... m'ont frappé)
[D.]		mondain.e
	le	**monde**
		mondial.e, -aux*
		mondialement
		mondialiser*

[G.]		mongolien.ne*
	une	montgolfière
[N.]		mon ami.e
		mon oncle
		...
[S.]	un	monceau
		monseigneur
	un	**monstre**
		monstrueux*
		monstrueuse.ment
[T.]	un	montage
	(un.e)	montagnard.e
	une	**montagne**
		montagneux, -euse
	un/en	**montant**
	je/il/elle	monte
	un	monte-charge
	une	montée
	je suis	monté.e
	ils/elles	montent
		monter*
	un.e	monteur, -euse
	un	monticule
	une	**montre**
		montrer*
	une	monture

[Mou.]

[-]	c'est	**mou**
	il/elle	moud (= moudre)
	une	moue = (grimace)
	le	moût ou mout (=jus)
[CH.]		mouchard.e.r
	une	**mouche**
	il/elle se	mouche
	je me suis	mouché.e
	(se)	**moucher***
	un	moucheron*
		moucheté.e*
	un	**mouchoir**
[D.]		moudre
[è.]	une	mouette
[F.]	une	moufle
	un	mouflon
[L.]	un	moulage
		moulant.e
	un(e)	**moule**
		mouler*
	un	**moulin***
	un	moulinet
	une	moulinette
	être	moulu.e
	une	moulure

[R.]	en	mourant
	un.e	mourant.e
		mourir*
	du	mouron
	ils/elles	mourront
[S.]	un	mousquetaire
	un	mousqueton
		moussant.e
	la	**mousse**
	une	mousseline
		mousser*
		mousseux, -euse
	la	mousson
		moussu.e
	une	**moustache**
		moustachu.e
	une	moustiquaire
	un	**moustique**
[T.]	de la	moutarde*
	un	**mouton***
	la	mouture
[V.]		mouvant.e*
	un	**mouvement**
	être	mouvementé.e*
	se	mouvoir
[Y.]	le	mouillage
	être	mouillé.e
	(se)	**mouiller***
	une	mouillette

92-93

[Mu.]

[Mu]

la	mue
il/elle	mue (= muer)

[MuK.]

une	mucosité
une	muqueuse

[Mué][Muè.]

il/elle a	mué
(se)	muer
il/elle est	**muet.te**
le	muezzin

[MuF.]

un	mufle*
une	muflerie

[MuG.]

du/le	**muguet**

[MuJ.]

	mugir
	mugissant.e
un	mugissement

[MuL.]

[a.]	(un.e)	mulâtre.sse
[∅.] [è.]	une	mule
	un	mulet
	un	muletier
[o.]	un	mulot
[T.]		**multicolore**
		multinational.e, -aux*
		multiple
	le	multiplicande
	(le)	multiplicateur, -trice
	la	**multiplication**
		multiplier*
	la	multitude

[MuN.]

		municipal.e, -aux
	la	municipalité*
	être	muni.e
	(se)	munir
	des	munitions

[MuR.]

[-]	un	**mur**
	il est	**mûr**
[a.]	une	muraille
		mural.e, -aux
[∅.]	une	mûre ₒᵤ mure (= fruit)
[é.] [è.]	elle est	**mûre**
	(se)	murer
		mûrement ₒᵤ murement
	un	muret
[i.]	il/elle a	mûri ₒᵤ muri
	un	mûrier ₒᵤ murier
		mûrir ₒᵤ **murir**
[M.]	un	**murmure**
		murmurer*

[MuS.]

	le	musc
	la	muscade*
	le	muscat
	un	**muscle**
	être	musclé.e*
		musculaire
	la	musculation
	la	musculature

[MuT.]

[a.]	une	mutation
[an.]		mutant.e
[é.]		muter*
[i.] [in.]	une	mutilation*
	être	mutilé.e
	(se)	mutiler*

	un.e	mutin.e
	se	mutiner*
	une	mutinerie
	le	mutisme
[u.]	la	mutualité*
		mutuel (m.)
	(une)	mutuelle (f.)
		mutuellement

[MuZ.]

[a.]	une	musaraigne
		musarder*
[∅.]	une	muse
[é.] [è.]	un	**musée**
		museler*
	une	muselière
	(une)	musette
	un	muséum
[i.]		musical.e, -aux*
		musicalement
	le	music-hall
	un.e	**musicien.ne**
	la	**musique**
[o.]	un	**museau**
[T.]	un	mustang
[u.]	(un.e)	musulman.e

[Na.]

[Na.]

	il/elle	**n'a** pas
		na!

[NaK.]

	de la	nacre
		nacré.e

[NaF.]

	la	naphtaline

[NaG.]

		naguère

[Naï.]

	(un)	naïf
		naïve.ment
	la	naïveté

[NaJ.]

[a.]	un	naja
	il/elle	**n'a jamais**
[∅.] [eu.]	la	nage
[e.] [é.]	je/il/elle	nage
		nager*
	un.e	**nageur, -euse**

[oi.]	une	nageoire
[on.]	(nous)	nageons

[NaP.]

	le	napalm
	il/elle	**n'a pas**
	il/elle	**n'a plus**
	une	**nappe**
		napper*
	un	napperon

[NaR.]

[a.]	un.e	narrateur, -trice
	une	narration
[K.]		narcotique*
		narquois.e
[é.]		narrer*
[G.]		narguer*
[i.] [ien.]	il/elle	**n'a rien**
	une	**narine**
[S.]	un	narcisse
	le	narcissisme*
[V.]	un	narval

[NaS.]

	une	nacelle
	une	nation
		national.e, -aux
	une	nationalisation
		nationaliser*
		nationaliste*
	la	nationalité

[NaT.]

[a.]		natal.e
	la	natalité*
	la	**natation**
[∅.] [é.]	une	natte
		natter*
[i.]		natif (m.)
		native (f.)*
[u.]		naturaliser*
	(un.e)	naturaliste*
	la	**nature**
	il est	**naturel**
		naturelle.ment
	une	nature morte
	le	naturisme

[NaV.]

[a.]		naval.e
	des combats	navals
[è.]	je/tu	**n'avais** pas/plus
	il/elle	**n'avait** pas/plus
	un	navet
	une	navette

⫼➡ ⫼➡ ⫼➡

[i.]		navigable*
	un.e	navigant.e
	un.e	navigateur, -trice
	la	navigation
	en	naviguant
		naviguer*
	un	avion
	nous	n'avions *pas*
	un	**navire**
[R.]		navrant.e
	être	navré.e*

[NaZ.]

		nasal.e, -aux
	des	naseaux
		nasillard.e*
	être/un.e	nazi.e
	le	nazisme

[Nan.]

il/elle	**n'en** *a pas*
je	**n'en** *ai pas*
je	**n'en** *veux pas*
	...

[Ne.][Neu.]

[-]		ne *(= ne...pas)*
	un	**nœud**
[F.]		**neuf** *(= 9)*
		un œuf
[R.]		neurasthénique*
	un.e	neurologue
	la	neurologie*
	un	neurone*
	une	nurse*
[T.]		neutraliser*
	la	neutralité
		neutre
[V.]	elle est	**neuve**
		neuvième
	un	**neveu**
[Y.]		**un œil**

[Né.][Nè.]

[-]	je	**n'ai** *pas/plus*
	il/elle	naît ou nait *(= naître)*
	il est	**né**
	elle est	**née**
	il/elle/ce	**n'est** *pas/plus*
	le	**nez**
[an.]		néanmoins
		néant

[B.]	(une)	nébuleuse
		nébuleux
[K.]	un	hectare
	la	nécrologie
		nécrologique
	une	nécropole
	le	nectar
[F.]	une	nef
		néfaste
[G.]	un	aigle
		négatif
	une/la	négation*
		négative.ment
	être	négligé.e
		négligeable
		négligemment
	la	négligence
		négligent.e
		négliger
	un	négoce
	un.e	négociant.e
	une	négociation*
		négocier*
	(un)	**nègre**
	une	négresse
	(un.e)	négrier, -ière
[J.]	je	n'ai jamais
	la/il	**neige**
	il	neigeait
		neiger*
		neigeux, -euse
[L.]	une	aile
[M.]	je	n'aimais pas
	je	n'aime pas
[N.]	une	naine
	un	nénuphar ou nénufar
[o.]	un	néologisme*
[on.]	le	néon
[P.]	je	**n'ai pas**
	je	**n'ai plus**
	il	**n'est pas**
	il	**n'est plus**
[R.]	un	**nerf**
	les	nerfs
		nerveux
		nerveuse.ment
	la	nervosité*
	une	nervure*
[S.]	la	naissance*
	ils/elles	naissent
		nécessaire.ment
	la	nécessité
		nécessiter*
		nécessiteux, -euse
		n'est-ce pas
[T.]		**naître**
	c'est	net

	je/tu	**n'étais** *pas/plus*
	il	**n'était** *pas/plus*
	vous	**n'êtes** *pas/plus*
		nette.ment
	la	netteté
	je/il/elle	**nettoie**
	le	nettoiement
	le	**nettoyage**
	un	nettoyant
		nettoyer*
	un.e	nettoyeur, -euse
	vous	nettoyez
[V.]	un	névé
	une	névralgie*
[Y.]		n'ayez *pas/plus*
		n'ayons *pas/plus*

94-95

[Ni.]

[-]		**ni** *toi ni moi*
	un	**nid**
	je	**n'y** *vais pas*
[K.]	le	nickel
		nickelé.e
	la	nicotine*
	faire la	nique
[CH.]	une	**niche**
	être	niché.e
	une	nichée
	se	nicher
	un	**nichoir**
[D.]	un	nid-de-pie
	un	nid-de-poule
[é][è.]	un	niais *(= sot)*
	une	niaise.rie
	une	nièce
		nier *(= non)* *
[G.]	(un.e)	nigaud.e
[L.]		une **île**
	du/le	**nylon**
[T.]	un	nitrate*
	la	nitroglycérine
[V.]	un	**niveau**
		niveler*
	le	nivellement ou nivèlement
	je	n'y vais pas

[Nin.]

	un	**nain**
		n'importe *qui/quoi*
	un	**indien**
	une	**indienne**
	une	nymphe*

[No.]

[-]	**nos** (= à nous)
	(nos jouets)
[B.]	noble.ment
la	noblesse
[K.] un.e	noctambule*
	nocturne
[è.] la	Noël
[F.] un	**naufrage**
un.e	naufragé.e*
[M.]	un **homme**
(un.e)	nomade*
	nominal.e, -aux
une	nomination
être	nommé.e
	nommément
[R.] il/elle	**n'aura** pas/plus
je	n'aurais pas/plus
il/elle	n'aurait pas/plus
tu	n'auras pas
le	**nord**
	nordique
	nordiste
	normal.e.ment *
ils sont	normaux
une	norme
[S.] une	noce
un.e	noceur, -euse
	nocif, -ive*
la	nostalgie
	nostalgique
une	notion
	un **os**
[T.]	un.e **autre**
un	nautile
	nautique
	notable*
un	notaire*
	notamment
une	notation
une	**note**
	noter*
une	notice
	notifier*
	notoire*
la	notoriété
	notre (= à nous)
	(notre maison)
la/le	**nôtre** (= à nous)
les	nôtres (= à nous)
[V.]	**novembre**
	novice*
[Z.]	nauséabond.e
la	nausée
je	n'ose pas/plus

[Noi.]

[-] il/elle se	noie
une	**noix**
[R.]	**noir**
	noirâtre
être	noirci.e
	noircir*
elle est	**noire**
[Y.] une	noyade
un	**noyau**
(un)/il s'est	noyé
(une)	noyée
(se)	**noyer**
un	noyer (= arbre)
[Z.]	un **oiseau**
un	noisetier
une	**noisette**

[Non.]

[-] un/le	**nom**
	non (= pas d'accord)
eux, ils/elles	**n'ont** pas/plus
[B.]	une **ombre**
un	**nombre**
	nombreux, -euse
le	nombril*
[K.]	mon **oncle**
	non-conformiste*
[CH.]	nonchalamment
la	nonchalance
	nonchalant.e
[L.] un	non-lieu
[P.] moi	non plus
eux, ils/elles	**n'ont pas/plus**
[S.] un	non-sens
[V.] la	non-violence
	non-violent.e

[Nou.]

[-]	**nous**
[é.]	nouer*
[eu.]	noueux, -euse
[G.] du	nougat*
[M.]	**nous-mêmes**
[R.] être	nourri.e
une	nourrice
	nourricier, -ière
	nourrir
	nourrissant.e
un	nourrisson
la	**nourriture**
	un **ours**

[S.]		**nous sommes**
[T.]		nous tous
[V.]	(un)	**nouveau**
	(des)	nouveaux
	(un.e)	nouveau-né.e
	une	nouveauté
	un	nouvel habit
	(une)	**nouvelle**
		nouvellement
[Z.]		nous autres
		nous avons
		nous irons
[Y.]	une	nouille

[Nu.] •[Nui.]

[-]	être	**nu.e**
	toute.s	nue.s
	les	nues (= nuages)
	tout	nu.s
[a.]	un	**nuage**
		nuageux, -euse
[an.]	une	nuance
	être	nuancé.e
		nuancer*
[K.]		nucléaire*
	la	nuque
[D.]	le	nudisme
	un.e	nudiste
	la	nudité
[é.]	une	nuée
•[ ]		nuire
	une	nuisance
		nuisible
	cela	nuit
	la	**nuit***
	une	nuitée
[L.]	c'est	nul
	elle est	nulle
		nullement
		nulle part
	une	nullité
[M.]		numéral.e, -aux
	le	numérateur
	la	numération
		numérique*
	la	numérisation
	un	**numéro**
	la	numérotation
		numéroter*
	un.e	numismate
		numismatique
[P.]		nuptial.e, -aux
[T.]		nutritif, -ive
	un	nutriment
	la	nutrition*
		nutritionnel.le

▮▮▶

[o]

	au
(je vais	au *jardin)*
(je parle	au *directeur)*
	aux
(je joue	aux *cartes)*
(je parle	aux *enfants)*
de l'	**eau**
c'est	**haut** *(=la hauteur)*
	oh ! *que c'est beau*

[oa.]

un.e	oasis

[oB.]

[a.]	*une*	aubade
[an.]	*un*	hauban*
[∅.][e.]	*l'*	aube
	couleur	auburn
[é.][è.]	*une*	aubaine
	l'	aubépine
	une	auberge
	une	aubergine
	un.e	aubergiste
	une	aubette
	un	haubert
	j'ai	obéi
		obéir
	l'	obéissance
		obéissant.e
	il/elle	obéit
	un	obélisque
		obèse
	l'	obésité
[J.]		objecter*
	un	objecteur *de conscience*
	un	objectif
	une	objection
		objective.ment*
	l'	objectivité
	un	**objet**
[L.]	*une*	obligation
		obligatoire.ment
	l'	obligeance
		obligeant.e
	être	obligé.e
		obliger
		oblique.r*
		oblitérer*
		oblongue
[N.]		obnubiler*
[o.]	*une*	obole
[oi.]	*un*	hautbois

[ou.]		au bout (de)
[S.]		obscène
	une	obscénité
		obscur.e
	(s')	obscurci.r*
	l'	obscurcissement
		obscurément
	l'	obscurité
		obsédant.e
	être	obsédé.e*
	les	obsèques
		obséquieux, -euse*
	un.e	observateur, -trice
	une	**observation**
	un	observatoire
		observer*
	une	obsession*
	un	obstacle
	l'	obstination
	être	obstiné.e*
		obstinément
	s'	obstiner
		obstruer*
[T.]		obtempérer*
		obtenir
	l'	obtention
	il/elle	obtient
		obtus.e*
[u.]	*un*	obus*

[oK.] ·[oKS.]

[-]	*langue*	d'oc
[a.]	*une*	**occasion**
		occasionnel.le.ment
		occasionner*
	un	okapi
[è.]		auquel *(= un seul)*
		auxquels *(= plusieurs masc.)*
		auxquelles *(= plusieurs fém.)*
	le	hockey *(=jeu)*
	un	hoquet *(=gorge)*
		O.K.
[R.]		ocre *(= couleur)*
·[ ]	*(un.e)*	auxiliaire*
	l'	occident
		occidental.e, -aux
		occidentaliser*
		occipital.e, -aux
		occitan.e*
	l'	oxydation
	être	oxydé.e*
	(s')	oxyder
	l'	oxygène*
		oxygéné.e
	s'	oxygéner

[T.]		octante *(=80)*
	une	octave
		octobre
	(un.e)	octogénaire
	un	octogone*
		octroyer*
[u.][un.]		**aucun.e**
		occulte.r*
		occupant.e
	une	occupation
	être	occupé.e
	(s')	**occuper**
	en l'	occurrence
		oculaire
	un.e	**oculiste**

96-97

[oCH.]

		hocher *la tête*
	un	hochement
	un	hochet

[oD.]

[a.]	*l'*	audace
		audacieux, -euse*
[∅.][e.]	*(l')*	au-delà
		au-dessous
		au-dessus (de)
	une	eau-de-vie
	un	haut-de-forme
	une	ode
	une	**odeur**
[i.]		audible
	une	audience
		audiovisuel.le
	un.e	auditeur, -trice
	l'	auditif, -ive
	l'	audition*
	un	auditoire
	un	auditorium
		odieux, -euse*
	une	odyssée
[o.]		odorant.e*
	l'	odorat

[oF.]

[an.]		offensant.e
	(une)	offense.r*
	(une)	offensif, -ive*
[è.]		**offert.e**
[i.]	*un*	office
		officiel.le.ment
	(un)	officier
		officieux, -euse.ment

[on.]	un	haut-fond
[R.]	une	offrande
	j'/il/une	offre
		offrir
[T.]	un.e	ophtalmologiste*
[u.]		au fur et à mesure
	(s')	offusquer*

[oG.]

	une	augmentation
		augmenter*
	un	augure*
	un.e	**ogre.sse**

[oJ.]

	une	auge
		aujourd'hui
	une	ogive*

[oL.]

[-]	un	hall
[a.]	(le)	holà!
[D.]	un	hold-up
[∅.]	un	haut-le-cœur
[é.]		oléagineux, -euse
	un	oléoduc
[F.]		olfactif, -ive*
[i.]		au lieu de
	un.e	olive, -ier*
[in.]	une	olympiade
		olympique
[o.]	un	holocauste

[oM.]

[a.]	du/un	homard
	un	hommage
[∅.]	un	**homme**
	un	homme-grenouille
	une	**omelette**
[é.][è.]	l'	homéopathie*
		omettre
[i.]	un	homicide
	une	omission
[N.]	un	omnibus
		omnisports
	une	omnium
		omnivore
[o.]	un.e	aumône, -ier*
		homogène

	l'	homogénéité*
		homologue.r*
	un	homonyme*
		homosexuel.le*
	une	omoplate

[oN.] •[oGN.]

[∅.]	une	aune (=longueur)
	un	aulne ou aune (=arbre)
[é.][è.]		honnête.ment
[e.]	l'	honnêteté
	l'	honneur
		onéreux, -euse
[i.]		onirique*
	l'	onyx
•[ ]	un	oignon ou ognon
[o.]		honorable.ment
	les	honoraires
		honorer*
		honorifique
	une	onomatopée

[oP.]

[oP.]

		hop !

[oPa.]

		auparavant
	un	haut-parleur
	l'	opacité
	une	opale*
	l'	opaline
		opaque

[oPé(è).]

		open
	un	opéra
		opérable
	un.e	opérateur, -trice
	une	**opération**
		opérationnel.le
		opératoire
	être	opéré.e
		opérer
	une	opérette

[oPi.]

	un	**hôpital**
	les	hôpitaux
		opiner*
		opiniâtre.ment*
	une	opinion
	un.e	opiomane
	l'	opium

[oPo.]

		opportun.e
		opportunément
	l'	opportunisme
		opportuniste
	une	opportunité
	un.e	opposant.e
	être	opposé.e
	(s')	**opposer**
	une	opposition

[oPR.]

		auprès de
		oppressant.e
	être	oppressé.e
		oppresser*
	un	oppresseur
	l'	oppression*
	être	opprimé.e
		opprimer*

[oPS.]

[K.]		obscur.e
	(s')	obscurci.r
	l'	obscurcissement
		obscurément
	l'	obscurité
[é.][è.]		obscène
	une	obscénité
		obsédant.e
	être	obsédé.e*
	les	obsèques
		obséquieux, -euse
	un.e	observateur, -trice
	une	**observation**
	un	observatoire
		observer*
	une	obsession*
[i.]	une	option*
[T.]	un	obstacle
	l'	obstination
	être	obstiné.e*
		obstinément
	s'	obstiner
		obstruer*

[oPT.]

[T.]		obtempérer*
		obtenir
	l'	obtention
	il/elle	obtient
		obtus.e*
		opter*
	un.e	opticien.ne
	l'	optimisme
		optimiste
		optimum
	(l')	optique

⫘➡

[oPu.]

[u.]	l'	opulence
		opulent.e
	un	opus
	un	opuscule

[oR.]

[oR]

		hors *(de) = dehors*
	de l'	**or**
		or *(= cependant)*

[oRa.]

	il/elle	**aura**
	tu	auras
	un	oracle
	un	**orage**
		orageux, -euse
		oral.e.ment
	un.e	orateur, -trice
	(un)	oratoire

[oRan.]

	(une)	**orange***
	être	orangé.e
	une	orangeade
	un	oranger
	une	orangeraie
	une	orangerie
	un	orang-outan(g)

[oRB.]

	une	orbite*
	un	hors-bord

[oRK.]

	un	**orchestre***
	être	orchestré.e
		orchestrer
	une	orchidée

[oRD.]

[e.]	une	horde
		hors de... *(=dehors)*
	un	hors-d'œuvre
[i.]		**ordinaire.ment**
		ordinal.e, -aux
	un	**ordinateur**
	une	ordination
[o.]	une	ordonnance*
	être	ordonné.e
		ordonner*
[R.]	un/l'	**ordre**
[u.]	une	ordure
		ordurier, -ière

[oRe.] [oRé.][oRè.]

	j'	aurai
	une	auréole*
		au revoir
	vous	aurez
	un	horaire
	une/l'	**horreur**
	l'	orée *du bois*
	une	**oreille**
	un	oreiller
	une	oreillette
	les	oreillons

[oRF.]

	un.e	orfèvre.rie
	(un)	**orphelin**
	un	orphelinat
	(une)	**orpheline**
	un	orphéon*

[oRG.]

	un	organe
		organique
	(un.e)	organisateur, -trice
	une/l'	organisation
	être	organisé.e
	(s')	**organiser**
	un	organisme
	un/(les)	orgue(s)
	l'	**orgueil**
		orgueilleux, -euse*

[oRi.]

[an.]	l'	orient
		orientable
		oriental.e, -aux
	l'	orientation
	(s')	orienter*
[B.]		**horrible**
		horriblement
[K.]	l'	auriculaire
[F.]		horrifier*
	un	orifice
	une	oriflamme
[J.]		originaire*
		original.e, -aux
	l'	originalité
	une/l'	origine
		originel.le*
[L.]		horripilant.e
		horripiler*
[P.]	des	oripeaux
[Z.]	l'	**horizon**
		horizontal.e.ment*
		horizontaux

[oRJ.]

	(un)	hors-jeu
	de l'	orge
	sirop d'	orgeat
	un	orgelet

[oRL.]

	une	**horloge**
	un	horloger
	une	horlogère
	une	horlogerie
	(un)	hors-la-loi

[oRM.]

		hormis
	une	hormone*
	un	orme
	un	ormeau

[oRN.]

	être	orné.e
	un	ornement
		ornemental.e, -aux
		orner
	une	ornière
	l'	ornithologie*
	un.e	ornithologue
	un	ornithorynque

[oRo.]

	l'	aurore
	l'	horoscope
	examens	oraux

[oRon.]

	nous	**aurons**
	ils/elles	auront
	une	oronge

[oRT.]

[an.]	un	hortensia
[è.]	un	**orteil**
		horticole
[i.]	un.e	horticulteur, -trice
	l'	horticulture
	une	ortie
[o.]	un.e	orthodontiste*
		orthodoxe*
	l'	**orthographe**
		orthographier*
		orthographique
		orthopédique*
	un.e	orthophoniste*
	un	ortolan

98-99

[oRV.]

	au revoir
un	orvet

[oS.]

[-]	un	**os**
[a.]	une	ossature
[K.]		ausculter*
		au secours
	un	oscar
[ø.] [é.]		**au secours**
[eu.]	une/la	hausse
		hausser*
	un	**océan***
		océanique
	l'	océanographie*
	un	ocelot
	un	osselet
	un	ossement
		osseux, -euse
[i.]		**aussi**
		aussitôt
	une	oscillation
		osciller*
[L.]	un	ocelot
	un	osselet
[M.]	un	ossement
[P.]	les	auspices (=chances)
	un	hospice
		hospitalier, -ière
	une	hospitalisation
	être	hospitalisé.e
		hospitaliser
	l'	hospitalité
[T.]		austère*
	l'	austérité
		austral.e, -aux
	une	hostie
		hostile*
	l'	hostilité
		ostensible.ment
	l'	ostentation
	un.e	ostréiculteur, -trice
	l'	ostréiculture
[u.]	un	ossuaire

[oT.]

[a.]	un	otage
	une	otarie
[an.]		**autant**
		(autant que toi)

		au temps de (= à l'époque de)
	l'	authenticité
		authentifier*
		authentique
[D.]	un	hot-dog
[ø.] [e.]	un	autel (= église)
[é.] [è.]	un.e	**auteur** (= une personne)
		hautaine*
	elle est	**haute**
	la	haute-fidélité (hi-fi)
		hautement
	une/la	**hauteur** (= dimension)
	un.e	hôte
	un	**hôtel**
	(un.e)	hôtelier, -ière
	l'	hôtellerie
	une	hôtesse
	une	hotte
	j'/il/elle	ôte (= enlever)
		ôter*
[i.]	une	otite
[in.]		hautain*
[o.]	une	**auto**
	une	autobiographie
		autobiographique
	un	**autobus**
		autocassable
	un	autocar
		autochtone
		autocollant.e
		autocorrectif, -ive*
	un	autocuiseur
	l'	autodéfense
	un.e	autodidacte
	une	auto-école
	un	autographe*
	un	automate
	un.e	automaticien.ne
		automatique.ment
		automatiser*
		automnal.e, -aux
	l'	**automne**
	une	automobile
	un.e	automobiliste
		autonome
	l'	autonomie
	un.e	autonomiste
	une	autopsie*
	un	autoradio
	un	autorail
	une	autorisation
	être	autorisé.e
		autoriser
		autoritaire*
	une	**autoroute***

	l'	auto-scooter
	l'	auto-stop ou autostop
	un.e	auto-stoppeur, -euse ou autostoppeur, -euse
	un.e	oto-rhino-laryngologiste*
[ou.]	tout/un	**autour**
		au tour de (= à son tour)
[R.]		**autre**
		autrefois
		autrement
		autre part
	une	**autruche**
		autrui

[oV.]

[a.]		ovale
	une	ovation
[an.]	un	auvent
[e.] [è.]	un	ovaire
	une	overdose
[i.] [in.]		ovin.e
	(un)	ovipare
[N.]	un	ovni
[u.]	une	ovulation
	un	ovule*

[oZ.]

	j'/il/elle	ose
	j'ai	osé
		oser*
	l'	oseille
	l'	osier
	l'	ozone

[oi.]

[-]	une	**oie**
[L.]		wallon.ne
[S.]	une	wassingue
[T.]	la/l'	**ouate**
	le	water-polo
	les	waters
	un	watt (= électricité)
[Z.]	un	**oiseau**
	un	oiseau-mouche
	un	oiselet
	un	oiseleur*
		oiseux, -euse
		oisif, -ive.té
	un	oisillon

[on.]

[-]		**on**
		(on *fait*)
		...
	eux, ils/elles	**ont**
[B.]		ombilical.e, -aux
	un	ombrage
	être	ombragé.e
		ombrageux, -euse
	une	**ombre** *
	une	ombrelle
[K.]	*un*	**oncle**
	une	onction
		onctueux, -euse *
[D.]	*une*	onde
	les	**ondes**
	une	ondée
	un	on-dit
	une	ondulation
	être	ondulé.e *
[G.]	*un*	**ongle**
	une	onglée
	un	onglet
	un	onguent
[L.]		**on le...**
		(on le *voit*)
		on les...
		(on les *voit*)
[N.]		**on a...**
		(on a *pris*)
		on n'a pas...
		on n'a plus...
		on est
		(on est là)
		(on est parti)
		on n'est pas...
		on n'est plus...
[S.]	*une*	once
		on s'est
		(on s'est *amusé*)
[T.]	*la*	**honte**
		honteux, -euse *
[V.]		**on va**
		on veut
[Z.]		**onze** *(= 11)*
		onzième

[ou.]

[ou.]

	le mois d'	**août**
		hou! *(= cri)*
	une	houe *(= outil)*
	du	houx *(= plante)*

		ou *(bien)*
		(toi ou *moi)*
		où... ?
		(où vas-tu ?)

[oua.]

	les	ouailles
	l'/la	**ouate**
	être	ouaté.e
		wallon.ne
	une	wassingue
	le	water-polo
	les	waters

[ouB.]

	le	houblon
		ou bien
	un	oubli
	j'/il/elle	oublie
		oublier *
	une	oubliette

[ouè.]

	une	oued
	l'	**ouest**
		où est-il ?
	un	western

[ouF.]

		ouf!

[oui.]

		oui
		ouï-dire
	l'	ouïe
		ouïr
	un	ouistiti
	un	**week-end**
	du	whisky

[ouL.]

	la	houle
		houleux, -euse

[ouR.]

		hourra ! *ou* hurrah!
	un	ouragan
	être	ourlé.e *
	un	ourlet
	un	**ours**
	une	ourse
	un	oursin
	un	ourson

[ouS.]

		houspiller *
	une	housse *
		oust! *ou* ouste!

[ouT.]

[-]	*le mois d'*	**août**
[i.]	*un*	**outil**
	un	outillage
	être	outillé.e *
[R.]	*un*	outrage
		outrager *
		outrageuse.ment
	une	outrance
		outrancier, -ière *
	en	outre
	une	outre
	être	outré.e
		outre-Atlantique
		outre-mer *(=au-delà des mers)*
		outremer *(=couleur)*
		outrepasser *
		outre-Rhin

[ouV.]

[a.]		où vas-tu ?
		où va-t-elle ?
		où va-t-il ?
[è.]		**ouvert.e**
		ouvertement
	une	ouverture
[R.]		ouvrable
	un	**ouvrage**
	être	ouvragé.e *
	(un/en)	**ouvrant**
	j'/il/elle	**ouvre**
	ils/elles	ouvrent
	un	ouvre-boîte(s) *ou* ouvre-boite(s)
	un	ouvre-bouteille(s)
	un.e	ouvreur, -euse
	un.e	**ouvrier, -ière**
		ouvrir

[ouY.]

	de la	houille
		houiller, -ère
		ouïe!, *j'ai mal*
		ouille! *j'ai mal*

[Pa.]

[Pa.]

	ne...	**pas**
	un	**pas**

100-101

[PaK.]

[ǿ.]	la	pâque *juive*
		Pâques =*(fête)*
	un	paquebot
	une	**pâquerette**
[è.]	un	**paquet**
[o.]	une	pacotille
[T.]	un	pacte
		pactiser*
	un	pactole

[PaCH.]

	un	pacha
	un	pachyderme*

[Paé.]

	une	paella

[PaG.]

[a.]	la	pagaille ou pagaïe ou pagaye
	le	paganisme*
[é.][è.]	une/il/elle	pagaie
		pagayer*
[o.]	une	pagode

[PaJ.]

	une/un	**page***

[PaL.]

[a.]		palabre.r*
	un	palace
[an.]	un	palan
[ǿ.][e.]	une	pale *(=hélice)*
	être	**pâle**
	la	pâleur
[é.][è.]	un	**palais** *(=château)*
	un	palet *(=jeu)*
	une	palette
	un	palétuvier
[F.]	un	palefrenier
[i.]		pâli
		pâlichon.ne
	le	palier
		pâlir
	une	palissade
	le	palissandre
		palliatif, -ive
		pallier *(=remédier)*
[M.]	un	palmarès
	une	palme*
	être	palmé.e
	une	palmeraie
	un	palmier
	(un)	palmipède

[o.]		pâlot.te
[on.]	une	palombe
[ou.]	une	palourde
[P.]		palper*
		palpitant.e
	une	palpitation
		palpiter*
[u.]	le	paludisme

[PaM.]

	se	pâmer*
		pas mal

[PaN.] •[PaGN.]

[a.]	la	panacée
	un	panache
	être	panaché.e*
	la	panade
	un	panaris
[ǿ.]	une	**panne**
[é.]	être	pané.e*
	un	panégyrique*
	il n'est	pas né
	elle n'est	pas née
[i.]	un	**panier**
		panifier*
	la	panique
		paniquer*
•[ ]	un	pagne
[o.]	un	**panneau**
	une	panoplie
	un	panorama
		panoramique
	une	panosse*
[on.]	un	panonceau

[PaP.]

[a.]		**papa**
		papal.e
	une	papaye*
[ǿ.]	le	pape
	la	paperasse.rie
	une	papeterie
	un.e	papetier, -ière
[i.]		papi ou papy
	un/du	**papier**
	une	papille*
	un	**papillon***
		papillote.r*
	un	papyrus*
[o.]	la	papauté
		papoter*
[R.]	le	paprika

[PaR.]

[PaR.]

		par
		(par *ici*)
	je/tu	pars
	il/elle	**part**
	une	part *(= partie)*
	nulle	part

[PaRa.]

[B.]	une	parabole*
[CH.]		parachever*
	un	**parachute**
		parachuter*
	le	parachutisme
	un.e	parachutiste
[D.]	une	parade
		parader*
	le	**paradis**
		paradisiaque
	un	paradoxe
		paradoxal.e.ment
		paradoxaux
[F.]	un	parafe ou paraphe*
	la	paraffine*
[G.]	un	paragraphe
[J.]	les	parages
[L.]		parallèle.ment
	un	parallélépipède
	le	parallélisme
	un	parallélogramme
		paralysant.e
	être	paralysé.e
		paralyser
	la	paralysie
	un.e	paralytique
[P.]	un	parapente
	un	parapet
		paraplégique*
	un	**parapluie**
[S.]	un	parasol
[T.]	un	paratonnerre
[V.]	un	paravent
[Z.]	un	parasite
		parasiter*

[PaRan.]

	(un.e)	parent.e*
	la	parenté
	les	**parents**
	les	parenthèses

[PaRB.]

		parbleu !
	un	pare-balles
	un	pare-brise

→

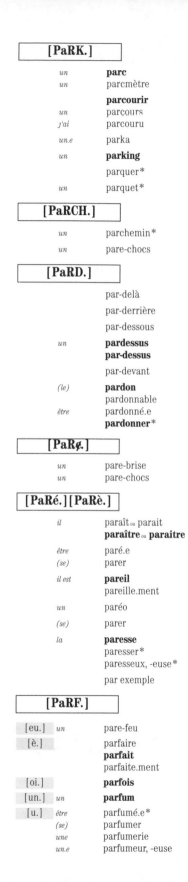

[PaRK.]

un	**parc**
un	parcmètre
	parcourir
un	parcours
j'ai	parcouru
un.e	parka
un	**parking**
	parquer*
un	parquet*

[PaRCH.]

un	parchemin*
un	pare-chocs

[PaRD.]

	par-delà
	par-derrière
	par-dessous
un	**pardessus**
	par-dessus
	par-devant
(le)	**pardon**
	pardonnable
être	pardonné.e
	pardonner*

[PaRɇ.]

un	pare-brise
un	pare-chocs

[PaRé.][PaRè.]

il	paraît ou parait
	paraître ou **paraitre**
être	paré.e
(se)	parer
il est	**pareil**
	pareille.ment
un	paréo
(se)	parer
la	**paresse**
	paresser*
	paresseux, -euse*
	par exemple

[PaRF.]

[eu.]	un	pare-feu
[è.]		parfaire
		parfait
		parfaite.ment
[oi.]		**parfois**
[un.]	un	**parfum**
[u.]	être	parfumé.e*
	(se)	parfumer
	une	parfumerie
	un.e	parfumeur, -euse

[PaRi.]

un	pari
un	paria
	par ici
	parier*
un.e	parieur, -euse
(un.e)	parricide

[PaRin.]

	parrain

[PaRJ.]

le	parjure*

[PaRL.]

	par là
	parlant.e
le	Parlement
(un.e)	parlementaire
	parlementer*
	parler*
un.e	parleur, -euse
un	parloir
la	parlote ou parlotte

[PaRM.]

du	parmesan
	parmi

[PaRo.]

(une)	parodie.r*
la	**parole**
un.e	parolier, -ière
le	paroxysme*

[PaRoi.]

une	paroi
une	paroisse
	paroissial.e, -aux
un.e	paroissien.ne

[PaRP.]

un	parpaing

[PaRS.]

[e.]		**parce que**
		parce qu'elle(s)
		parce qu'il(s)
		parce qu'on
	être	parsemé.e
		parsemer*
[è.]	une	parcelle*
[i.]	la	parcimonie*
		partial.e, -aux*
	la	partialité
		partiel.le.ment

[PaRT.]

[a.]	le	partage
		partager*
[an.]	en	partance
	(un.e)	**partant.e**
[e.]	un.e	partenaire*
	un	partenariat
[è.]		**par terre** *(= à terre)*
	un	parterre
[i.]	un	parti
	(un.e)	participant.e
	la	**participation**
	un	participe
		participer*
		particulariser*
	une	particularité
	une	particule
		particulier
		particulière.ment
	une	**partie**
	être	**parti.e**
		partir
	(un.e)	partisan.e
	une	partition*
[ou.]		**partout**

[PaRu.]

elle/il a	paru
une	parure
la	parution

[PaRV.]

	parvenir
être	parvenu.e
il/elle	parvient
un	parvis

[PaS.]

[a.]		passable*
	un	**passage**
	(un.e)	passager, -ère*
	la	passation
[an.]	(en)	passant.e
[ɇ.][e.]	il/elle	passe
[é.]	une	passe
	être	passé.e
	le	**passé**
	un	passe-droit
	un	passe-montagne
	un	passe-partout
	un	passe-passe
	un	passeport
		passer*
	un	passereau
	une	passerelle
	un.e	passeur, -euse

102-103

[i.]		pacifier*
		pacifique.ment*
	(un.e)	pacifiste*
		passible
		passif
	la	**passion**
		passionnant.e
	être	passionné.e*
		passionnel.le.ment
		passionnément
		passive.ment
	la	passivité
		patiemment
	la	patience
		patient.e
		patienter
	un	patio
[oi.]	une	passoire
[R.]	une	passerelle
[T.]	un	passe-temps
		pastel*
	une	pastèque
	un	pasteur
	être	pasteurisé.e*
	un	pastiche*
	une	**pastille***
	le	pastis

[PaT.]

[a.]	une	**patate**
		patatras !
[CH.]	un	patchwork
[ø.] [eu.]	la	**pâte**
[é.] [è.]	du/le	**pâté**
	de la	pâtée
	des/les	**pâtés**
	un	patelin*
	une	patère
	le	paternalisme
		paternaliste
		paternel.le*
	la	paternité
		pâteux, -euse
		pathétique*
	une	**patte** (= marcher)
	une	patte-d'oie
[i.] [in.]		patibulaire
	un	patin
	le	patinage
	la	patine
		patiner*
	une	patinette
	un.e	patineur, -euse
	une	patinoire
	des	**patins**
	des	patins à glace
	des	patins à roulettes

	un	patio
		pâtir
	la	**pâtisserie***
	(le)	pâtissier
	(la)	pâtissière
[L.]	un	patelin
[o.]		pataud.e
	une	pataugeoire
		patauger*
		pathogène*
		pathologique*
[oi.]	ce n'est	pas toi
	le	patois
		patoisant.e
[on.]	un	pâton
[R.]		patraque
	un	pâtre
	un	patriarche
	la	patrie
	le	patrimoine*
	(un.e)	patriote
		patriotique*
	le	patriotisme
	un/le	**patron**
	le	patronage
		patronal.e, -aux
	le	patronat
	la	patronne
		patronner*
	un	patronyme
	une	patrouille
		patrouiller*
[u.]	un	pâturage
	une	pâture*

[PaV.]

	se	pavaner*
	un/le	**pavé**
	un	pavement
		paver*
	un	**pavillon***
	le	pavois
		pavoiser*
	un	pavot

[PaY.]

	un.e	païen.ne
	une	paillasse
	un	paillasson*
	la	**paille**
	être	paillé.e
	être	pailleté.e*
	une	paillette
	une	paillotte
	un	pipeline ou pipe-line

[Pan.]

[-]		pan ! (coup de feu)
	un	pan de mur
	un	paon (= oiseau)
[K.]	une	pancarte*
	le	pancréas*
[CH.]	un/en	penchant
	être	penché.e
	(se)	**pencher**
[D.]	un	panda
		pendable
	la	pendaison
		pendant que
	un	pendentif
	une	penderie
		pendre
	être	**pendu.e**
	un.e	pendule*
	une	pendulette
[F.]	un	pamphlet*
[P.]	la	pampa
	un	pamplemousse
[S.]	une	panse (= ventre)
	un	**pansement**
		panser (=soigner)
		pensable
		pensant.e
	je/il/elle	pense
	un	pense-bête
	une/la	**pensée**
		penser*
	un.e	penseur, -euse
		pensif, -ive*
	une	**pension**
	un.e	pensionnaire
	un	pensionnat
	être	pensionné.e*
[T.]	un	**pantalon***
		pantelant.e
	une	panthère
	un	pantin
		pantois.e
	la	pantomime
	(un.e)	pantouflard.e
	une	pantoufle*
	une	**pente***
	la	Pentecôte*

[Pe.][Peu.]

[Pe.][Peu.]

(un)		**peu**
de		peu
un petit		peu
il/elle		**peut**
je/tu		**peux**

[PeL.]

le	pelage
il a	pelé
	peler
une	pelote*
un	peloton
se	pelotonner*
une	pelouse
une	peluche
	pelucheux, -euse
une	pelure

[PeN.]

	penaud.e
le	punch

[PeP.][PeuP.]

une	peuplade
le	**peuple**
être	peuplé.e
le	peuplement
	peupler
un	**peuplier**
ça	peut plier

[PeT.][PeuT.]

	petit
un	petit-beurre
le	petit-fils
un	petit-four
un	petit-gris
le	petit-lait
un	petit-pois ou petit pois
un	petit-suisse
	petite
la	petite-fille
la	petitesse
les	petits-enfants
	peut-être
il	peut être
	peux-tu... ?

[Peu(.)R]

	peur
	peureux, -euse*

[PeV.]

eux, ils/elles	**peuvent**

[PeZ.]

	pesamment
	pesant.e
la	pesanteur
une	pesée
	peser
un	puzzle

[Pé.][Pè.]

[Pè]

je/il/elle	**paie** (= payer)
eux, ils/elles	paient
la	**paix**
un	pet

[Péa.]

un	péage

[PéK.][PèK.]

une	peccadille
	pectoral.e, -aux
un	pécule
	pécuniaire.ment

[PéCH.][PèCH.]

une/la	pêche
	pêcher (=poisson)
un	pêcher (= arbre)
un.e	pêcheur, -euse (poisson)
un	péché (=faute)
	pécher (=fauter)
une	pécheresse
un	pécheur (= péché)

[PéD.]

[a.]	la	pédagogie
		pédagogique*
	un.e	pédagogue
	une	**pédale**
		pédaler*
	un	pédalier
	un	pédalo
[an.]	(un.e)	pédant.e*
[é.][è.]		pédestre*
	un	P.D.G. ou P.d.g. ou pédégé
[i.]	un.e	pédiatre*
	un.e	pédicure

[PèG.]

la	pègre

[Péi.]

le	**pays**
un	**paysage***
(un.e)	paysagiste
(un.e)	**paysan.ne***

[PéL.][PèL.]

je/il/elle	pèle (= peler)
	pêle-mêle
un.e	pèlerin.e
un	pèlerinage
un	pélican

une	pelle
une	pelletée*
une	pelleteuse
une	pellicule*

[PèM.]

le	**paiement** ou **payement**

[PéN.][PèN.] •[PéGN.] •[PèGN.]

[a.]		pénal.e*
	une	pénalisation
	être	pénalisé.e
		pénaliser*
	une	pénalité
	un	penalty ou pénalty
	(un.e)	peinard.e ou pénard.e
[ø.]	à/la	**peine**
	un	pêne (=serrure)
	une	penne (=plume)*
[é.]	être	peiné.e
		peiner*
		pénétrant.e
	la	pénétration
		pénétrer*
[i.]		**pénible.ment***
	une	péniche
	la	pénicilline
	le	pénis
	une	pénitence
	un	pénitencier
	(un.e)	pénitent.e*
		pénitentiaire*
•[ ]	un	**peigne***
	je me	peigne
	être	peigné.e
	se	**peigner**
	un	peignoir
[in.]	une	péninsule*
[on.]	la	pénombre
[u.]	une	pénurie

[PéP.]

	pépier*
un	pépin
une	pépinière
un.e	pépiniériste
une	pépite

[PéR.][PèR.]

[PèR.][PèRø.]

nombre	pair (0, 2, 4, 6, 8...)
une	**paire** (de souliers)
il/elle	**perd**
je/tu	perds
mon/le	**père**

104-105

▯▯▶

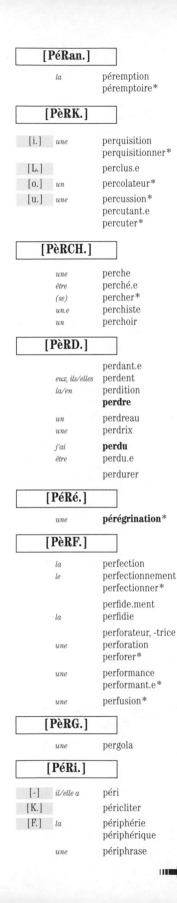
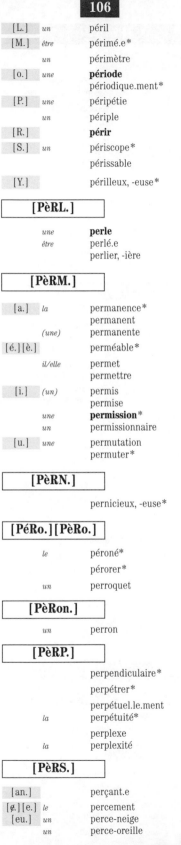

[PéRan.]

la	péremption
	péremptoire*

[PèRK.]

[i.]	une	perquisition
		perquisitionner*
[L.]		perclus.e
[o.]	un	percolateur*
[u.]	une	percussion*
		percutant.e
		percuter*

[PèRCH.]

une	perche
être	perché.e
(se)	percher*
un.e	perchiste
un	perchoir

[PèRD.]

	perdant.e
eux, ils/elles	perdent
la/en	perdition
	perdre
un	perdreau
une	perdrix
j'ai	**perdu**
être	perdu.e
	perdurer

[PéRé.]

une	**pérégrination***

[PèRF.]

la	perfection
le	perfectionnement
	perfectionner*
	perfide.ment
la	perfidie
	perforateur, -trice
une	perforation
	perforer*
une	performance
	performant.e*
une	perfusion*

[PèRG.]

une	pergola

[PéRi.]

[-]	il/elle a	péri
[K.]		péricliter
[F.]	la	périphérie
		périphérique
	une	périphrase

[L.]	un	péril
[M.]	être	périmé.e*
	un	périmètre
[o.]	une	**période**
		périodique.ment*
[P.]	une	péripétie
	un	périple
[R.]		**périr**
[S.]	un	périscope*
		périssable
[Y.]		périlleux, -euse*

[PèRL.]

une	**perle**
être	perlé.e
	perlier, -ière

[PèRM.]

[a.]	la	permanence*
		permanent
	(une)	permanente
[é.][è.]		perméable*
	il/elle	permet
		permettre
[i.]	(un)	permis
		permise
	une	**permission***
	un	permissionnaire
[u.]	une	permutation
		permuter*

[PèRN.]

	pernicieux, -euse*

[PéRo.][PèRo.]

le	péroné*
	pérorer*
un	perroquet

[PèRon.]

un	perron

[PèRP.]

	perpendiculaire*
	perpétrer*
	perpétuel.le.ment
la	perpétuité*
	perplexe
la	perplexité

[PèRS.]

[an.]		perçant.e
[ø.][e.]	le	percement
[eu.]	un	perce-neige
	un	perce-oreille

	une	perceuse
		percevoir
[é.][è.]	une	percée
	être	percé.e
	le/la	percepteur, -trice
		perceptible*
	la	perception
		percer*
		persécuter*
	la	persécution
	la	persévérance
		persévérant.e
		persévérer*
[i.]	une	persienne
	du	persil
	la	persistance
		persistant.e
		persister*
[o.]	un	perce-oreille
	un	**personnage**
		personnaliser*
	une/la	personnalité
	(une)	**personne**
		personnel.le.ment
		personnifier*
[P.]	une	perspective*
		perspicace
	la	perspicacité
[u.]	être	persuadé.e
		persuader*
		persuasif, -ive
	la	persuasion

[PèRT.]

une	**perte**
	pertinemment
la	pertinence
	pertinent.e
(un.e)	perturbateur, -trice
une	perturbation
	perturber*

[PéRu.][PèRu.]

une	perruche
une	perruque*

[PèRV.]

une	pervenche
	pervers.e*
	perverti.r*

[PèS.]

[i.]	le	pessimisme
		pessimiste
[T.]	la	peste*
		pester
	un	pesticide
	être	pestiféré.e
		pestilentiel.le

[PéT.][PèT.]

[a.]	un	pétale*
	une	pétarade
		pétarader*
	un	**pétard**
[an.]	la	pétanque
[i.]		pétillant.e
		pétiller*
	une	pétition*
[R.]		paître ou paitre
	un	pétrel
	être	pétri.e
	être	pétrifié.e*
	le	pétrin
		pétrir
	le	pétrissage*
	le	**pétrole***
	(un)	pétrolier
		pétrolière
		pétrolifère
[u.]		pétulant.e*
	un	pétunia

[PéY.][PèY.]

	une	paye
		payable
		payant.e
		payer*
	(un.e)	payeur, -euse

[PéZ.][PèZ.]

		paisible.ment
	je/il/elle	**pèse**
	un	pèse-lettre
	un	pèse-personne
	une	peseta

[Pi.]

[Pi]

	une	**pie** (= oiseau)
	c'est/le	**pis** (= pire)
	tant	pis
	un	pis de vache

[Pia.]

		piaffer*
	un	piaillement
		piailler*
	un.e	pianiste
	un	**piano**
		pianoter*

[PiK.]

[-]	un	pic (= montagne)

[a.]	le	piquage
	un.e	pique-assiette
[an.]		piquant.e
[ø.]	ça	pique
	une	pique
[é.][è.]	être	piqué.e
	(se)	**piquer**
	un	**piquet**
		piqueter*
	la	piquette
[N.]	un	pique-nique ou piquenique
		pique-niquer ou piqueniquer*
[o.]		picorer*
	un	picotement
		picoter*
[P.]	un	pickpocket
[u.]	une	**piqûre**
[V.]	un	pic-vert

[PiCH.]

	une	pichenette
	un	pichet

[PiD.]

	une	pizza
	une	pizzeria

[Pié.][Piè.]

[-]	un	**pied**
[D.]	un	pied de nez
	un	piédestal
[J.]	un	**piège**
	être	piégé.e
		piéger*
[R.]	une	**pierre**
	des	pierreries
		pierreux, -euse
[S.]	une	**pièce**
	une	piécette
[T.]	un	pied-à-terre
	la	piété
		piétiner*
	(un.e)	piéton.ne
		piétonnier, -ière
		piètre*

[Pieu.]

	un	pieu
	elle est	pieuse*
	une	pieuvre
	être/il est	pieux

[PiG.]

	un	pigment*
	(un.e)	pygmée

[PiJ.]

	un	**pigeon***
	un	pigeonnier
	un	**pyjama**

[PiL.]

[ø.]	une	**pile**
		pile (= juste)
[é.]		piler*
[eu.]		pileux, -euse
[i.]	un	pilier
[o.][on.]	(un)	pilon.ner*
	le	pilori
	le	pilotage
	un.e	**pilote**
		piloter*
	les	pilotis
	un	pylône
[u.]	une	pilule*

[PiM.]

	un/du	piment*

[PiN.][PiGN.]

	un	pignon
	une	pinède
	le	ping-pong

[Pio.][Pion]

		piauler*
	(une)	pioche.r*
	un	piolet
	un.e	pion.ne
	un.e	pionnier, -ière

[PiP.]

	une	**pipe**
	un	pipeau
	un	pipe-line ou pipeline
		piper*
	une	pipette
	le	pipi

[PiR.]

[a.]	un	piranha
	un	piratage
	un	pirate
		pirater*
	la	piraterie
	une	**pyramide***
[ø.]	c'est	pire
[o.]	une	pirogue*
	(un.e)	pyromane*
[ou.]	une	pirouette

III➡

[PiS.]

[an.]	un	pissenlit
[é.]		pisser*
[i.]	la	pisciculture*
	une	**piscine**
[T.]	une/la	pistache*
	une	**piste***
	le	pistil
	un	**pistolet**
	un	piston
	être	pistonné.e*

[PiT.]

[an.]	la	pitance
[eu.]		piteux, -euse*
[i.]	(la)	**pitié**
[o.]		pittoresque
[oi.]		pitoyable*
[on.]	un	piton*
	un	python (=serpent)
[R.]	un	pitre
	une	pitrerie

[PiV.]

[è.]	un	pivert
[o.]	un	pivot
		pivotant.e
		pivoter*
[oi.]	une	pivoine

[PiY.]

	le	pillage
	(un.e)	pillard.e
		piller*

[PiZ.]

	un	pis-aller

[Pin.]

[-]	un/du	**pain** qu'on mange
	je/tu	peins
	il/elle	**peint**
	j'ai	peint
	un	pin (= arbre)
[B.]	une	pimbêche
[D.]		**peindre**
[G.]	un	pingouin
	(un.e)	pingre*
[P.]		pimpant.e
[S.]	un	pensum
	une/il/elle	**pince**
	un	**pinceau**

	une	pincée
	un	pincement
(se)		**pincer**
(un.e)		pince-sans-rire
	une	pincette
	un	pinson (=oiseau)
[T.]	elle est	peinte
	un.e	**peintre**
	la	peinture*
		peinturlurer*
	un	pentagone*
	une	pintade*
	un	pintadeau
	une	pinte*

[PL.]

[PLa.]

[-]	(un)	**plat**
[K.]	un	**placard**
		placarder*
	une	**plaque**
		plaquer*
	une	plaquette
[F.]	un/le	**plafond**
	le	plafonnage
		plafonner*
	un	plafonnier
[J.]	la	**plage**
		plagier*
[N.]	surface	plane
		planer*
		planétaire
	une	planète
	un.e	planeur, -euse
	la	planification*
		planifier*
	un	planisphère
	un	planning
[S.]	une	**place**
	un	placement
		placer*
		placide.ment
	le	plasma*
	le	plastic (=explosif)
		plastifier*
	le	plastiquage ou plasticage
	(du)	**plastique**
		plastiquer*
	un	plastron*
[T.]	un	platane
		plate
	un	**plateau**
	une	plate-bande
	une	plate-forme
	une/le	platine*

	une	platitude
		platonique*
	du	**plâtre**
		plâtrer*
	un.e	plâtrier, -ière

[PLan.]

[-]	un	**plan** (= dessin)
	un	plant (= plante)
[CH.]	une	**planche***
	(un)	**plancher**
	une	planchette
[T.]		plantaire
	une	plantation
	une	**plante**
		planter*
	un	planteur, -euse
	un	plantoir
		plantureux, -euse*

[PLé.][PLè.]

[-]	une	**plaie**
	je me	plais
	ça/s'il vous	**plaît** ou **plait**
	il se	plaît ou plait
[B.]	le	play-back
	la	plèbe*
	un	plébiscite*
[KS.]	le	plexiglas
[D.]		plaider*
	une	plaidoirie
	un	plaidoyer
[N.]	un.e	plaignant.e
[GN.]	une/la	**plaine**
	elle est	**pleine**
		pleinement
	la	plénitude
[R.]	(se)	**plaire**
[T.]	une	pléthore*
[Z.]	la	plaisance
	un.e	plaisancier, -ière
		plaisant.e.r*
	une	plaisanterie
	un	plaisantin
	le	**plaisir**

[PLeu.][PLeuR.]

	il/elle	pleure
		pleurer*
	une	pleurésie
	(un.e)	pleurnichard.e
		pleurnicher*
	les	pleurs
	il	**pleut**
	un	pleutre*
		pleuvoir

[PLi]

[-]	un	**pli**
	ça/il/elle	**plie**
	une	plie *(= poisson)*
[a.]		pliable
	un	pliage
[an.]		pliant.e
[é.]	être	plié.e
		plier
[S.]	être	plissé.e
	un	plissement
		plisser*
[u.]	une	pliure

[PLin]

[-]	un tapis	plain
	il/elle se	**plaint**
	c'est/en/le	**plein**
		plein *de*
[D.]	(se)	**plaindre**
[P.]	de	plain-pied
[T.]	une	**plainte** *(= plaindre)*
		plaintif, -ive*
	une	plinthe *(mur)*

[PLo.]

		plausible

[PLoi.]

	il/elle	ploie
		ployer

[PLon.]

[-]	du/le	**plomb**
[B.]	un	plombage
	être	plombé.e
		plomber*
	une	plomberie
	un	plombier
[J.]		plongeant.e
	il/elle	plonge
	la	plongée
	un	**plongeoir**
	un	**plongeon**
	nous	plongeons
		plonger*
	un.e	plongeur, -euse

[PLu.]•[PLui.]

[-]	cela m'a	plu *(= plaire)*
	il a	**plu** *(= pleuvoir)*
	je ne veux	**plus**
[CH.]	en/une	peluche
		pelucheux, -euse

•[ ]	la	**pluie**
[M.]	le	**plumage**
	une	**plume**
	un	plumeau
		plumer*
	un	plumet
	un	plumier
[P.]	la	**plupart**
[R.]	une	pelure
	le	**pluriel***
[S.]		**plus** *(+)*
	le	plus-que-parfait
[T.]		**plus tôt** *(= moins tard)*
	le	plutonium
		plutôt *(= de préférence)*
[V.]		**plus vite**
		pluvial.e, -aux
		pluvieux, -euse
		pluviner
[Z.]		**plusieurs**

[PNeu.]

	un	**pneu**
	des	pneus
		pneumatique
	une	pneumonie

[Po.]

[Po.]

	la	**peau**
	un	**pot**

[PoK.]

	le	poker

[PoCH.]

	une	**poche**
		pocher*
	une	pochette
	un	pochoir

[PoD.]

	un	podium
	un	pot-de-vin

[Poé.][Poè.]

	un	**poème**
	la	**poésie**
	(un)	**poète**
	une	poétesse
		poétique*

[PoL.]

[a.]		polariser*
	un	polaroïd
[K.]	la	polka
[D.]	un	polder
[∅.]	un/le	pôle
[é.][è.]		polaire
	(une)	polémique*
		polémiquer
	la	polenta
	le	pollen
[i.]	être	**poli.e**
	la	**police***
	un	polichinelle
	(un)	**policier**
	(une)	policière
		poliment
	la	polio
	la	poliomyélite*
		polir
	(un.e)	polisson.ne*
	la	**politesse**
	(un.e)	politicien.ne
	(la)	**politique**
		politiquement
		politiser*
	une	polycopie
		polycopier*
	la	polyculture
	le	polyester
		polygame*
		polyglotte
	un	polygone*
	le	polystyrène
	un.e	polytechnicien.ne
		polythéiste*
		polyvalent.e*
[o.]	un/le	polo
	un	polochon
[T.]	(un.e)	poltron.ne*
[u.]	être	pollué.e
		polluer*
	la	**pollution**

[PoM.]

[a.]	la	pommade
[∅.]	la	paume *de la main*
	une	**pomme**
	une	**pomme de terre**
	être	pommelé.e
[è.]	une	pommette
[i.]	un	**pommier**
[o.]	un	pommeau

108-109

[PoN.]

un	poney

[PoP.]

[-]	*musique*	pop
[K.]	*le*	pop-corn
[∅.]	*un*	pope
[i.]	*une*	**paupière**
	une	paupiette
[L.]	*la*	popeline
[ou.]	*un*	pot-pourri
[u.]	*la*	populace
		populaire*
	la	popularité
	la	**population**
		populeux, -euse

[PoR.]

[-]	*un*	**porc** *(= cochon)*
	un	**port** *(bateau)*
	le	port *(= porter)*
[K.]	*un*	porc-épic
[CH.]	*un*	porche
	une	porcherie*
[∅.] [eu.]	*un*	pore *de la peau*
		poreux, -euse
[F.]	*le*	porphyre*
[N.]	*la*	pornographie*
[ou.]	*un*	Peau-Rouge
[S.]	*la*	porcelaine*
	un	porcelet
		porcin, -ine
	une	portion
[T.]	*(un)*	portable
	un	**portail**
		portant.e
		portatif, -ive
	une/la	**porte**
	je/il/elle	porte
	eux, ils/elles	portent
	une	portée
		porter
	en	porte-à-faux
	un	porte-avions
	un	porte-bagages
	un	porte-bonheur
	un	porte-carte(s)
	un	porte-clés *ou* porteclé
	un	porte-document(s)
	une	porte-fenêtre
	un	portefeuille
	un	portemanteau
	un	portemine
	un	porte-monnaie *ou* portemonnaie
	un	porte-parole
	un	porte-plume

un	porte-savon
un	porte-serviette(s)
un	porte-voix *ou* portevoix
un.e	porteur, -euse
un	portier
une	**portière**
un	portillon
un	portique
le	porto
un	**portrait***
	portuaire

[PoS.]

[é.]		**posséder**
	un	possesseur
		possessif, -ive
	une	possession*
[i.]	*une*	possibilité
		possible
	une	potion
[T.]		postal.e, -aux
	un/la	**poste**
		poster*
		postérieur.e*
	a	posteriori
		posthume
	(un)	postiche
	un.e	postier, -ière
	un	postillon
	un	post-scriptum
		postuler*
	une	posture*

[PoT.]

[a.]		potable
	un	potage
	un	**potager**
		potagère
	la	potasse*
[an.]	*une*	potence
		potentiel.le.ment
[∅.]	*une*	potée
[é.] [è.]	*être*	potelé.e
	une	poterie
	une	poterne
[i.]	*une*	potiche
	un.e	potier, -ière
	un	potimarron
	un	potiron
[in.]	*le*	potin
[o.]	*un*	pot-au-feu
	un	**poteau**
[R.]	*une*	poterie

[PoV.]

		pauvre.ment*
	la	pauvreté

[PoZ.]

	une	pause *(= repos)**
	une	pose *(= poser)*
	il/elle	pose
	être	posé.e
		posément
(se)		**poser***
(un.e)		poseur, -euse
	une	**position***
		positif, -ive.ment*
	la	posologie

[Poi.]

[-]	*un/le*	**poids** *pour peser*
	un	pois *(= plante)*
	des petits	pois
	de la	poix *(= colle)*
		pouah ! *c'est mauvais*
[L.]	*un*	**poêle** *(= feu)*
	une	**poêle***
	un	poêlon
	un	poids lourd
	un	**poil**
	être	**poilu.e**
[N.]		poignant.e
[GN]		**poignard**
		poignarder*
	la	poigne
	une	**poignée**
	un/le	**poignet**
[R.]	*une*	**poire**
	un	**poireau**
		poireauter *ou* poiroter
	un	**poirier**
[S.]	*la*	poisse
		poisser*
		poisseux, -euse
	du/un	**poisson**
	une	poissonnerie
		poissonneux, -euse
	un.e	**poissonnier, -ière**
[T.]	*le*	poitrail
	la	**poitrine***
[V.]	*du*	**poivre**
	être	poivré.e
		poivrer*
	un	poivrier
	un	poivron
	un.e	poivrot.e
[Z.]	*du*	**poison**

→

[Poin.]

[-]	le	**poing** de la main
	un	**point** (•)
[D.]		poindre
	un	point de vue
[M.]	le	point mort
[S.]	un	poinçon
		poinçonner*
[T.]	le	pointage
	une	**pointe**
		pointer*
	un.e	pointeur, -euse
	un	pointillé
		pointilleux, -euse
	être	pointu.e
	la	pointure
	un	point-virgule

[Pon.]

[-]	elle	**pond** (=pondre)
	un	**pont**
[K.] [KS.]	une	ponction*
	la	ponctualité
	la	ponctuation
		ponctuel.le.ment
		ponctuer*
[CH.]	un	punch (=boisson)
[D.]	la	pondération*
		pondéral.e, -aux
	être	pondéré.e
		pondérer*
		pondeur, -euse
	un	pondoir
		pondre
		pondu
[L.]	un	pont-levis
[P.]	un	pompage
	une	**pompe**
		pomper*
		pompeux, -euse.ment
	un.e	**pompier, -ière**
	un	pompiste
	un	pompon
	(se)	pomponner*
[S.]		ponce.r*
	une	ponceuse
	un	poncif
[T.]	un	poncho
	la/un	ponte
	(un)	pontife*
		pontifical.e, -aux
	un	pontificat
	un	ponton

[Pou.]

[Pou]

un	pou
le	pouls (cœur)
des	**poux**

[PouB.]

une	**poubelle**

[PouD.]

la	**poudre**
	poudrer*
	poudreux, -euse
un	poudrier
une	poudrière
un	pudding ou pouding

[PouF.]

un	pouf
	pouffer*

[PouL.]

un	poulailler
un	poulain
une	**poule**
un.e	**poulet.te**
une	pouliche
une	poulie
un	poulpe

[PouM.]

un	**poumon**

[PouP.]

la	poupe
une	**poupée**
un	poupon
	pouponner*
une	pouponnière

[PouR.]

[-]		**pour**
[a.]	il/elle	**pourra**
	tu	pourras
[B.]	un	pourboire
[K.]		pour que
		pour qu'elle(s)
		pour qu'il(s)
		pourquoi
[CH.]		pourchasser
[é.] [è.]	je	pourrai
	je/tu	pourrais
	il/elle	**pourrait**

[i.]	être	**pourri.e**
		pourrir*
	ça	pourrit
	la	pourriture
[L.]	se	pourlécher*
[on.]	nous	pourrons
	eux, ils/elles	**pourront**
[P.]	des	pourparlers
	un	pourpoint
		pourpre*
[S.]	un	pourceau
	un	pourcent
	le	pourcentage
	une	**poursuite**
		poursuivant.e
	être	poursuivi.e
		poursuivre*
[T.]		**pourtant**
	un	pourtour
[V.]	un	pourvoi
		pour voir
		pourvoir* (=donner)
		pourvu que

[PouS.]

[an.]	en	poussant
[ø.]	le	**pouce**
[é.] [è.]	je/il/elle	**pousse**
	une	**pousse**
	une	poussée
		pousser*
	une	poussette
[i.]	la	**poussière**
		poussiéreux, -euse
		poussif, -ive
[in.]	un	**poussin***

[PouT.]

une	**poutre**
une	poutrelle
	poutser
un	putsch*

[PouV.]

eux, ils/elles	pouvaient
je/tu	pouvais
il/elle	**pouvait**
vous	**pouvez**
(le)	**pouvoir**
nous	**pouvons**

[PouY.]

	pouilleux, -euse

110-111

▐▌▶

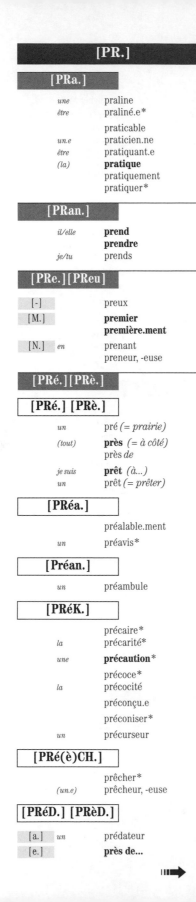

[PR.]

[PRa.]

une	praline
être	praliné.e*
	praticable
un.e	praticien.ne
être	pratiquant.e
(la)	**pratique**
	pratiquement
	pratiquer*

[PRan.]

il/elle	**prend**
	prendre
je/tu	prends

[PRe.][PReu]

[-]		preux
[M.]		**premier**
		première.ment
[N.]	en	prenant
		preneur, -euse

[PRé.][PRè.]

[PRé.][PRè.]

un	pré *(= prairie)*
(tout)	**près** *(= à côté)*
	près *de*
je suis	**prêt** *(à...)*
un	prêt *(= prêter)*

[PRéa.]

	préalable.ment
un	préavis*

[Préan.]

un	préambule

[PRéK.]

	précaire*
la	précarité*
une	**précaution***
	précoce*
la	précocité
	préconçu.e
	préconiser*
un	précurseur

[PRé(è)CH.]

	prêcher*
(un.e)	prêcheur, -euse

[PRéD.][PRèD.]

[a.]	un	prédateur
[e.]		**près de...**

[é.][è.]	un	prédécesseur
	la	prédestination
	être	prédestiné.e*
[i.]	un.e	prédicateur, -trice
	une	prédiction*
	la	prédilection
		prédire
	être	prédisposé.e*
	la	prédisposition
[o.]		prédominer*

[PRéF.]

[a.]	être	préfabriqué.e*
	une	préface
		préfacer*
[é.][è.]		préfectoral.e, -aux
	la	préfecture
		préférable*
	une	préférence
		préférentiel.le
	être	préféré.e
		préférer*
	un	préfet
	une	préfète
[i.]		préfigurer*
	un	préfixe*

[PRéi.]

la	préhistoire
	préhistorique*

[PréJ.]

un	préjudice*
	préjudiciable
un	préjugé*

[PRéL.]

se	prélasser*
un	prélat
un	prélèvement
	prélever*
	préliminaire
un	prélude*

[PRéM.]

[a.]	(un.e)	prématuré.e
		prématurément
	la	prématurité
[é.]	la	préméditation
	être	prémédité.e*
[i.]	les	prémices
[o.]	une	prémolaire
	la	prémonition
		prémonitoire
[u.]	se	prémunir

[PRéN.][PRèN.]

eux, ils/elles	prennent
un	prénom*

[PRéo.]

un	préau
	préoccupant.e
une	préoccupation
être	préoccupé.e
(se)	préoccuper*

[PRéP.]

les	préparatifs
une	**préparation**
	préparatoire
(se)	**préparer***
la	prépondérance
	prépondérant.e
être	préposé.e*
une	préposition

[PRèR.]

une	**prairie**
une	prérogative

[PRéS.][PRèS.]

[an.]		pressant.e
	un	pressentiment
		pressenti.r
[B.]		presbyte
	un	presbytère*
[K.]	une	prescription*
		prescrire
		presque
	une	presqu'île
[ø.]	ça/je/il/elle	**presse**
	une	presse
	un	presse-citron
	un	presse-papiers
	un	presse-purée
[é.][è.]		précédemment
		précédent.e
		précéder*
	un	précepte*
	un.e	précepteur, -trice
	être	pressé.e
	(se)	**presser***
[i.]		**précieux**
		précieuse.ment
	un	précipice
		précipitamment
	la	précipitation
	se	**précipiter***
		précis.e
		précisément
		préciser*
	la	précision

le	pressing	
la	pression	
[oi.] un	pressoir	
[T.] la	prestance	
	preste*	
la	prestidigitation	
un.e	prestidigitateur, -trice	
le	prestige	
	prestigieux, -euse	
[u.]	pressurer*	
	pressurisé.e*	

[PRéT.] [PRèT.]

[an.] un.e	prétendant.e	
	prétendre	
	prétendu.e*	
	prétentieux, -euse*	
la	prétention	
[ø.] elle est	**prête**	
[é.][è.]	**prêter** *	
un	prétexte	
	prétexter*	
[R.] un	prêtre*	

[PRéV.]

[a.] (se)	prévaloir*	
[an.]	préventif, -ive*	
la	prévention	
[ø.] la	prévenance	
	prévenant.e	
	prévenir	
être	prévenu.e	
[i.] il/elle	prévient	
	prévisible*	
une	prévision*	
[oi.]	**prévoir**	
la	prévoyance	
	prévoyant.e	

[PRéZ.]

[a.]	présage.r	
[an.] la	présence	
	présent.e *	
	présentable	
la	présentation	
un.e	présentateur, -trice	
(se)	**présenter**	
un	présentoir	
[è.] un	préservatif	
la	préservation	
	préserver*	
[i.] la	présidence	
un.e	**président.e**	
	présidentiel.le	
	présider*	
[on.] la	présomption	
	présomptueux, -euse	
[u.]	présumer*	

[PRi]

[-] je/il/elle	prie *(= prier)*	
j'ai	**pris**	
je suis	pris	
le	**prix**	
[D.] un	prie-Dieu	
[é.][è.]	**prier** *	
une	**prière**	
[M.]	**primaire**	
un	primate	
la	primauté	
une	prime	
	primer*	
	primesautier, -ière	
la	primeur*	
les	primeurs	
une	primevère	
	primitif, -ive*	
	primo *(=d'abord)*	
	primordial.e, -aux	
[o.] a	priori	
	prioritaire*	
la	priorité	
[S.] un	prisme*	
[V.] une	privation	
	privatiser*	
être	privé.e	
(se)	priver*	
un	privilège	
être	privilégié.e*	
[Z.] une/elle est	**prise**	
être	prisé.e*	
une	**prison**	
un.e	**prisonnier, -ière**	

[PRin.]

[S.] un	**prince**	
une	**princesse**	
	princier, -ière	
	principal.e, -aux	
	principalement	
une	principauté	
un	principe	
[T.]	printanier, -ière	
le	**printemps**	

[PRo.]

[PRoB.]

la	probabilité*	
	probable.ment	
	probant.e	
la	probité	
	problématique*	
un	**problème**	

[PRoK.]

une	proclamation	
	proclamer*	
	procréer	
la	procréation*	
une	procuration	
	procurer*	
un	procureur	
à/la	proximité	

[PRoCH.]

	prochain	
	prochaine.ment	
	proche	

[PRoD.]

[i.] la	prodigalité	
un	prodige	
	prodigieux, -euse.ment	
	prodigue.r*	
[u.][ui.] (un.e)	producteur, -trice	
	productif, -ive*	
la	production	
la	productivité	
	produire	
(un)	**produit**	
	produite	

[PRoé.]

une	proéminence	
	proéminent.e	

[PRoF.]

[-] un.e	prof	
[a.]	profane.r*	
[é.][è.]	proférer	
	professer	
un.e	**professeur**	
la	professionnalisation	
(un.e)	**professionnel.le** *	
une	profession*	
	professoral.e, -aux	
le	professorat	
un	prophète	
une	prophétesse	
une	prophétie	
	prophétique*	
[i.] le	profil	
se	profiler*	
un	profit	
	profitable	
	profiter *·*	
une	profiterole	
un.e	profiteur, -euse	
[on.]	**profond.e**	
	profondément	
la	**profondeur**	
[u.] la	profusion	

112-113

[PRoG.]

un.e	programmateur, -trice
la	programmation
un	**programme**
être	programmé.e
	programmer*
le	**progrès**
	progresser*
	progressif
la	progression
	progressiste*
	progressive.ment

[PRoï.]

être	prohibé.e
	prohibitif, -ive
la	prohibition*

[PRoJ.]

la	progéniture
un	projecteur
un	projectile*
une	projection*
un	**projet**
	projeter*

[PRoL.]

[é.]	un.e	prolétaire
	le	prolétariat*
[i.]	la	prolifération
		proliférer
		prolifique
		prolixe*
[o.]	un	prologue
[on.]	la	prolongation*
	un	prolongement
		prolonger*

[PRoM.]

[ø.] [e.]	une	**promenade**
[è.]	je me suis	promené.e
	je me suis	promené.e
	je me	promène
	(se)	**promener**
	un.e	promeneur, -euse
	une	promesse
	il/elle	promet
	je	promets
		prometteur
		promettre
[i.]		**promis.e**
	la	promiscuité
[o.]	un.e	promoteur, -trice
	une	promotion*
[on.]	un	promontoire
[ou.]		promouvoir
[u.]	être	promu.e
		promulguer*

[PRoN.]

		prôner*
	un	pronom
		pronominal.e, -aux*
		prononcer*
	la	prononciation
	un	pronostic
		pronostiquer*

[PRoP.]

[a.]	la	propagande
	un.e	propagandiste*
	la	propagation
	(un.e)	propagateur, -trice
		propager*
[i.]		propice
[o.]	une	proportion
	être	proportionné.e*
		proportionnel.le.ment
	à/des	**propos**
		proposer*
	une	proposition*
[R.]		**propre.ment***
	la	**propreté**
	le/la	propriétaire
	une	**propriété**
[u.]		propulser*
	la	propulsion

[PRoS.]

[K.]		proscrire
		proscrit.e
[é.] [è.]	un	procédé
		procéder*
	une	procédure
	un	**procès**
	une	procession
	un	processus
	un/des	procès-verbal, -aux
[P.]		prospecter*
	la	prospection
	un	prospectus
		prospère
		prospérer*
	la	prospérité
[T.]	se	prosterner*
	la	prostitution*
	être	prostré.e*

[PRoT.]

[a.]	un.e	protagoniste
[é.] [è.]		protecteur, -trice
	la	**protection***
	une	protéine*
	être/un.e	protégé.e
		protéger*

	(un.e)	protestant.e
	une	protestation
		protester*
	une	prothèse*
[i.]	un	protide
[o.]	un	protocole*
		protocolaire
	un	prototype
[u.]	une	protubérance*

[PRoV.]

[ø.]	la	provenance
		provenir
[è.]	un	proverbe
		proverbial.e, -aux
[i.]	la	providence
		providentiel.le.ment
	cela	provient
	un	proviseur
	une	provision
	les	**provisions**
		provisoire.ment
[in.]	une	**province**
		provincial.e, -aux
[o.]		provocant.e
	un.e	provocateur, -trice
	une	provocation
		provoquer*

[PRoZ.]

	prosaïque*
la	prose
le	prosélytisme*

[PRoi.]

une	**proie**

[PRon.]

	prompt*
	prompte.ment
la	promptitude

[PRou.]

la	proue
une	prouesse
	prouver*

[PRu.]

[D.]	être/la	prude.rie
		prudemment
	la	prudence
		prudent.e
[N.]	une	**prune**
	un	pruneau
	une/la	prunelle*
	un	prunier

▥▶

[Pu.]ˑ[Pui.]

[Pu]

j'ai	**pu**
ça	pue *(= puer)*
du	**pus**

[Puan.]

	puant.e
la	puanteur

[PuB.]

la	puberté
le	pubis
(le)	**public**
une	publication
	publicitaire
la	**publicité**
	publier*
	publique.ment

[PuD.]

la	pudeur
	pudique.ment

[Pué.]

	puer*
une	puéricultrice
la	puériculture
	puéril.e*

ˑ[Pui.]

[-]	*(et)*	**puis** *(= après)*
	un	puits
[J.]		puis-je
[S.]		**puisque**
		puissamment
	la	puissance
		puissant.e
	que je	puisse
[Z.]		puiser*

[PuJ.]

un	pugilat*

[PuL.]

[-]	un	**pull**
[M.]		pulmonaire
[o.]	un	pull-over
[P.]	la	pulpe*
[S.]	une	pulsation
[u.]		pulluler*
[V.]	un	pulvérisateur
	une	pulvérisation
		pulvériser

[PuM.]

un	puma

[PuN.]

une	**punaise**
	punaiser
être	**puni.e**
	punir
	punissable
	punitif, -ive
une	**punition**

[PuP.]

une	pupille
un	pupitre*

[PuR.]

[-]	*il est*	**pur**
[∅.] [é.]	*elle est*	**pure**
	la	purée
		purement
	la	pureté
[G.]		purgatif, -ive*
	le	purgatoire
[i.]		purificateur, -trice
	la	purification
		purifier
	(un.e)	puriste
		puritain.e*
[in.]	du	purin
[J.]		purge.r*
[S.]	un	pur-sang
[u.]		purulent.e*

[PuS.]

une	**puce**
un	puceron
une	pustule*

[PuT.]

un	putois
la	putréfaction
se	putréfier*
	putrescible
	putride

[PuZ.]

	pusillanime*
un	puzzle

[Ra.]

[Ra]

à	ras
au	ras *de*
un	**rat**

[RaB.]

[a.]	le	rabâchage
		rabâcher*
	un	rabat
	(un.e)	rabat-joie
		rabattre*
[è.]	un	rabais
		rabaisser*
[in.]	un	rabbin*
[L.]	le	râble
	être	râblé.e
[o.]	un	rabot
		raboter*
[ou.]		rabougri.e*
[R.]		rabrouer

[RaK.]

[a.]	la	racaille
[è.]	le	racket
	une	raquette*
[L.]		racler*
	une	raclette
[o.]	un	raccommodage
		raccommoder*
	un	raccord
	un	raccordement
	(se)	raccorder*
		racoler*
		racorni.e*
[on.]		raccompagner
	un	racontar
		raconter*
	un.e	raconteur, -euse
[R.]		raccrocher*
[ou.]	un	raccourci
	être	raccourci.e
		raccourcir
	un	raccourcissement

[RaD.]

[a.]	un	radar*
[∅.]	le	rade
	un	raz de marée ou raz-de-marée
[i.]	un	**radiateur**
	une	radiation
		radical.e, -aux*
		radicalement
		radier*
		radieux, -euse
	la	**radio**
		radioactif, -ive*
	la	radioactivité
	être	radiodiffusé.e*
	la	radiodiffusion
	la	radiographie
		radiographier*

114-115

	un.e	radiologue*
		radiophonique*
	un	**radis**
	le	radium
	le	radius
[o.]	un	radeau
	le	radotage
		radoter*
[ou.]	être	radouci.e
		radoucir
	le	radoucissement

[RaF.]

[a.]	une	rafale
[è.]		raffermi.r*
[i.]	le	raffinage
	être	raffiné.e*
	le	raffinement
	une	raffinerie
		rafistoler*
	du	raphia
[L.]		rafle.r*
[o.]		raffoler*
[R.]		rafraîchir ou rafraichir
		rafraîchissant.e ou rafraichissant.e
	un	rafraîchissement ou rafraichissement

[RaG.]

		ragaillardi.r
	un	ragot
	un	ragoût ou ragout*

[RaJ.]

	la	**rage**
		rager*
		rageur, -euse.ment
	être	rajeuni.e
		rajeunir
	le	rajeunissement
		rajout.er
	un	rajustement
		rajuster*

[RaL.]

[an.]	le/au	ralenti
	être	ralenti.e
		ralentir
	un	ralentissement
[∅.][eu.]		râle.r*
[é.][e.]		râleur, -euse
[i.]	le	ralliement
		rallier*
	un	rallye
[on.]		rallonge.r*
[u.]		rallumer*

[RaM.]

[a.]	le	ramadan
	le	ramage
	le	ramassage
		ramasser*
	un	ramassis
[K.]	un	ramequin
[∅.][e.]	une	rame
[eu.][é.]		**ramener***
		ramer*
	un.e	rameur, -euse
[i.]	un	ramier
	une	ramification
	se	ramifier*
[o.]	un	rameau
	être	ramolli.e
		ramollir
	le	ramonage
		ramoner*
	un	ramoneur

[RaN.]

| | | ranimer* |

[RaP.]

[-]	le	rap
[a.]	un	rapace
	être	rapatrié.e
	le	rapatriement
		rapatrier*
[∅.][eu.]	une	râpe
[é.][è.]	être	râpé.e
		râper
		râpeux, -euse
		rapetisser*
	un	rappel
	(se)	**rappeler***
	je me	rappelle
[i.]		**rapide**
		rapidement
	la	rapidité
	être	rapiécé.e*
	une	rapine*
[o.]	un	rapport
		rapporter*
	un.e	rapporteur, -euse
[R.]	être	rapproché.e
	un	rapprochement
	(se)	**rapprocher***
[T.]	un	rapt

[RaR.]

		rare.ment
	se	raréfier*
	la	rareté
		rarissime

[RaS.]

[a.]	être	rassasié.e*
[an.]	un	rassemblement
	(se)	**rassembler**
[K.]	une	rascasse
[∅.][é.]	une	**race**
	être	racé.e
		rasséréner*
[i.]		racial.e, -aux
	une	**racine**
	le	racisme
		raciste
		rassis.e*
	une	ration
		rationnel.le*
	le	rationnement
		rationner*
[oi.]	se	rasseoir ou rassoir
[u.]		rassurant.e
	être	rassuré.e
	(se)	**rassurer**

[RaT.]

[a.]	être	ratatiné.e*
	la	ratatouille
	le	rattachement
		rattacher*
[∅.][é.]	la	rate
	être	raté.e
		rater*
	un	râtelier*
[i.]	un	ratier*
	la	ratification
		ratifier*
		ratisser*
[o.]	un	**râteau**
[on.]	un	raton*
[R.]	le	rattrapage
		rattraper*
[u.]	une	rature
		raturer*

[RaV.]

[a.]	un	ravage
		ravager*
	le	ravalement
		ravaler*
[∅.]		rave
[i.][in.]	être	ravi.e
	un	ravier
		ravigoter*
	un	**ravin**
		raviner*
	des	ravioli(s)

▶

		ravir
se		raviser*
		ravissant.e
le		ravissement
un.e		ravisseur, -euse
le		ravitaillement
		ravitailler*
		raviver*
[oi.]		ravoir

[RaY.]

un		rail
des		rails
		railler*
une		raillerie
		railleur, -euse

[RaZ.]

une		rasade
être		rasé.e
en		rase-mottes
(se)		**raser***
un.e		raseur, -euse
un		**rasoir**
une		razzia*

[Ran.]

[-]	un	**rang**
	il/elle	**rend**
	je/tu	rends
[B.]	une	rambarde
		remballer*
		rembarquer*
		rembarrer*
	un	remblai
		remblayer*
		rembobiner*
		rembourrer*
	un	remboursement
		rembourser*
[K.]	un	rancard ou rencard*
	au	rancart (= jeté)
	la	rancœur
	une	rancune
		rancunier, -ière
	une	rencontre
		rencontrer*
[CH.]		renchérir*
[D.]	une	randonnée
	un.e	randonneur, -euse
	le	rendement
	un	rendez-vous
	(se)	rendormir*
		rendre
	j'ai	**rendu**
[F.]	être	renfermé.e

(se)		**renfermer***
être		renflé.e*
		renflouer*
un		renfoncement*
un		renforcement
		renforcer*
un		renfort
être		renfrogné.e*
[G.]	une	rengaine*
	se	rengorger*
[J.]	en	rangeant
	une	**rangée**
	un	rangement
		ranger*
[P.]	(une)	rampe
		ramper*
	un	rempart
		remplaçant.e
	un	remplacement*
		remplacer*
	être	**rempli.e**
		remplir
	un	remplissage
		remporter*
[S.]	du beurre	rance
		rancir*
	une	rançon
		rançonner*
	être	renseigné.e
	un	renseignement
	(se)	**renseigner***
[T.]	un	ranch
		rentabiliser*
	la	rentabilité
		rentable
	une	rente
	un.e	rentier, -ière
	être	rentré.e
	la	rentrée
		rentrer
[V.]		renversant.e
	à la	renverse
	un	renversement
		renverser*
	un	renvoi
	je/il/elle	renvoie
	être	renvoyé.e
		renvoyer*

[Re.]

[ReB.]

[a.]		rebattre
		rebattu.e
[è.]	un	rebelle
	se	rebeller*

[i.]	se	rebiffer*
[o.]	un	rebord*
[oi.]	le	reboisement
		reboiser*
[on.]	un	rebond
		rebondi.r
	un	rebondissement
[ou.]		reboucher*
	à	rebours
[R.]	à	rebrousse-poil
		rebrousser*
[u.]	le	rebut*
		rebutant.e

[ReK.]

[a.]	être	recalé.e*
[e.]	un/le	recueil.lement
	être	recueilli.e
		recueillir
[é.] [è.]		requérir
	une	requête*
[i.]	il/elle	requiert
		requis.e
[in.]	un	**requin**
[L.]		reclasser*
[o.]		recoller*
		recommandable
	une	recommandation
	(un)	recommandé
		recommander*
		recommencer*
	je/tu	reconnais
		reconnaissable
	la	reconnaissance
		reconnaissant.e
	il/elle	reconnaît ou reconnait
		reconnaître ou **reconnaitre**
		recopier
	un	**record***
[oi.]		recoiffer*
[oin.]	un	recoin
[on.]		reconduire*
		reconquérir
	la	reconquête
		reconstituer*
	la	reconstitution
		reconstruire
	une	reconversion
	(se)	reconvertir
[ou.]	(se)	recoucher*
		recoudre
	un	recoupement
		recouper*
	être	recourbé.e*
		recourir
	un	recours

116-117

|||➡ |||➡ |||➡

		recouvert.e
	un	recouvrement
		recouvrer*
		recouvrir
[R.]		recréer*
	se	recroqueviller*
	la	recrudescence*
	une	recrue
		recruter*
[u.]		**reculer***
	à	reculons

[ReCH.]

[a.]	une	recharge
		rechargeable
		recharger*
[an.]	de	rechange*
[è.]	une/la	**recherche**
		rechercher*
[i.]		rechigner*
[u.]	une	rechute
		rechuter*

[ReD.]

[e.]		redevable
	une	redevance
		redevenir
[è.]		redescendre
[i.]		redire
	une	redite
[in.]	une	redingote
[o.]		redonner
[ou.]		redoublant.e
	le	redoublement
		redoubler*
		redoutable*
		redouter*
	le	redoux
[R.]	le	redressement
	(se)	redresser*
	(un.e)	redresseur, -euse

[ReF.]

[è.]		refaire
		refermer*
[L.]	un	reflet
		refléter*
		refleuri.r
		refluer
	le	reflux
[o.]		reformer*
[ou.]		refouler*
[R.]	un	**refrain**
	(se)	refroidir
	un	refroidissement*
[u.]	un	refuge
	(un)	**refus.er***

[ReG.]

[a.]		regagner
	un/le	regard
		regardant.e
		regarder*
[in.]	un	regain
[o.]		regorger*
[on.]		regonfler*
[R.]	un	**regret**
		regrettable
		regretter*
		regrouper*

[ReJ.]

[a.]		rejailli.r*
[e.][è.]	un	rejet
		rejeter*
	un	rejeton
[i.]	un	registre*
[oin.]		**rejoindre**
		rejoint.e

[ReL.]

[a.]	le	relâchement
		relâche.r*
		relater*
		relatif, -ive.ment
	une	relation*
		relaver*
	être	relax ou relaxe
	la	relaxation
	(se)	relaxer*
[an.]		relance.r*
	un	relent
[∅.]	un	relevé
	(se)	**relever***
[é.][è.]	un	relais ou relai
	(se)	relayer*
		reléguer*
	la	relève
[i.]	le	relief
		relier*
	un.e	relieur, -euse
		religieuse.ment
		religieux
	une/la	**religion**
	un	reliquat
	une	relique
		relire
	une	reliure
[ui.]		reluire

[ReM.]

[a.]		remâcher*
		remailler*

	un	remaniement
		remanier*
	un	remariage
	se	remarier
		remarquable.ment
	une	**remarque**
		remarquer*
[an.]	le	remembrement
[é.][è.]	un	**remède**
		remédier*
	se	remémorer*
	je/il/elle	remercie
	un	remerciement
		remercier*
	il/elle	remet
	je/tu	remets
		remettre*
[i.]	j'ai	**remis**
	(une)	**remise**
		remiser*
[o.]	un	remords
	une	remorque
		remorquer*
	un	remorqueur
[on.]	un/en	remontant
	une	remontée
	un	remonte-pente
		remonter*
	un	remontoir
	une	remontrance
		remontrer*
[ou.]	un	remous
[u.]		remuant.e
	je/il/elle	remue
	un	remue-ménage
		remuer*

[ReN.]

[a.]		renâcler
	un.e	**renard.e***
[é.][è.]	la	renaissance
		renaître ou renaitre
	un.e	renégat.e
[i.]		renier*
		renifler*
[o.]	la	renommée
	être	renommé.e*
[on.]	un	renom
	le	renoncement
		renoncer*
	la	renonciation
	une	renoncule
[ou.]		renouer*
	un	renouveau
		renouvelable
	le	renouvellement ou renouvèlement
		renouveler*

⇥

[Reo.]

	rehausser*
un	rehausseur

[ReP.]

[a.]		reparaître ou reparaitre
		reparler*
	il/elle est	reparti.e
	une	repartie
		repartir
	un	**repas**
	le	repassage
		repasser*
	un.e	repasseur, -euse
[an.]	se/le	repentir*
[e.]	(se)	repeupler*
[é.][è.]	un	repaire (=refuge)
	se	repaître ou repaitre
		repêcher
	un	repère (= marque)
	(se)	repérer*
[i.]	un	repiquage
		repiquer*
[in.]		repeindre
		repeint.e
[L.]		replacer*
		replanter*
		replet
		replète
	un	repli
		replier*
		repleuvoir
[o.]	un	report
	un	reportage
		reporter*
	un	reporter
	le	**repos**
		reposant.e
	(se)	**reposer***
[ou.]		repoussant.e
		repousser*
[R.]		**reprendre**
	des	représailles
	un.e	représentant.e
		représentatif, -ive*
	une	représentation
		représenter*
	un	repris de justice
		repris.e
		repriser*
	un	reproche
		reprocher*
	(un.e)	reproducteur, -trice
	la	reproduction
		reproduire
		reproduit.e
		repu.e

[ReS.]

[a.]	un	ressac
		ressasser*
[an.]	un	recensement
		recenser*
	la	ressemblance
		ressemblant.e
		ressembler*
	un	ressentiment
		ressenti.r
[e.]		receler*
	un.e	receleur, -euse
	un.e	receveur, -euse
		recevoir
		ressemelage
		ressemeler*
[è.]	le	recel
	une	**recette**
	se	ressaisir*
		resserrer*
		resservir
[i.]	le	recyclage
	(se)	recycler*
[o.]	un/il/elle	**ressort**
		ressorti.r
	un.e	ressortissant.e
[oi.]	il/elle	**reçoit**
	eux, ils/elles	reçoivent
[ou.]	une	ressource*
[u.]	j'ai/un	**reçu**

[ReT.]

[a.]		retaper*
	un	**retard**
	(un.e)	retardataire
	être	retardé.e
	un	retardement
		retarder
[an.]		retentir
		retentissant.e
	un	retentissement
[e.]		**retenir**
	être	retenu.e
	une	retenue
[i.]	ils/elles	retiennent
	je/tu	retiens
	il/elle	**retient**
		retirer*
[o.]		retors.e
[on.]	être	retombé.e
	une	retombée
		retomber
[ou.]		retouche.r*
	le	**retour**
	être	retourné.e
	un	retournement
	(se)	**retourner**

[R.]

		retracer*
		retraduire
	un	retrait
	une/la	**retraite**
	être	retraité.e*
	un	retraitement
	un	retranchement
		retrancher*
	une	retranscription
		retranscrire
		retransmettre
		retransmis.e
	la	retransmission
		retrousser*
	les	retrouvailles
		retrouver*

[ReV.]

[a.]		revaloir
	une	revalorisation
		revaloriser
[an.]	une	revanche*
	un.e	revendeur, -euse
	une	revendication
		revendiquer*
		revendre
		revendu.e
	une	revente
[ə.][e.]	un/en	revenant
		revenir
	un	revenu
	il/elle est	revenu.e
[è.]		revêche
		reverdi.r
		reverni.r
	un	revers*
	un	revêtement
		revêtir
[i.]	eux, ils/elles	reviennent
	il/elle	**revient**
		revigorer*
	un	revirement
		revisser*
		revivre
[oi.]	(au)	**revoir**
	il/elle	revoit
[u.]	j'ai	**revu**
	une	**revue**

[Ré.][Rè.]

[Ré.][Rè.]

	une	raie
	la note	ré

IIII➡

[Réa.]

[B.]		réhabiliter*
[K.]	un	réacteur
	une	réaction*
		réactionnaire
[D.]	la	réadaptation
		réadapter*
[J.]		réagi.r
		réajuster*
[L.]		réalisable
	la	réalisation
		réaliser*
		réaliste*
	la	**réalité**
[N.]	la	réanimation*
[P.]		réapparaître ᵒᵘ
		réapparaitre
	la	réapparition

[RéB.]

		rébarbatif, -ive
	une	rébellion
	un	rébus

[RéK.][RèK.]

[a.]		récalcitrant.e
	la	récapitulation
		récapituler*
[i.]		réquisition.ner*
	un	réquisitoire
[L.]	une	réclamation
	une	réclame
		réclamer*
	la	réclusion
[o.]	une	récolte
		récolter*
[on.]	une	récompense
	être	récompensé.e
		récompenser*
	la	réconciliation
		réconcilier*
	le	réconfort
		réconfortant.e
	être	réconforté.e
		réconforter*
[R.]	la	**récréation**
	se	récréer*
	se	récrier*
	une	récrimination*
[T.]	un	**rectangle**
		rectangulaire
	la	rectification
		rectifier*
		rectiligne
	le	recto
	le	rectum

[u.][ui.]	un	requiem
	la	récupération
		récupérer*
		récurer*

[RéCH.][RèCH.]

		réchapper*
	un	réchaud
	le	réchauffement
	(se)	**réchauffer***
		rêche

[RéD.][RèD.]

[-]	un	raid
[a.]	un.e	rédacteur, -trice
	une	**rédaction***
[∅.][e.]		raide
	la	raideur
	le	rez-de-chaussée
[i.]		rédiger*
[u.][ui.]	une	réduction
		réduire
		réduit.e

[Réé.]

		rééditer*
	une	réédition
	la	rééducation
		rééduquer*
		réélire
		réel.le.ment

[RéF.]

[é.][è.]	une	réfection
	un	réfectoire
	une	référence
	un	référendum
	se	référer*
[L.]		**réfléchi.r**
	un	réflexe*
	la	réflexion
[o.]	un.e	réformateur, -trice
	une	réforme
		réformer*
[R.]		réfractaire
		réfréner*
	un	**réfrigérateur**
[u.]	être/un.e	réfugié.e
	(se)	réfugier*
		réfuter*

[RéG.][RèG.]

[a.]	un	régal
	se	régaler*
	un	régate

[L.]		réglable
	un	réglage
	une	**règle**
	un	règlement
		règlementaire*
	une	réglementation ᵒᵘ
		règlementation
		réglementer* ᵒᵘ
		règlementer*
		régler*
	la	réglisse
[R.]		régresser*
	la	régression
[u.]		régulariser*
	la	régularité
		régulier
		régulière.ment

[Réi.]

| | | réitérer* |

[Réin.]

| | | réintégrer* |
| | | réintroduire |

[RéJ.]

[an.]	la	régence
	un.e	régent.e
		régenter*
[i.]	une	régie
	un	**régime**
	un	régiment*
	une	**région**
		régional.e, -aux*
[ou.]	être	réjoui.e
	(se)	réjouir
	une	réjouissance
		réjouissant.e

[RéM.]

	une	réminiscence
	une	rémission*
	un	rémouleur
		rémunérateur, -trice
	la	rémunération
		rémunérer*

[RéN.][RèN.] •[Ré(è)GN.]

[∅.]	une/la	**reine**
	une	reine-claude
	une	reine-marguerite
	les	rênes *du cheval*
	un	renne *(= animal)*
[è.]	une	rainette *(=grenouille)*
	une	reinette *(=pomme)*
•[ ]	il/elle/un	règne
		régner*

[o.]	la	rénovation
		rénover*
[u.]	une	rainure*

[Réo.]

		réorganiser*

[Réou.]

		réouvert.e
	une	réouverture

[RéP.] [RèP.]

[a.]		réparable
	un.e	réparateur, -trice
	une	réparation
	être	réparé.e
		réparer*
	une	repartie
		réparti.r
	une	répartition
[an.]		répandre
	être	répandu.e
[é.] [è.]	une	répercussion
		répercuter*
	un	répertoire*
		répéter*
	une	répétition
[i.]	un	répit
[L.]	(une)	réplique.r*
[on.]	il/elle	répond
	un/en	répondant
	un	répondeur*
		répondre
		répondu
	une	**réponse**
[R.]		répréhensible
	la	répression*
		réprimander*
		réprimer*
		réprobateur, -trice
	la	réprobation
		réprouver*
[T.]	un	reptile*
[u.]		républicain.e
	une	république
	la	répugnance
		répugnant.e
		répugner*
	une	répulsion*
	la	réputation
	être	réputé.e

[RéS.] [RèS.]

[an.]		récemment
		récent.e
[K.]	un.e	rescapé.e
	à la	rescousse
	un.e	resquilleur, -euse*

[é.] [è.]	un	récépissé
	(un.e)	récepteur, -trice
		réceptif, -ive
	une	réception*
	la	récession
[i.]	une	récidive
		récidiver*
	un.e	récidiviste
	un	récif
	un	récipient
		réciproque.ment*
	un	récit
	un	récital
	une	récitation
		réciter*
[P.]	le	respect
		respectable
		respecter*
		respectif, -ive.ment
		respectueux, -euse*
		respirable
	la	**respiration**
		respiratoire
		respirer*
		resplendir
		resplendissant.e*
	la	responsabilité*
		responsable
[T.]		restant.e
	un	**restaurant**
	un.e	restaurateur, -trice
	la	restauration
	(se)	restaurer*
	un/le	**reste**
	je suis	resté.e
		rester*
		restituer*
		restreindre
		restreint.e
	une	restriction*
[u.]	être	ressuscité.e
		ressusciter*

[RéT.]

[a.]		rétablir
	le	rétablissement
[i.]	la	réticence
		réticent.e
[o.]	la	rhétorique*
		rétorquer*
[R.]	(se)	rétracter*
		rétribuer*
	une	rétribution
		rétréci.r
	un	rétrécissement
		rétro
		rétrograde.r*

		rétrospectif
		rétrospective.ment
	un	rétroviseur

[Réu.]

	la	réunification
		réunifier*
	une	**réunion**
		réuni.r*
	être	réunis
		réussi.r*
	une	réussite

[RéV.] [RèV.]

[a.]		rêvasser*
[ø.] [e.]	un	**rêve**
[eu.]	une	rêverie
		rêveur, -euse*
[é.] [è.]	le	**réveil**
		réveillant
	être	réveillé.e
	un	réveille-matin
	(se)	réveiller*
	un	**réveillon**
		réveillonner
		révélateur, -trice
	une	révélation
		révéler*
		rêver
	la	réverbération
	un	réverbère
		réverbérer*
	une	révérence*
		révérer*
		réversible*
[i.]		réviser*
	une	révision
[o.]	la	révocation
		révoltant.e
	une	révolte
	être	révolté.e
	se	**révolter**
		révolu.e
	la	**révolution**
		révolutionnaire
		révolutionner*
	un	**revolver** ou **révolver**
		révoquer*
[u.]	se	révulser*

[RéY.] [RèY.]

	être	rayé.e
		rayer
	un	**rayon**
		rayonnant.e
	le	rayonnement
		rayonner*
	une	rayure

120-121

[RéZ.] [RèZ.]

[è.]	une	réservation
	une	**réserve**
	être	réservé.e
		réserver*
	un	réservoir
[i.]	la	résidence
	un.e	résident.e *(étranger, -ère)*
		résidentiel.le
		résider*
	un	résidu
	la	résignation
	être	résigné.e
	se	résigner*
		résilier*
	la	résine
		résineux, -euse
	la	résistance
		résistant.e
		résister*
[in.]	le	**raisin**
[o.][on.]	la	**raison**
		raisonnable.ment
	un	raisonnement
		raisonner* *(=réfléchir)*
	un	réseau
	être	résolu.e
		résolument
	une	résolution
		résonner *(= sonner)*
		résorber*
	la	résorption
[ou.]	(se)	résoudre
	il/elle	résout
[u.]	un	**résultat**
		résulter*
	un	résumé
		résumer*
	la	résurrection
	le	rhésus

[Ri.] •[Rien.]

[-]	j'ai	**ri**
	le	ris *(de veau)*
	je/tu	ris
	il/elle	**rit**
	du	**riz**
[an.]		**riant.e**
[B.]	une	ribambelle
[K.][KS.]	un	ricanement
		ricaner*
		ricocher*
	un	ricochet
	un	rictus
	une	rixe

[CH.]		richard.e
		riche
		richement
	la	**richesse**
		richissime
[D.]	une	**ride**
	être	ridé.e*
	un	**rideau**
		ridicule
		ridiculiser*
•[ ]		**rien**
[e.][eu.]	(un)	rieur
	(une)	rieuse
[F.]	du	rififi
[G.]	une/je	rigole
	une	rigolade
		rigoler*
		rigolo
		rigoureux, -euse.ment
	la	rigueur
[J.]		rigide*
	la	rigidité
[M.]		rime.r*
[N.]	une	rhinite
	un	rhinocéros
		rhino-pharyngite
	un	ring
[P.]	une	riposte
		riposter*
[R.]		**rire**
[S.]	un	risque
	être	risqué.e
		risquer*
	un.e	risque-tout
		rissoler*
	une	ristourne*
[T.]	un	rite
	une	ritournelle
	un	rituel
		rituel.le.ment
	un	rythme
	être	rythmé.e
		rythmer*
		rythmique
[V.]	un	rivage
	(un.e)	rival.e
		rivaliser*
	la	rivalité
	des	rivaux
	une	rive
		river*
	(un.e)	riverain.e*
	un	rivet*
	une	**rivière**
[Z.]	un	rhizome
	la	risée
		risible
	une	rizière

[Rin.]

	un	**rein**
	un	rinçage
		rincer*
	(un.e)	ringard.e

[Ro.]

[-]	un	rot*
[B.]	une	**robe**
	une	robe de nuit
	un	**robinet***
	un	robot*
	être	robotisé.e*
		robuste
	la	robustesse
[K.]	la voix	rauque
	un	roc
	une	rocade
	la	rocaille*
		rocailleux, -euse
		rocambolesque*
	le	rock *(=danse)*
	un	rocker
	un	rocking-chair
	du	roquefort
	un	roquet
	une	roquette ou rocket
[CH.]	une	roche*
	un	**rocher**
		rocheux, -euse
[D.]	un	rhododendron
	un	rodage
	le	rodéo
		roder* *une voiture*
		rôder* *(= passer)*
	un.e	rôdeur, -euse
[L.]	un	**rôle**
	un	roller
[M.]	du	rhum
	être	romain.e
	un	**roman**
		roman.e*
		romanesque
	un.e	romanichel.le
	une	romance
	un.e	romancier, -ière
		romantique
	le	romarin
	un	rumsteck ou romsteck
[N.]		rogner*
[GN.]	un	rognon
	une	rognure

[S.]	un	rosbif
		rosse.r*
	un	rossignol
[T.]	le	rotary
	une	rotation
	(un)	**rôti**
	du	rôtin
		rôtir
	une	rôtisserie
	une	rôtissoire
	une	rotonde
	une	rotule
	(un.e)	roturier, -ière
[Z.]	une	rosace*
	(une)	**rose**
	un	roseau
	le	rosé
	la	rosée
	la	roséole
	une	roseraie
	une	rosette
	un	**rosier**

[Roi.]

	un	**roi**
	un	roitelet
		royal.e, -aux
		royalement
		royaliste*
	un	**royaume**
	la	royauté

[Ron.]

[-]	il	rompt (= couper)
	un/c'est	**rond**
[CH.]		ronchonner*
[D.]		**ronde**
		rondelet.te
	une	rondelle
		rondement
	une	rondeur
	un	rondin
[F.]		ronflant.e
	un	ronflement
		ronfler*
	un.e	ronfleur, -euse
[J.]		**ronger***
	(un)	rongeur, -euse
[P.]	un	rond-point
		rompre
	être	rompu.e
[R.]		ronronnant.e
	un	ronronnement
		ronronner*
[S.]	une	**ronce***

[Rou.]

[-]	une	**roue**
		roux (= la couleur)
[a.]	un	rouage
[B.]		roublard.e
	la	roublardise
	un	rouble
[K.]	le	roucoulement
		roucouler*
	un.e	rouquin.e
[é.][è.]	être	roué.e*
	une	rouée (de coups)
	un	rouet
[J.]		**rouge**
		rougeâtre
		rougeaud.e
	un	rouge-gorge
	il/elle	rougeoie
	la	**rougeole***
		rougeoyer*
	un	rouget
	une	rougeur
	il a	rougi
		rougir
[L.]	le	roulage
		roulant.e
	un	rouleau
	un	roulement
		rouler*
	une	roulette
	le	roulis
	une	roulotte
[N.]	un	round
[P.]	une	roupie
		roupille.r*
[S.]		rouspéter*
		rousse
	la	rousseur
	être	roussi.e
		roussir
[T.]	une	**route***
	(un.e)	routier, -ière
	la	routine*
[Y.]	la	rouille
	être	rouillé.e
		rouiller*

[Ru.] '[Rui.]

[-]	la	**rue**
	il	rue (le cheval)
[a.]	une	ruade
[B.]	la	rhubarbe
	un	**ruban***
	la	rubéole*
	un	rubis
	une	rubrique

[CH.]	une	**ruche**
	un	rucher
[D.]		rude.ment
	la	rudesse
		rudimentaire
	les	rudiments
		rudoyer*
[é.][è.]	une	ruée
	une	ruelle
	(se)	ruer*
[G.]	le	rugby
	un	rugbyman
		rugueux, -euse
•[ ]	une	**ruine**
	être	ruiné.e
	(se)	ruiner
		ruineux, -euse
	un	**ruisseau**
		ruisselant.e
		ruisseler
	un	ruisselet
	elle	ruisselle ou ruissèle
	le	ruissellement ou ruissèlement
[J.]		rugi.r*
	un	rugissement
[M.]	des	**rhumatismes**
	un	**rhume**
	la	rumeur
	un	ruminant
		ruminer*
[P.]		rupestre
	une	rupture
[R.]		rural.e, -aux*
[S.]	une	rustine
		rustique
	(un.e)	rustre
[T.]	en	rut
		rutilant.e*
[Z.]	une	ruse
	être	**rusé.e**
		ruser*

122-123

[Sa.]

[Sa]

	ça (= cela)
	(ça va)
	sa (= la sienne)
	(sa maman)
	(sa maison)

[SaB.]

[a.]	le	sabbat*
[i.]	il/elle	s'habille
		s'habiller
		s'habituer

[L.]	du/le	**sable**
	un	sablé
		sabler*
		sableux, -euse
	un	sablier
		sablonneux, -euse
[o.]		sabord.er*
	un	sabot
	un	sabotage
		saboter*
	un.e	saboteur, -euse
[R.]	un	sabre*

[SaK.]•[SaKS.]

[-]	un	**sac**
[a.]	une	saccade
		saccadé.e*
	un	saccage
		saccager*
[o.]	une	**sacoche**
[R.]		s'accrocher
	être	sacré.e*
	un	sacre.ment
	un	**sacrifice**
		sacrifier*
	un	sacrilège
	un	sacristain
	une	sacristie
•[ ]	un	saxophone

[SaCH.]

	en	sachant
	que je	sache
	un	**sachet**

[SaD.]

	(un.e)	sadique
	le	sadisme

[SaF.]

	un	safari
	le	safran
	un	saphir

[SaG.]

		sagace
	la	sagacité
	une	sagaie

[SaJ.]

		sage
	une	sage-femme
		sagement
	la	**sagesse**
	il	s'agissait
	il	s'agit
	ça va	s'agiter

[SaL.]

[a.]	une	**salade**
	un	saladier
	une	salamandre
	le	salami
	un.e	salarié.e
	une	salle à manger
[an.]		salant.e
[∅.]	c'est	sale
		salement
	une	saleté
	une	**salle**
	une	salle à manger
	une	**salle de bain**
	une	salle de séjour
[é.][è.]	un	salaire
	être	**salé.e**
		saler* (= mettre du sel)
[i.]	être	sali.e
	une	salière
		salir
		salissant.e*
	la	salive
		saliver*
[o.]	une	salopette*
[on.]		s'allonger
	un	**salon**
[P.]	le	salpêtre*
[S.]	un	salsifis
[T.]	un	saltimbanque
[u.]		salubre*
	je/il/elle	salue
		saluer*
	il/elle	s'allume
	(un)	**salut**
		salutaire
	une	salutation
[V.]	une	salve

[SaM.]

		ça marche
		samedi
	un	samouraï
	il/elle	s'amuse
	eux, ils/elles	s'amusent
		s'amuser

[SaN.]

	un	sanatorium
		sanitaire

[SaP.]

		saper*
	un	sapeur-pompier
	un	**sapin***

	il/elle	s'appelait
		s'appeler
	il/elle	**s'appelle**
	il/elle	s'approche
		s'approcher

[SaR.]

[a.]	une	sarabande
	(le)	sarrasin*
[B.]	une	sarbacane
[K.]	un	sarcasme
		sarcastique
	un	sarcler*
	un	sarcloir
	un	sarcophage
[D.]	une	sardine
		sardonique*
[é.][è.]	il/elle	s'arrête
		s'arrêter
[i.]	un	sari
	la	sarriette
[M.]	un	sarment*
[o.]	un	sarrau

[SaS.]

	un	sacerdoce*
	un	sas
		s'asseoir ou s'assoir
	il/elle	s'asseoit ou s'assoit
	il/elle	s'assied
	à	satiété

[SaT.]

[a.]		satané.e
		satanique*
[é.]	un	satellite*
[i.]	être	satiné.e
	une	satire*
		satirique
	la	satisfaction
		satisfaire
		satisfaisant.e
		satisfait.e
[in.]	le	satin
[u.]	la	saturation
	être	saturé.e*

[SaV.]

[a.]		**ça va**
		savamment
	la	savane
	une	savate
[an.]	il/elle	s'avance
		s'avancer
	(un.e)	**savant.e**

⊪➡   ⊪➡

[ø.][e.]	il/elle	savait
[é.][è.]	eux, ils/elles	savent
	la	saveur
	vous	savez
[oi.]		**savoir**
	le	savoir-faire
	le	savoir-vivre
[o.][on.]	du	**savon**
	la	savonnée*
	une	savonnerie
	la	savonnette
		savonneux, -euse
	nous	savons
[ou.]		savourer
		savoureux, -euse*

[SaY.]

		saillant.e
	une	saillie
		saillir

[San.]

[San.]

		cent *(= 100)*
	le/du	**sang**
		sans *(rien)*
	il/elle	**s'en va**
	je/tu	sens
	il/elle/ça	**sent** *(=sentir)*

[SanB.]

		semblable
		semblant
		sembler*

[SanK.] [SanKS.]

	une	sanction
		sanctionner*
	un	sanctuaire*

[SanD.]

[a.]	une	sandale
	une	**sandalette**
[o.]		**s'endormir**
	il/elle	s'endort
[ou.]		**sans doute**
[R.]	une	cendre
	la	cendrée
	des	**cendres**
	un	**cendrier**
[W.]	un	**sandwich**
	des	sandwiches ou sandwichs

[SanF.]

	le	sang-froid
		sans fautes
	ne pas	s'en faire
	il/elle	s'en fiche
	eux, ils/elles	s'enfuient
		s'enfuir
	il/elle	s'enfuit

[SanG.]

		sanglant.e
	une	sangle*
	un	sanglier
	un	**sanglot**
		sangloter*
	une	sangria
		sanguin.e
		sanguinaire
		sanguinolent.e

[SanJ.]

	(un)	sans-gêne

[SanM.]

	la	samba

[SanN.]

		s'en aller
	il/elle	s'ennuie
	eux, ils/elles	s'ennuient
		s'ennuyer

[SanP.]

		s'emparer
		sempiternel.le
		s'empresser

[SanR.]

		sans rien
		s'enrichir

[SanS.]

[-]	un/le	**sens**
[a.]	une	sensation
		sensationnel.le
[e.][é.]	être	censé.e *(=supposée)**
	un	censeur
	être	sensée *(=raisonnable)**
[i.]		sensibiliser*
	la	sensibilité
		sensible.ment
[o.]	un	sansonnet

[SanT. continued]

[u.]	la	censure
		censurer*
	une	sangsue
		sensuel.le*

[SanT.]

[a.]	le	santal
[an.]	une	sentence*
[e.]	(un.e)	centenaire
	la	senteur
[é.][è.]	une	**centaine**
	la	**santé**
[i.]	un	**centième**
	un	centigramme *(cg.)*
	un	centilitre *(cl.)*
	un	**centime** *(c.)*
		centimètre *(cm)*
	j'ai	senti
	un	**sentier**
		sentiment.al.e, -aux*
	une	sentinelle
		sentir
[o.]	un	centaure
[on.]	un	santon
[R.]		central.e, -aux
	une	centrale
		centraliser*
	le	**centre**
		centrer*
		centrifuge.r*
		s'entraîner ou s'entrainer
[u.]	le	centuple

[SanV.]

	il/elle	**s'en va**
		s'envole.r
	eux, ils/elles	**s'en vont**

[SanZ.]

	un.e	sans-abri
	des	sans-abri ou sans-abris

[SB.]

	un	sbire

[SK.]

[a.]		scabreux, -euse
	un	scalp*
	un	scaphandre
	un	scaphandrier
	un	scarabée
	la	scarlatine

124-125

[an.]	un	**scandale**
		scandaleux, -euse*
	être	scandalisé.e*
[e.]	un	**squelette**
		squelettique
[è.]	un	skate.board
	un	sketch
[i.]	un	**ski**
		skiable
		skier*
	un.e	skieur, -euse
	un	skipper
[L.]	une	sclérose*
[o.]		**scolaire**
	la	scolarité*
	une	scoliose*
	un	scolopendre
	le	scorbut*
	un	score
	des	scories
	un	scorpion
		scotch.er*
[oi.]	un	square
[ou.]	un	scoop
	un	scooter*
	un	scout
	le	scoutisme
[R.]	le	scrabble
	un	scribe
	un.e	scribouillard.e
	le	script *(=écriture)*
	un.e	script.e *(=une personne)*
	un	scrupule
		scrupuleux
		scrupuleuse.ment
		scruter*
	un	scrutin
[u.]		sculpter*
	un.e	sculpteur, -trice
	une	sculpture*

[Se.][Seu.]

[Se][Seu.]

ce
(ce *garçon*)
(ce *matin*)
(ce *que tu veux*)

ceux
(ceux-ci)
(ceux-là)
(ceux qui)

se
(il/elle se lave)
(il/elle se ...)
(ils/elles se ...)

[SeK.][SeuK.]

[e.]		**ce que** *c'est*
		ce que *tu veux*
		ceux que... *(=eux)*
[i.]		**ce qui** *se passe*
		ce qu' *il y a*
		ceux qui *veulent*
[ou.]	il/elle	secoue
	être	secoué.e
		secouer*
		secourable
		secourir*
	le	secourisme
	un.e	secouriste
	le/au	**secours**
	être	secouru.e
	une	secousse
[R.]	*(un)*	**secret**
	un.e	**secrétaire**
	un	secrétariat
		secrète.ment

[SeG.]

		second
		secondaire
	(une)	**seconde**
		seconder*

[SeL.][SeuL.]

[-]	il est	**seul**
[a.]		cela
		se laver
[ø.]	elle est	**seule**
		seulement
[e.]		**se lever**
[on.]		selon
[ui.]		celui
		celui-ci
		celui-là
		celui qui

[SeM.]

[a.]		**ce matin**
	des	semailles
[an.]	une	semence
[é.][è.]	une	**semaine**
	une	semelle
		semer*
	un	semestre
		semestriel.le*
[i.]	un	semi-remorque
	un	**semis**
[oi.]	un	semoir
[on.]	une	semonce
[ou.]	*(la)*	semoule

[SeN.]

	une	cenelle
		ce n'est pas
		ce n'est plus

[SeP.]

		cependant

[SeR.][SeuR.]

[-]	la/ma	**sœur**
[a.]	il/elle	**sera**
	tu	seras
		se raser
[é.][è.]	je	**serai**
	eux, ils/elles	seraient
	je/tu	serais
	il/elle	**serait**
	ce	serait
	elle est	sereine
		sereinement
	vous	serez
[F.]	le	surf*
		surfer
[i.][in.]	une	**cerise**
	un	cerisier
	il est	serein *(=calme)*
	un	serin *(=oiseau)*
		seriner*
	un	seringa(t)
	une	**seringue**

[SeS.][SeuS.]

		ceci
		ce sera beau
		ce sont *des ...*
		ce sont *les ...*
		ceux-ci *(=eux)*
	il/elle	se sauve
		se sauver
	ils/elles	**se sont ...**

[SeT.]

		cet
		cet *(après-midi)*
		se tenir
		se tromper
		se trouver

[SeV.]

	le	sevrage
		sevrer*

[SeuY.]

	un/le	**seuil**

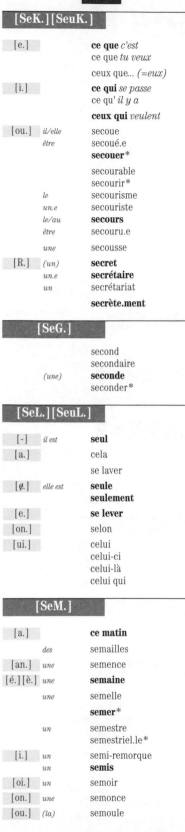

[Sé.][Sè.]

[Sé.][Sè.]

	ces (= ceux ou celles qu'on montre)
	(ces arbres)
	(ces maisons)
	c'est (= cela est)
	(c'est elle)
	(c'est vrai)
	(c'est ici)
	(c'est la première fois)
je/tu	sais (=savoir)
il/elle	**sait** (= savoir)
	ses (=les siens ou les siennes)
	(ses affaires)
il/elle	**s'est**
(il	s'est lavé)
(elle	s'est blessée)

[Séan.]

une	**séance**
(le)	séant

[SéB.]

	c'est beau
	c'est bien
une	sébile

[SéK.][SèK.] *[SèKS.]

[-]	c'est	**sec**
[a.]	un	sécateur
[an.]	une	séquence*
[è.]	des	séquelles
	une	séquestration
		séquestre.r*
[o.]	un	séquoia
[R.]		sécréter*
	une	sécrétion
		s'écrier
		s'écrouler
•[ ]	une	section
		sectionner*
	un	sexagénaire
	le	sexe
		sexiste
	un	sextant
	la	sexualité
		sexuel.le.ment
[T.]		sectaire*
	une	**secte**
	un	secteur
[u.]		séculaire
	être	sécurisé.e
	la	**sécurité**

[SéCH.][SèCH.]

[a.]	le	séchage
		s'échapper
[ø.][e.]	ça	sèche
[é.]	un	sèche-cheveux
	un	sèche-linge
		sèchement
		sécher*
	la	sécheresse ou sècheresse
	une	seiche (=animal)
[oi.]	un	séchoir

[SéD.][SèD.]

[an.]		sédentaire*
[ø.][é.]	il/elle	cède (= céder)
		céder
[i.]	une	cédille
	un	sédiment*
	la	sédition
[R.]	un	cèdre
[u.][ui.]	(un.e)	séducteur, -trice
	la	séduction
		séduire
		séduisant.e
		séduit.e

[SéG.]

	un	segment*
	la	ségrégation
	du	seigle

[Séi.]

	un	séisme

[SéJ.]

	un	**séjour**
		séjourner*

[SéL.][SèL.]

[-]	du	**sel**
[ø.]	un	**céleri**
		celle (celle-ci)(celle-là)
		celles (celles-ci/là)
	une/à la	**selle**
[é.][è.]		**célèbre**
		célébrer*
	la	célébrité
		céleste
	un	coelacanthe
	un.e	scélérat.e*
		sceller (= fermer)
		sélectif, -ive
	(une)	sélection.ner*
		seller (mettre une selle)
	la	sellette

[F.]

[F.]	un	self-service
[i.]	(un.e)	**célibataire***
	un	cellier (=cave)
	un	sellier (=selle)
[o.]	la	cellophane
[oi.]		s'éloigner
[u.]	une	cellule*
	la	cellulite

[SéM.][SèM.]

[a.]	un	sémaphore
[ø.]	on	**s'aime** (= s'aimer)
	eux, ils/elles	s'aiment
	il/elle	**sème** (= semer)
[é.]		s'aimer (=amour)
[i.]		sémillant.e
	le	séminaire
	un	séminariste

[SéN.][SèN.] [SéGN.][SèGN.]

		saignant.e
	un	saignement
		saigner*
	elle est	saine (=sain)*
	une	saynète
	un	scénario
	un.e	scénariste
	une/la	scène
	un/le	**seigneur**
	le	sénat
	un.e	sénateur, -trice
		s'énerver
		sénile*
		sénior ou senior

[SéP.][SèP.]

[-]	un	cep de vigne
[a.]	un	sépale
	une	séparation*
	être	séparé.e
		séparément
		séparer
[ø.]	un	cèpe (=champignon)
[T.]	le	scepticisme
		sceptique (=méfiant)
	un	sceptre
		septante (= 70)*
		septembre
	un	septennat
		septentrional.e, -aux
	une fosse	septique
	(un.e)	septuagénaire
[u.]	une	sépulture

[SéR.] [SèR.]

[-]	un	**cerf** *(= animal)*
	un	serf *(= esclave)*
	il/elle	**sert** *(= servir)*
[a.]	la	céramique*
	le	serrage
[K.]	un	**cercle**
	être	cerclé.e*
	un	**cercueil**
[ø.]	il/elle	**serre** *(= serrer)*
	une	serre
	les	serres *(=griffes)*
[é.]	une	céréale*
		cérébral.e, -aux
	un	cérémonial
	une	cérémonie*
		cérémonieux, -euse
	une	sérénade
	la	sérénité
	(se)	**serrer**
[F.]	le	cerfeuil
	un	serf *(=esclave)*
[i.]	une	**série**
		sérieux
		sérieuse.ment
	la	sérigraphie
[J.]	un	sergent
[M.]	un	serment
	un	sermon
		sermonner*
[N.]	un	cerne
	être	cerné.e
		cerner*
[o.]		séropositif, -ive*
	le	sérum
[P.]	une	serpe
	un	**serpent**
		serpenter*
	un	serpentin*
	une	serpette
	une	serpillière
	le	serpolet
[S.]	un	cerceau
[T.]		**certain**
		certaine.ment
		certes
	un	certificat
		certifier*
	la	certitude
		serti.r*
[u.]	le	cérumen
	une	**serrure**
	la	serrurerie
	un.e	serrurier, -ière

[V.]	un	**cerf-volant**
	le	**cerveau**
	un	cervelas
	le	cervelet
	la	**cervelle**
		cervical.e, -aux
	une	**servante**
	un.e	serveur, -euse
		serviable*
	un	**service**
	être	**servi.e**
	une	serviette
		servile*
		servir
	un	serviteur
	la	servitude

[SéS.] [SèS.]

[ø.]	il/elle	**cesse**
	sans	cesse
[é.]		cesser*
	un	cessez-le-feu
	la	sécession*
[i.]	la	cécité
	une	cession *(=vente)*
	une	session *(=période)*

[SéT.] [SèT.]

[-]		cet
		(cet après-midi)
		sept (= 7)
	un	set *(de table)*
	un	set *(=une manche)*
[a.]	un	cétacé
		c'est-à-dire
[ø.]		**cette**
		(cette nuit)
		(cette fille)
[è.]		**c'était**
		(c'était beau)
		(c'était lui/elle)
		c'étaient *(eux)*
	il/elle	s'était...
	il/elle	*(s'était blessé.e)*
	eux, ils/elles	s'étaient trompé(e)s
	un	setter
[i.]		septième
[in.]		s'éteindre

[SéV.] [SèV.]

	la	**sève**
		sévère.ment
	la	sévérité
	les	sévices
		sévir

[SèY.]

		seyant.e

[SéZ.] [SèZ.]

	être	saisi.e
	une	saisie
		saisir
		saisissant.e
	un	saisissement
	une	**saison**
	(un.e)	saisonnier, -ière
		seize *(= 16)*
		seizième

[SF.]

	une	sphère
		sphérique
	un	sphinx

[Si.] [Sien.]

[Si]

	une	**scie**
		si
		(si tu veux)
	(elle est	si *grande*)
		s'y
	(il	s'y *trouve*)

[Sia.]

	le	cyanure*
	la	sciatique
		sciemment
		siamois.e

[Sian.]

	en	sciant
	la	science
	la	science-fiction
	les	**sciences**
		scientifique.ment

[SiB.]

	(une)	cible
		cibler*
	la	ciboulette
	le	ciboulot
		sibyllin.e

[SiK.]

[a.]	une	**cicatrice**
		cicatrisant.e
	la	cicatrisation
	être	cicatrisé.e*

[L.]	cyclable
un	cyclamen
un	cycle
	cyclique*
le	cyclisme
(un.e)	**cycliste**
un	cyclo-cross
un	cyclomoteur*
un	cyclone*
le	cyclotourisme
un.e	cyclotouriste

[SiD.]

du	cidre*
le	sida
un	side-car
être	sidéré.e*
la	sidérurgie
	sidérurgique
un	sidérurgiste

[Sié.][Siè.]

le	**ciel**
un	cierge
j'ai	scié
être	scié.e
	scier
un	**siècle**
un	**siège**
	siéger*
la/les	**sienne(s)**
la	sieste

[Sien.]

le	sien
les	siens

[SiF.]

	sifflant.e
un	sifflement
	siffler*
un	**sifflet**
(un.e)	siffleur, -euse
	siffloter*
un	siphon*

[SiG.]

une	cigale
un	cigare*
une	**cigarette**
une	cigogne
la	cigüe ou ciguë
un	sigle

[SiJ.]

	ci-gît ou ci-git
	ci-joint.e

[SiL.]

[-]	*un*	cil
		s'il...
		s'il *te plaît (ou plait)*
		s'il *vous plaît (ou plait)*
[a.]	*une*	**syllabe***
[an.]	*le*	**silence**
		silencieux
		silencieuse.ment
[è.]	*un*	silex
[i.]	*du*	silicone*
[in.]	*un*	cylindre*
	une	cylindrée
		cylindrique
[o.]	*un*	silo
[ou.]	*une*	silhouette*
[T.]		**s'il te plaît** ou **s'il te plait**
[V.]		**s'il vous plaît** ou **s'il vous plait**
	la	sylviculture*

[SiM.]

[a.]	*des*	simagrées
[an.]	*le*	**ciment**
	le	cimentage
		cimenter*
[∅.]	*la*	cime *(= sommet)*
	un	cimeterre
	un	cimetière
[é.]	*la*	symétrie
		symétrique.ment
[i.]		similaire*
	le	simili-cuir
	la	similitude
[ou.]	*le*	simoun
[u.]	*un*	simulacre
	une	simulation
		simuler*
	être	simultané.e*
		simultanément

[SiN.]•[SiGN.]

[a.]	*une*	synagogue
[é.]	*un.e*	cinéaste
	un	cinéclub
	le	**cinéma**
		cinématographique*
	une	sinécure
[i.]		cynique*
	(un)	sinistre*
	être	sinistré.e
•[ ]	*un*	cygne *(= oiseau)*
	un	**signal**
	un	signalement
		signaler*
	la	signalisation*

	(un.e)	signataire
	une	**signature**
	des	**signaux**
	un	**signe** *(= geste)*
		signer*
		significatif, -ive*
	la	signification
	ça	**signifie**
		signifier*
[o.]	*un*	synonyme*
[on.]		**sinon**
[u.]		sinueux, -euse
	une	sinuosité
	un	sinus*
	une	sinusite

[SiP.]

	un	cyprès *(= arbre)*
	pas	si près

[SiR.]

[a.]	*le*	**cirage**
[K.]	*la*	circoncision*
	une	circonférence
		circonflexe
	la	circonscription*
		circonspect.e*
	une	circonstance
		circonstanciel.le
	un	**circuit**
	une	circulaire
	la	**circulation**
		circulatoire
		circuler*
	un	**cirque**
[∅.][eu.]	*la*	cire
		cireux, -euse
		sire *(= le roi)*
[é.][è.]	*être*	ciré.e
		cirer*
	une	**sirène***
[i.]	*une*	scierie
[o.]	*la*	cirrhose*
	le	sirocco ou siroco
	du	**sirop**
	une	siroperie
		siroter*
[u.]		sirupeux, -euse

[SiS.]

	une	scission*
		sismique*
		six *(= 6)*
		systématique.ment*
	un	**système**

[SiT.]

[a.]	une	citadelle
		citadin.e
	une	citation
		si tard *(pas si tôt)*
[∅.]	un	site
[é.][è.]	une	**cité**
	une	cité-dortoir
	une	cité-jardin
		citer*
	une	**citerne**
[o.]		**si tôt** *(pas si tard)*
	pas de	sitôt
		sitôt *dit*
[oi.]	un.e	**citoyen.ne***
[R.]	un	**citron**
	une	citronnade*
	un	citronnier
	une	citrouille
[u.]	une	situation*
	être	situé.e
		situer*

[Siu.]

de la	sciure

[SiV.]

un	civet*
une	civière
(un)	**civil**
	civil.e.ment
la	civilisation*
être	civilisé.e*
	civique*

[SiY.]

le	sillage
un	sillon
	sillonner*

[SiZ.]

une	cisaille*
un	ciseau *(menuisier)*
des	**ciseaux**
	ciseler*
	sixième*

[Sin.]

[-]	c'est	**sain** *(bon pour la santé)*
	(un)	**saint** *(sainteté)*
	un	sein *(=poitrine)*
	au	sein de
	les	**seins**

[B.]	une	cymbale*
	un	saint-bernard
	un	**symbole**
		symbolique.ment
		symboliser*
[K.]		**cinq** *(= 5)*
	une	cinquantaine
		cinquante *(= 50)*
	le	cinquantenaire
	le	cinquantième
		cinquième
		synchroniser*
	une	syncope*
[D.]	le	saindoux
		scinder*
		syndical.e.ment
	le	syndicalisme
	(un.e)	syndicaliste
	un	syndicat
		syndicaux
	être	syndiqué.e
[F.]	le	sainfoin
	une	symphonie*
		symphonique
[G.]		cinglant.e
	être	cinglé.e
		cingler*
	se	singulariser*
	la	singularité
	(le)	**singulier**
		singulière.ment
[J.]	un	**singe**
		singer*
	une	singerie
[P.]		simple.ment
		simplet, -ète
	la	simplicité
	une	simplification
		simplifier*
		simpliste
	la	sympathie
		sympathique
		sympathiser*
		symptomatique
	un	**symptôme**
[S.]		sincère.ment
	la	sincérité
[T.]	une	**ceinture**
		ceinturer*
	un	ceinturon
	un	cintre
	être	cintré.e
	la	**sainte**.té
		scintillant.e
	un	scintillement
		scintiller*
	la	syntaxe*
	une	synthèse
		synthétique*
	un	synthétiseur*

[SL.]

un	slalom
	slave
un	slip
un	slogan
un	slow

[SM.]

un	smash*
un	smoking

[SN.]

un	snack-bar ou snack
	snif(f)
	snob.isme*

[So.]

[So]

le	**saut** *(= sauter)*
un	**sceau** *(= cachet)*
un	**seau** *(d'eau)*
(un)	**sot** *(=fou)*

[SoB.]

	sobre.ment
la	sobriété
un	sobriquet

[SoK.]

un	soc
	s'occuper
un	socket ou soquet
un	socle
une	socquette

[SoD.]

un	soda

[SoF.]

	sauf
un	sofa
	soft
	sophistiqué.e*

[SoG.]

	saugrenu.e

⫘➡ ⫘➡

[SoJ.]

la	sauge
le	soja

[SoL.]

[-]	le	**sol**
		sol *(= la note)*
[a.]		solennel.le*
		solennellement
[D.]	un	**soldat**
	une/un	solde
		solder*
[∅.]	un	saule *(= arbre)*
	une	sole *(= poisson)*
[è.]		solaire
	le	**soleil**
[F.]	le	solfège
		solfier*
[i.]		solidaire*
	la	solidarité*
		solide.ment
		solidifier*
	la	solidité
	un.e	soliste
		solitaire*
	la	**solitude**
		solliciter*
	la	sollicitude
	une	solive*
[o.]	un	solo
[S.]	le	solstice
[u.]		soluble*
	une	**solution***
[V.]		solvable*
	un	solvant

[SoM.]

[a.]		saumâtre
	une	sommation
[∅.]	une/un/en	somme
	un.e	sommelier, -ière
	nous	**sommes**
[é.][è.]	(un)	sommaire
		sommairement
	le	**sommeil**
		sommeiller*
		sommer* *(=ordonner)*
	le	**sommet**
[i.]	un	sommier
	une	sommité
[N.]	(un.e)	somnambule*
	(un)	somnifère
	la	somnolence
		somnolent.e
		somnoler*
[u.]	la	saumure*

[SoN.]

[a.]	un	sauna
	une	sonate*
[∅.]		**sonner***
[é.][è.]	une	sonnerie
	un	sonnet
	une	**sonnette**
[o.]		sonore
	la	sonorisation
		sonoriser*
	la	sonorité

[SoP.]

		saupoudrer*
		soporifique
	un.e	soprano

[SoR.]

[-]	un hareng	saur
	il/elle	**sort**
	un/le	sort
[a.]	il/elle	saura
[B.]	un	sorbet
	une	sorbetière
	un	sorbier
[D.]		sordide*
[é.]	je	saurai
	vous	saurez
[G.]	le	sorgho
[i.]	un	saurien
[N.]	des	sornettes
[on.]	nous	saurons
	eux, ils/elles	sauront
[S.]	la	sorcellerie
	un.e	**sorcier, -ière**
		sortant.e
[T.]	une	**sorte**
	être	sorti.e
	une	**sortie**
	un	sortilège
		sortir

[SoS.]

	la	**sauce***
	une	saucière
	une	**saucisse**
	un	**saucisson***
		sociable*
		social.e, -aux
		socialement
	le	socialisme
	(un.e)	socialiste
	(un.e)	sociétaire
	la	**société**
	la	sociologie*

[SoT.]

	en	sautant
	je/il/elle	**saute**
	une	saute *d'humeur*
	à	saute-mouton
		sauter*
	une	**sauterelle**
	(un.e)	sauteur, -euse
	un	sautillement
		sautiller*
	un	sautoir
	(une)	**sotte** *(=folle)*
	une	sottise*

[SoV.]

		sauvage.ment*
	la	sauvagerie
	être	sauvé.e
		sauvegarde.r
		sauve-qui-peut!
	(se)	**sauver**
	le	sauvetage
	un.e	sauveteur, -euse
	à la	sauvette
	un	sauveur
		soviétique*

[SoZ.]

un	sosie

[Soi.]

[-]	(chez)	**soi**
	la	soie
	(eux) qu'ils	soient
	qu'il/elle	**soit**
[D.]		soi-disant
[F.]	la	**soif**
[M.]		**soi-même**
[N.]		soignant.e
[GN.]	être	soigné.e
	(se)	**soigner***
		soigneux
		soigneuse.ment
[R.]	une	soierie
	le	**soir**
	une	soirée
[S.]		**soixante** *(= 60)*
		soixante-dix *(= 70)*
	une	soixantaine
		soixantième
[T.]		soit!
[Y.]		soyeux, -euse
		soyez

[Soin.]

le/j'ai	**soin**

[Son.]

[-]		**son** (= le sien)
		(son *papa*)
		(son *devoir*)
	le	son (= bruit)
	eux, ils/elles	**sont**
[B.]		**sombre**
		sombrer*
	un	sombrero
[D.]	un	sondage
	une	sonde
		sonder*
[J.]	un/il	songe
		songer*
	une	songerie
		songeur, -euse
[P.]		somptueux, -euse.ment*

[Sou.]

[Sou]

	un	sou
	il est	soûl ou soul ou saoul (= *ivre*)
	des	sous
		sous (= *en dessous*)

[SouB.]

	un	soubassement
	un	soubresaut
	un	sous-bois

[SouK.]

	une	soucoupe
	un	souk
		sous-cutané.e

[SouCH.]

	une	souche

[SouD.]

		soudain
		soudaine.ment*
		souder*
	un.e	soudeur, -euse
		soudoyer
	une	soudure
	(un.e)	sous-développé.e*

[Soué.][Souè.]

	un	souhait
		souhaitable
		souhaiter*

[SouF.]

[è.]	j'ai	**souffert**
[L.]		soufflant.e
	un/le	souffle
		souffler*
	une	soufflerie
	un	soufflet
	un.e	souffleur, -euse
[R.]	du	soufre*
	la	souffrance
		souffrant.e
	je/il/elle	souffre
	un.e	souffre-douleur
		souffreteux, -euse
		souffrir

[SouL.]

[-]	il est	soûl ou soul ou saoul
[a.]	un	soulagement
	être	soulagé.e
	(se)	soulager*
[ø.][é.][è.]	elle est	soûle ou soule ou saoule (= *ivre*)
	se	soûler ou souler ou saouler*
	un	soulèvement
		soulever*
[i.]	un	**soulier**
		souligner*

[SouM.]

		soumettre
		soumis.e
	une	soumission*
	un	sous-marin

[SouP.]

[a.]	une	soupape
[an.]	une	soupente
[ø.][e.][é.]	la	**soupe**
		souper*
	(le)	souper
		soupeser*
[i.]	une	soupière
	un	soupir
	un	soupirail
	un.e	soupirant.e
	des	soupiraux
		soupirer*
[L.]		**souple***
	la	souplesse
[R.]	une	sous-préfecture
	un.e	sous-préfet, -ète
	un	sous-produit
[S.]	un	soupçon
		soupçonner*
		soupçonneux, -euse

[SouR.]

[-]		**sourd**
[D.]		**sourde.ment**
		sourde-muette
	une	sourdine
[i.]	j'ai	souri
		souriant.e
	un	souriceau
	une	souricière
	(un)	**sourire**
	une	**souris**
[M.]	un	sourd-muet
[N.]		sournois.e.ment*
[S.]	une	**source**
	un	sourcier
	un	sourcil
		sourcilier, -ière
		sourciller*

[SouS.]

	un	**souci**
	se	soucier
		soucieux, -euse*
	une	souscription*
		souscrire
	un	sous-sol
	une	soustraction
		soustraire

[SouT.]

[a.]	une	sous-tasse
	une	soutane
[ø.][e.]	une	soute
		soutenable
		soutenir
	être	soutenu.e
[è.]		sous terre
	(un)	souterrain
		souterraine
[i.]	un	sous-titre
	un	soutien
	un	soutien-gorge
		soutirer*

[SouV.]

[an.]		**souvent**
[ø.][e.]	(se)	**souvenir**
	(un)	souverain
		souverain.e*
	la	souveraineté
[è.]	un	sous-verre
	un	sous-vêtement
[i.]	ils/elles se	souviennent
	je me	souviens
	il/elle se	souvient

[SouY.]

être	souillé.e
	souiller*
une	souillon
une	souillure

[SouZ.]

	sous-alimenté.e*
	sous-entendu.e
	sous-estimer*
	sous-évaluer*
	sous-exploiter*
un	sous-officier

[SP.]

[SPa.]

	spacieux, -euse*
des	**spaghetti(s)**
un	sparadrap
un	spasme
	spasmodique
	spatial.e, -aux*
une	spatule*

[SPé.][SPè.]

[K.]	*un*	**spectacle**
		spectaculaire
	un.e	**spectateur, -trice**
	un	spectre*
	un.e	spéculateur, -trice*
	une	spéculation
		spéculer*
[L.]	*la*	spéléologie*
	un.e	spéléologue
[R.]	*un*	spermatozoïde
	le	sperme
[S.]		**spécial.e, -aux**
		spécialement
	une	spécialisation
	(se)	spécialiser
	(un.e)	spécialiste
	une	spécialité
		spécifier*
		spécifique*
	un	spécimen

[SPi.]

un	speaker
une	speakerine
une	spirale*
le	spiritisme*
la	spiritualité*
	spirituel.le*
	spiritueux, -euse

[SPL.]

la	splendeur
	splendide

[SPo.]

	spolier*
	sporadique.ment
une	spore *(=semence)*
un/le	**sport**
	sportif, -ive.ment*
un	spot

[SPon.]

	spongieux, -euse
	sponsor.iser*
	spontané.ment
la	spontanéité*

[SPR.]

un	spray
le	sprint
	sprinter*
un.e	sprinteur, -euse

[SR.]

un	thriller

[ST.]

[STa.]

[B.]		stabiliser*
	la	stabilité
		stable
[D.]	*un*	**stade**
[G.]		stagnant.e
	la	stagnation
		stagner*
[J.]	*un*	**stage**
	(un.e)	stagiaire
[L.]	*un*	stalactite
	une	stalagmite
	une	stalle
[R.]	*une*	star
	un	starter
[S.]	*une*	**station**
		stationnaire
	le	**stationnement**
		stationner*
	une	station-service
[T.]	*une*	statistique*
	une	**statue**
		statuer*
	une	statuette
	un	statu quo
	une	stature

[STan.]

un	stand
	standard
la	standardisation
	standardiser*
un.e	standardiste
le	stand-by
le	standing
un	stentor

[STé.][STè.]

[K.]	*un*	steak
[L.]	*une*	stèle
[N.]	*la*	sténo
	un.e	sténodactylo*
		sténographie.r
[P.]	*la*	steppe
[R.]	*un*	stère
	la	stéréo
	la	stéréophonie
		stéréophonique
	un	stéréotype
	être	stéréotypé.e
		stérile*
	la	stérilisation*
		stériliser*
	la	stérilité
	le	sternum
[T.]	*un*	stéthoscope

[STi.]

[K.]	*un*	stick
[G.]		stigmatiser
[L.]	*un*	style
	être	stylé.e
	un	stylet
	être	stylisé.e*
	un.e	styliste*
	un	**stylo**
	un	stylo-bille
	un	stylo-feutre
[M.]		stimulant.e
		stimuler*
[P.]		steeple (-chase)
		stipuler*
[W.]	*un*	steward

[STo.]

[K.]	*un*	stock*
		stocker*
[i.]		stoïque.ment*
[P.]		**stop**
	l'auto-	stop
		stopper*
	un.e auto-	stoppeur, -euse
[R.]	*un*	store

[STR.]

[a.]	le	strabisme
	un	strapontin
	un	stratagème
	une	strate
	une	stratégie
		stratégique
		stratifié.e*
	la	stratosphère
[an.]	une	strangulation
[è.]	le	stress*
[i.]		strict.e.ment
		strident.e*
	une	strie
	être	strié.e*
	le	strip-tease*
[o.]	une	strophe
[u.]	une	structure*

[STu.]

	le	stuc*
		studieux, -euse
	un	studio
	la	stupéfaction
		stupéfait.e
		stupéfiant.e
		stupéfier*
	la	stupeur
		stupide.ment
	la	stupidité

[Su.] •[Sui.]

[Su]

	j'ai	**su**
	je/il/elle	sue *(= suer)*

[SuB.]

[a.]		subalterne
[D.]		subdiviser*
	une	subdivision
[i.]	(j'ai)	subi
		subir
		subit.e.ment
[J.]		subjectif
		subjective.ment
	le	subjonctif
		subjuguer*
[L.]		sublime*
[M.]		submerger*
	un	submersible*
[o.]		subodorer*
	la	subordination
	être	subordonné.e*

[R.]		subreptice.ment
[S.]	une	substance
		substantiel.le.ment
	un	substantif*
		substituer*
	une	substitution
[T.]		subtil.e
		subtiliser*
	la	subtilité
[V.]		subvenir
		subvention.ner*
		subversif, -ive*
[Z.]	un	subside*
		subsidiaire
		subsidier
	la	subsistance*
		subsister*

[SuK.] °[SuKS.]

[-]	le	suc *(des plantes)*
[on.]		succomber*
[R.]	le	**sucre**
	être	sucré.e*
	une	sucrerie
	(un)	sucrier, -ière
°[ ]	un	succédané
		succéder*
	le	**succès**
	un	successeur
		successif, -ive.ment
	la	succession
		succinct.e.ment
	la	succion
[u.]		succulent.e
	une	succursale*

[SuD.]

	le	**sud**
		sudiste
	le	sud-ouest

[Sué.][Suè.]

	un	suaire
	une	suée
		suer*

[Sueur.]

	la	**sueur**

[SuF.]

[i.]	il a	suffi
		suffire
		suffisamment
	la	suffisance
		suffisant.e
	ça	suffit
	un	suffixe

[o.]		suffocant.e*
		suffoquer*
[R.]	un	suffrage*

[SuG.]

		suggérer*
		suggestif, -ive*
	une	suggestion*

•[Sui.]

[-]	la	suie
	je	**suis**
	il/elle	suit *(= suivre)*
[F.]	le	suif
[S.]		suicidaire
	un	suicide
	se	suicider*
[T.]	la	**suite**
[V.]		**suivant.e**
	(un.e)	suiveur, -euse
	j'ai	**suivi**
	être	suivi.e*
		suivre

[Suin.]

	un	suintement
		suinter*

[SuJ.]

	le	**sujet**

[SuL.]

	un.e	sultan.e

[SuP.]

[é.][è.]		**super**
		superbe*
	un	supercarburant
	une	supercherie
	la	superficie
		superficiel.le.ment
		superflu.e
		supérieur.e
	la	supériorité
	un	**supermarché**
		superposer
	une	superposition
		supersonique
[L.]		supplanter*
	un.e	suppléant.e*
		suppléer*
	un	**supplément**
		supplémentaire
	une	supplication
	un	supplice*
		supplier*

[o.]	un	support
		supportable
		supporter*
		supposer*
	une	supposition
	un	suppositoire
[R.]	la	suprématie*
		suprême.ment
	la	suppression
		supprimer*
[S.]	une	substance
		substantiel.lement
	un	substantif*
		substituer*
[T.]		subtil.e
		subtiliser*
	la	subtilité
[u.]		suppurer*

[SuR.]

[-]		**sur** (= dessus)
	c'est/il est	**sûr**
		sur (= le goût)
[a.]		surabondant.e*
		suralimenter*
	être	suranné.e
[an.]	une	surenchère*
[K.]		surclasser*
	un/de	surcroît ou surcroit
[CH.]		surcharge.r*
		surchauffe.r*
[D.]	la	surdité
[ø.]	elle est	**sûre**
		sûrement ou **surement**
	la	sûreté ou sureté
[é.][è.]		suraigu.ë ou suraigü.e
	être	surélevé.e*
		surestimer*
	être	surexcité.e*
	(un.e)	surréaliste*
[F.]	une	**surface***
		surfait.e
[J.]		surgeler*
	il/elle a	surgi
		surgir*
[L.]		sur-le-champ
	le	surlendemain
[M.]		**sûrement** ou **surement**
	le	surmenage
	être	surmené.e*
		surmonter*
[N.]		surnager*
	être	surnaturel.le
	un	surnombre
		surnom.mer*

[P.]	(se)	surpasser
	être	surpeuplé.e
	le	surpeuplement
		surplomb.er*
	le	surplus
	la	surpopulation
		surprenant.e
		surprendre
	être	**surpris.e**
	une	**surprise**
	une	surproduction
[S.]	un	sursaut
		sursauter*
	un/en	sursis
[T.]	la	sûreté ou sureté
		surtout
[u.]		surhumain.e
[V.]	la	surveillance
	un.e	surveillant.e
	être	surveillé.e
	(se)	**surveiller***
		survenir
	un	survêtement
	la	survie
	il/elle	survient
	la	survivance
		survivant.e
		survivre
	le	survol
		survoler*
	être	survolté.e*

[SuS.]

[-]	en	sus
		sus à...
[ø.][é.]	je/il/elle	suce
	eux, ils/elles	sucent
		sucer*
	une	**sucette**
	la	susceptibilité
		susceptible
[i.]	la	succion
		susciter*
[P.]		suspect.e
		suspecter*
		suspendre
		suspendu
	en	suspens (en attente)
	le	suspense
	la	suspension*
	la	suspicion*
[u.]		susurrer*

[SuT.]

	une	suture*

[SuZ.]

	un.e	suzerain.e

[SV.]

	être	svelte
	la	sveltesse

[Ta.]

[Ta]

		ta (= la tienne)
		(ta maison)
	il/elle/on	**t'a...**
	(il	t'a frappé.e)
	un	tas

[TaB.]

[a.]	le	tabac
	la	tabagie
	le	tabagisme
		tabasser
	une	tabatière
[è.]	un	tabernacle
[i.]	tu	t'habilles
[L.]	une	**table**
	un	**tableau**
		tabler*
	une	tablette
	un	**tablier**
[ou.]		tabou
	un	**tabouret**

[TaK.] •[TaKS.]

[è.]	un	taquet
[i.][in.]		taquin.e.r*
	une	taquinerie
[o.]	un	tacot
•[ ]	une	**taxe**
	être	taxé.e
		taxer*
	un	**taxi**
	un.e	taxidermiste
[T.]	le	tact
	une	tactique

134-135

[TaCH.]

	une	**tache** (= saleté)*
	une	**tâche** (= travail)
	être	taché.e (= sali.e)
	(se)	**tacher** (= salir)
	je vais	**tâcher** (= essayer)
	être	tacheté.e
	je vais	t'acheter qq chose

[TaF.]

le	taffetas

[TaG.]

un	tag

[TaL.]

[an.]	un	**talent**
		talentueux, -euse.ment
[K.]	du	talc
	un	talkie-walkie
		talquer*
[i.]	un	talisman*
[o.][on.]	une	taloche*
	un	**talon**
		talonner*
[u.]	un	talus

[TaM.]

un	tamanoir
un	tamaris
un	tamis
être	tamisé.e*
le	tam-tam

[TaN.]

une	tanière
le	tannage
	tanner*
une	tannerie
un.e	tanneur, -euse

[TaP.]

[a.]	le	tapage
		tapageur, -euse*
[ø.]	une/il/elle	tape
[é.][è.]		**taper***
	une	tapette
[i.]	en	tapinois
	du	tapioca
	un/se	tapir
	un	**tapis**
	le	tapissage
		tapisser*
	une	tapisserie
	un.e	tapissier, -ière
[o.]		tapoter*

[TaR.]

[-]		**tard**
[a.]	être	tarabiscoté.e*
		tarabuster*
[an.]	une	tarentule
[D.]		tarder
		tardif, -ive.ment

(continued)

[ø][é.]	la/une	tare
	être	taré.e
[G.]	se	targuer
[i.]	un	tarif*
		tarir
[J.]	une	targette
[o.]		tarauder*
	un	tarot*
[T.]		tartare
	une	**tarte**
	une	tartelette
	une	**tartine**
		tartiner*
	le	tartre*

[TaS.]

	tacite*
	taciturne
une	**tasse**
être	tassé.e
un	tassement
	tasser*

[TaT.]

un	tatami
	tâter*
	tatillon.ne
à	tâtons
le	tâtonnement
	tâtonner*
un	tatou
le	tatouage
	tatouer*

[TaV.]

être	tavelé.e*
une	taverne*

[TaY.]

la	**taille**
	taillader*
un	**taille-crayon**
	tailler*
un.e	tailleur, -euse
un	taillis

[Tan.]

[-]		**tant** (= tellement)
	un	taon (= insecte)
	le	**temps**
	à	temps
	en même	temps
	il/elle	tend (= tendre)
[B.]	un	**tambour**
	(un)	tambourin.er*

(continued)

[K.]	un	tank
		tant que...
	en	tant que...
[CH.]	une	tanche
[D.]	un	tandem
		tandis que
	il y a	**tant de...**
	une	tendance
		tendancieux, -euse
	un.e	tendeur, -euse
	la	tenderie
	une	tendinite
	un	tendon
		tendre.ment
	la	**tendresse**
	la	tendreté
	être	**tendu.e**
[G.]	le	tangage*
	(le)	tango
		tanguer*
[J.]	la	tangente*
		tangible*
[M.]		**tant mieux**
[P.]	un	tampon
		tamponner*
		tamponneur, -euse
		tant pis
	une/la	tempe
	le	tempérament
	la	tempérance*
	la	**température**
	être	tempéré.e*
	une	**tempête***
		tempêter
		tempétueux, -euse
	un	**temple***
		temporaire.ment
		temporal.e, -aux
		temporel.le
		temporiser*
[S.]	la	**tension***
[T.]	une/ma	**tante** de mon oncle
	un	tantinet
		tantôt
	un	tentacule
		tentaculaire
		tentant.e
	(un.e)	tentateur, -trice
	la	tentation
	une	tentative
	une	**tente** de camping
	il/elle	tente (= tenter)
	être	tenté.e
		tenter
	une	tenture
[Z.]	de	**temps en temps**

⟾   ⟾

[Te.]

[-]		**te**
[N.]		tenable
		tenace*
	une	tenaille
		tenailler*
	des	**tenailles**
	un.e	tenancier, -ière
	en	tenant
		tenant.e
	la	teneur
	(vous)	tenez
		tenir
	(nous)	tenons
	être	**tenu.e**
	la	**tenue**
[R.]	*le*	turf
	un.e	turfiste

[Té.][Tè.]

[Té][Tè]

	je	**t'ai...**
	(je	t'ai *touché.e)*
	une	taie *d'oreiller*
		tes (= *les tiens*)
		(tes *affaires*)
	tu	t'es...
	(tu	t'es *trompé.e)*
	du	thé

[Téa.]

		théâtral.e*
	le	**théâtre**

[TèK.] '[TèKS.]

[-]	*le*	teck ou tek
[è.]	*un*	teckel
[N.]	*(la)*	**technique**
		techniquement
	un.e	technicien.ne*
	la	techno
	la	technologie*
•[ ]	*un*	**texte**
	(le)	**textile**
		textuel.le.ment
	la	texture*

[Téi.]

	une	théière*

[TéJ.]

	un	T.G.V.

[TéL.][TèL.]

[TèL.][TèL∅.]

	(un)	**tel**
	(unc)	**telle**
		tellement

[TéLé.][TéLè.]

[-]	*la*	**télé**
[K.]	*une*	télécabine
	être	télécommandé.e
		télécommande.r*
	une	télécommunication
	un	télex*
[F.]	*un*	téléfilm
	un	téléphérique ou
		téléférique
	le	**téléphone***
		téléphoner*
		téléphonique*
[G.]	*un*	**télégramme**
	le	télégraphe
		télégraphier*
		télégraphique
	un.e	télégraphiste
	être	**téléguidé.e***
[M.]	*la*	télématique
[o.]	*un*	téléobjectif
[P.]	*la*	télépathie*
[S.]	*un*	télescope
	(se)	télescoper*
		télescopique
	un	télésiège
	un	téléski
	un.e	téléspectateur, -trice
[u.]		tellurique
[V.]	*être*	télévisé.e*
	un	téléviseur
	la	**télévision**
		télévisuel.le

[TéM.][TèM.]

		téméraire*
	la	témérité
	un	témoignage
		témoigner*
	un	témoin
	un	tempo
	un	thème*

[TéN.] '[TèGN.]

[a.]	*la*	ténacité
[é.][è.]	*les*	ténèbres
		ténébreux, -euse
[i.]	*le*	ténia
	le	**tennis**
•[ ]	*une*	teigne*
[o.]	*un*	ténor
[u.]		ténu.e

[Téo.]

	la	théologie*
	un	théorème
	la	théorie
		théorique.ment

[TéR.][TèR.]

[-]		ter (= *3ème*)
[a.]	*une*	terrasse
	un	terrassement
		terrasser*
	un	terrassier
		terre à terre
	(une)	thérapeutique*
[∅.][e.]	*se*	**taire**
[eu.]	*la*	**terre**
		terreux, -euse
	la	terreur
[é.][è.]	*la*	térébenthine*
	être	terré.e
	se	terrer
		terrestre
[G.]	*le*	tergal
[i.]		**terrible.ment**
		terrien.ne
	un	terrier
		terrifiant.e
		terrifier*
	un	terril ou terri
	une	terrine
	un	**territoire**
		territorial.e, -aux*
[in.]	*un*	**terrain**
[J.]		tergiverser*
[M.]	*un/le*	terme
	la	terminaison
	la	terminale
		terminal.e, -aux
		terminer*
	la	terminologie*
	un	terminus
	un	termite
	une	termitière
		thermal.e, -aux*
	les	thermes (=*bain*)
		thermique*
	un	**thermomètre**
		thermonucléaire
	un.e	thermos
	un	thermostat*

IIII➡   IIII➡

[N.]		terne
		terni.r*
[o.]	le	terreau
	être	terrorisé.e*
	le	terrorisme
	(un.e)	terroriste
[oi.]	le	terroir
[P.]	un	terre-plein
[S.]	(le)	tertiaire*
		tertio
[T.]	un	tertre

[TèS.]

un	tesson
un	**test**
un	testament*
	tester*
un	testeur
un	testicule*

[TéT.] [TèT.]

[a.]	le	tétanos*
	un	têtard
[∅.]	la	**tête**
	un	tête-à-queue
	un	tête-à-tête
		tête-bêche
[é.]	une	tétée
		téter*
[i.]	une	tétine
[oi.]		tais-toi
[u.]	être	têtu.e

[TèZ.]

qu'il se	taise
	thésauriser*
une	thèse

[Ti.] •[Tien.]

[TiB.]

un	tibia

[TiK.]

un	tic
une	tique
	tiquer*
un	**ticket**
le	tic-tac

[TiCH.]

un	tee-shirt ou T-shirt

['Tiè.]

		tiède*
la		tiédeur
		tiédir*
la		**tienne** (= à toi)
les		tiennes
eux, ils/elles		tiennent (= tenir)
le		tiercé
un/le		tiers

•[Tien]

le	**tien** (= à toi)
il/elle	tiendra
je	tiendrai
	tiens !
je/tu	tiens
	tiens-toi bien !
il/elle	**tient**

[TiF.]

un	typhon

[TiG.]

un	**tigre**
être	tigré.e
une	tigresse

[TiJ.]

une	**tige**

[TiM.]

	timide
	timidement
la	timidité
un	timonier*
être	timoré.e

[TiN.] [TiGN.]

une	tignasse

[Tiou.]

un	tuner

[TiP.]

un	**type***
	typique
	typiquement
un.e	typographe
	typographie.r*

[TiR.]

[-]	le	**tir**
[a.]	une	tirade
	le	tirage

	un	tiraillement
		tirailler*
	un	tirailleur
	la	tyrannie
		tyrannique
		tyranniser*
[an.]	en	tirant
	un	tirant d'eau
	un/le	tyran (=dictateur)
[∅.] [e.]	un	tire-bouchon
[eu.]	à	tire d'aile
	une	**tirelire**
	un.e	tireur, -euse
[é.] [è.]		**tirer***
	un	tiret
	une	tirette
[o.]	la	thyroïde*
[oi.]	un	**tiroir**
	un	tiroir-caisse

[TiS.]

le	tissage
	tisser*
un.e	tisserand.e
un	**tissu**

[TiT.]

un	**titre***
	tituber*
(un.e)	titulaire
	titulariser*

[TiY.]

un	tilleul

[TiZ.]

une	tisane
un	tison
	tisonner*
un	tisonnier

[Tin.]

[-]	le	tain (du miroir)
	le	**teint** (= couleur)
	du	thym (= plante)
[B.]	une	timbale*
	un	**timbre**
	être	timbré.e
		timbrer*
[D.]		teindre
[P.]	le	tympan*
[T.]	une	**teinte** (= couleur)
	être	teinté.e
		teinter (= colorer)*
	une	teinture.rie
	un.e	teinturier, -ière

⫸ ⫸

le		tintamarre
le		tintement
		tinter *(= sonner)**

[To.]

[To]

le		taux *(= %)*
c'est		**tôt**

[ToB.]

un		**toboggan**

[ToK.] [ToKS.]

le/du		toc
le		tocsin
une		toquade ou tocade
une		toque
		toquer*
		toxique*

[ToD.]

un		taudis

[ToJ.]

une		toge

[ToL.]

la		taule *(= prison)* ou tôle
une		tôle *(=métal)**
		tolérable
la		tolérance
		tolérant.e
		tolérer*
un		tollé

[ToM.]

une		**tomate**
un		tome
la		tomme ou tome
une		tommette ou tomette

[ToN.]

[a.]	la	tonalité
	un	tonnage
[∅.]	une	**tonne**
[é.] [è.]	un	tonnelet
	un	tonnelier
	une	tonnelle
		tonner*
	le	**tonnerre**
[i.]		tonifier*
		tonique
		tonitruant.e*

[o.]	un	**tonneau**
[u.]	le	tonus

[ToP.]

une		**taupe***
une		taupinière
une		topaze
un		top-modèle ou top-model
le		top-niveau
la		topographie*

[ToR.]

[-]	il/elle	tord *(= tordre)*
	avoir	**tort**
[a.]	le	thorax*
[an.]	un	**torrent**
		torrentiel.le*
[CH.]	une	torche*
	le	torchis
	un	**torchon**
		torchonner*
[D.]		tordant.e
		tordre
	être	tordu.e
[é.]	un	toréador
		torréfier*
[i.]		torride
[N.]	une	tornade
[o.]	un	**taureau**
	la	tauromachie*
[P.]	la	torpeur
	une	**torpille**
		torpiller*
[S.]	une	torsade*
	(le)	torse
	une	torsion
[T.]	un	torticolis
	se	tortiller*
	une	**tortue**
		tortueux, -euse*
	la	**torture**
	être	torturé.e
		torturer*

[ToS.]

un		toast*

[ToT.]

(le)		**total**
		totale.ment
		totaliser*
		totalitaire*
la		totalité
les		totaux
un		totem

[Toi.]

c'est		**toi**
		toi *et moi*
une		**toile**
la		**toilette***
aux/les		toilettes
		toi-même
une		toise
		toiser*
une		toison
un		**toit**
une		**toiture**

[Ton.]

[-]	le/du	**thon** *(= poisson)*
		ton *(= le tien)*
		(ton *papa*)
	le	ton *(= la voix)*
	le	ton *(= couleur)*
	il/elle	tond *(= tondre)*
	eux, ils/elles	**t'ont...**
	(ils	t'ont *poussé.e*)
[B.]		tombal.e
	en	**tombant**
	un	tombeau
	une	**tombe**
	je/il/elle	tombe
	la	tombée
	être	tombé.e
	un	tombereau
		tomber*
	la	**tombola**
[D.]	une	tondeuse
		tondre
	être	tondu.e
[S.]	la	tonsure
[T.]	la	tonte
		tonton

[Tou.]

[Tou]

		tout
c'est		tout
la		toux *(= tousser)*

[TouK.]

un		toucan

[TouCH.]

(une)		touche
un.e		touche-à-tout

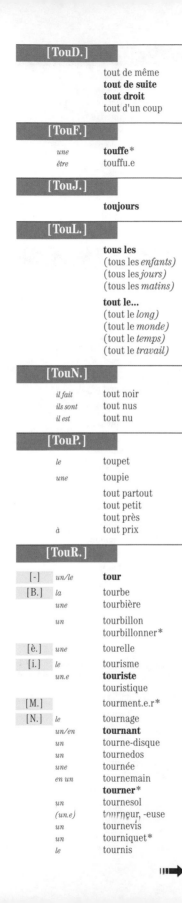

[TouD.]

tout de même
tout de suite
tout droit
tout d'un coup

[TouF.]

une	**touffe***
être	touffu.e

[TouJ.]

toujours

[TouL.]

tous les
(tous les *enfants*)
(tous les *jours*)
(tous les *matins*)
tout le...
(tout le *long*)
(tout le *monde*)
(tout le *temps*)
(tout le *travail*)

[TouN.]

il fait	tout noir
ils sont	tout nus
il est	tout nu

[TouP.]

le	toupet
une	toupie
	tout partout
	tout petit
	tout près
à	tout prix

[TouR.]

[-]	un/le	**tour**
[B.]	la	tourbe
	une	tourbière
	un	tourbillon
		tourbillonner*
[è.]	une	tourelle
[i.]	le	tourisme
	un.e	**touriste**
		touristique
[M.]		tourment.e.r*
[N.]	le	tournage
	un/en	**tournant**
	un	tourne-disque
	un	tournedos
	une	tournée
	en un	tournemain
		tourner*
	un	tournesol
	(un.e)	tourneur, -euse
	un	tournevis
	un	tourniquet*
	le	tournis

un	tournoi
le	tournoiement
	tournoyer*
une	tournure
un	tourteau
une	**tourterelle***

[TouS.]

	tous
la	**Toussaint**
	tousser*
un	toussotement
	toussoter*
il est	**tout seul**

[TouT.]

[a.]		**tout à fait**
		tout à coup
	un	tout-à-l'égout
		tout à l'heure
[ø.]		toutefois
		toute la...
		(toute la *journée*)
		toutes les
		(toutes les *couleurs*)
	elle est	toute nue
	elle est	toute seule
		toutes sortes
[è.]		tout-terrain
[o.]		tout autour

[TouV.]

le	tout-venant

[TouZ.]

tous ensemble

[TR.]

[TRa.]

[K.]	le	trac
[KS.]	un	tracas
	se	tracasser*
	une	tracasserie
	une	traction
	un	tract
	une	tractation
	un	**tracteur***
	un	traquenard
		traquer*
[CH.]	la	trachée
[D.]	une	tradition
		traditionaliste*
		traditionnel.le.ment

	un.e	traducteur, -trice
	une	traduction
		traduire
[F.]	le	trafic
	un.e	trafiquant.e
		trafiquer*
[i.]		trahir
	une	trahison
[J.]	une	tragédie
		tragique.ment
	une	trajectoire
	un	trajet
[M.]	un	tram
	(une)	trame.r*
	un	tramway
[P.]	un	trapèze
	un.e	trapéziste
	une	trappe
	un	trappeur
		trapu.e
[S.]	une	trace
	j'ai	tracé
	un	tracé
		tracer*
[V.]	un/le	**travail**
	en	travaillant
		travailler*
	un.e	travailleur, -euse
	des	**travaux**
	une	travée
	à/de	**travers**
	une	traversée
		traverser*
	un	traversin*
	se	travestir*

[TRan.]

[B.]		tremblant.e
	un peuplier	tremble
	un	tremblement
		trembler*
		trembloter*
[K.]		**tranquille.ment**
		tranquillisant.e
		tranquilliser*
	la	tranquillité
[CH.]		tranchant.e
	une	**tranche**
	une	tranchée
		trancher*
[P.]	un	trampoline
	être	trempé.e
	(se)	**tremper***
	un	tremplin
[S.]		transcrire*
	une	transe
		transférer*
	un	transfert

transfigurer*

transformateur, -trice

une transformation*

être transformé.e

(se) **transformer**

transfrontalier, -ière

un transfuge

une transfusion*

transgresser*

translucide*

transmettre

transmissible*

la transmission

transparaître ou transparaitre

la transparence

transparent.e

transpercer*

la transpiration

transpirer*

une transplantation

transplanter*

le transport

transporter*

un transporteur*

transvaser*

transversal.e, -aux

[T.] **trente** = *30*

une trentaine

trentième

[Z.] une transaction

un(e) transat

(un) transatlantique

la transhumance*

transi.e

transiger*

un transistor*

le transit*

transitif, -ive

la transition*

transitoire

[TRe.]

un treuil*

[TRé.][TRè.]

[-] un **trait**

il/elle trait (= *traire*)

très

(très *beau*)

(très *vite*)

[B.] trébucher*

[D.] un trait d'union

[F.] un trèfle*

[M.] un tréma

un trémolo

se trémousser*

[N.] traînard.e ou trainard.e

(à) la traîne ou traine

un **traîneau** ou **traineau**

une traînée ou trainée

traîner* ou **trainer***

[P.] le trépas

trépasser*

trépidant.e

la trépidation

un trépied

trépigner*

[R.] traire

[S.] un tressaillement

tressaillir

tressauter*

une **tresse**

tresser*

[T.] traitant.e

une traite

un traité

être traité.e

un traitement

traiter*

un traiteur

(un.e) traître.sse ou traitre.sse

la traîtrise ou traitrise

un tréteau

[V.] une trêve

[Y.] une trayeuse*

un treillage*

une treille

un treillis*

[Z.] **treize** *(= 13)*

treizième*

un **trésor**

la trésorerie

un.e trésorier, -ière

[TRi.]

[-] un tri

il/elle trie

[a.] le triage

[an.] un **triangle**

triangulaire*

en triant

[B.] à tribord

une tribu

les tribulations

un **tribunal**

les tribunaux

une tribune

un tribut

tributaire

[K.] tricolore

un **tricot**

tricoter*

une trique

[CH.] **tricher***

une tricherie

(un.e) tricheur, -eusc

[D.] un trident*

[é.] **trier***

[M.] un trimaran

trimer*

un trimestre

trimestriel.le.ment

[o.] un trio

[on.] triomphal.e, -aux*

triomphant.e

triomphateur, -trice

un **triomphe**

triompher*

[P.] des tripes

triple*

un triplé

tripler*

des triplés, -ées

un triporteur

une tripotée

tripoter*

[S.] un tricycle*

triste.ment

la **tristesse**

[T.] un triton

triturer*

[V.] trivial.e, -aux*

[Y.] une trille*

[TRin.]

un **train**

en train *de*

le train-train ou traintrain

trimbaler ou trimballer*

une tringle*

trinquer*

[TRo.]

[-] (c'est) **trop**

le trot (= *trotter*)

[K.] le troc

troquer*

[è.] le troène

[F.] un trophée

[G.] un troglodyte*

[ï.] une troïka

[L.] un trolley.bus

[M.] traumatiser*

un traumatisme

[N.] une trogne

[GN.] un trognon

un trône

trôner*

[P.]		tropical.e, -aux*
	(un)	tropique
	un	trop-plein
[T.]		**trop tard**
		trop tôt
		trotter*
	(un.e)	trotteur, -euse
		trottiner*
	une	**trottinette**
	un	**trottoir**

[TRoi.]

		trois (= 3)
		troisième.ment
	les	trois-quarts

[TRon.]

[-]	un	**tronc**
[B.]	une/en	trombe
	un	tromblon
	un	trombone*
[K.]		tronquer*
[P.]	une	trompe
	je me suis	trompé.e
	un/en	trompe-l'œil
	(se)	**tromper***
	une	tromperie
	une	**trompette**
	un.e	trompettiste
	(un.e)	trompeur, -euse
[S.]	un	tronçon
		tronçonner*
	une	tronçonneuse

[TRou.]

[-]	un	**trou**
	des	trous
[B.]	un	troubadour
		troublant.e
	le	trouble
	être	troublé.e
	un.e	trouble-fête
	(se)	**troubler**
[é.]	être	troué.e
	une	trouée
		trouer
[P.]	une	**troupe**
	un	**troupeau**
[S.]	une	**trousse**
	un	trousseau
[V.]	une	trouvaille
		trouver*
	un	trouvère
[Y.]	la	trouille*

[TRu.]•[TRui.]

[an.]	un.e	truand.e*

[K.]	un	**truc**
	un	trucage ou truquage
		truculent.e*
	être	truqué.e*
[CH.]	le	truchement
[è.]	une	truelle*
[F.]	une	truffe
	être	truffé.e*
		truffer
•[ ]	une	truie (= cochon)
	une	**truite***

[TS.]

	un	tsar
	une mouche	tsé-tsé

[Tu.]•[Tui.]

[-]		**tu** (= toi)
		(tu es gentil)
	je/il/elle	**tue** (= tuer)
	il/elle s'est	tu.e (= se taire)
	eux, ils/elles	tuent
[B.]	un	tuba
	un	**tube**
		tubeless
	un	tubercule
		tuberculeux, -euse
	la	tuberculine*
	la	tuberculose
		tubulaire
	une	tubulure
[e.][eu.]	un.e	tueur, -euse
[é][è.]	être	tué.e
	(se)	tuer
		tu es...
		(tu es malade)
•[ ]	une	**tuile***
	un	**tuyau**
	la	tuyauterie*
	des	tuyaux
	une	tuyère
	du	tweed (= tissu)
[L.]	une	**tulipe***
	le	tulle*
[M.]		tue-mouches
	être	tuméfié.e*
	une	tumeur
	le	tumulte
		tumultueux, -euse*
[N.]	un	tuner
	une	tunique*
	un	**tunnel***

[R.]	une	tuerie
	un	turban
	une	turbine*
	(moteur)	turbo
	un	turbot (=poisson)
		turbulent.e*
	le	turf
	un.e	turfiste
	une	turpitude
	(une)	turquoise
[T.]	à	tue-tête
	la	tutelle*
	un.e	tuteur, -trice
	le	tutoiement
		tutoyer*
	un	tutu

[u.]•[ui.]

[u]

	j'ai	**eu**
	il/elle a	eu
	on a	eu
		hue! (= cheval)
	il/elle	hue (= crier)

[uB.]

	un	hublot
	l'	ubiquité*

[uCH.]

	une	huche

[ué.][uè.]

	les	huées
		huer*
	un	U.L.M.

•[ui.]

[K.]	à	huis clos
[L.]	de l'	**huile**
		huiler*
		huileux, -euse
[S.]	un	huissier*
[T.]		**huit**
	une	huitaine
		huitante
		huitième*
	une	huître ou huitre*

[uL.]

	un	hululement ou ululement
		hululer* ou ululer*
	un	ulcère
	être	ulcéré.e*

		ultérieur.e.ment
un		ultimatum
		ultime
un		ultrason*
		ultraviolet.te

[uM.]

[a.]		humanitaire*
	l'	humanité
[e.]	*l'*	**humeur**
	la bonne	humeur
[é.] [è.]		**humaine.ment**
		humecter*
		humer*
	l'	humérus
[i.]		**humide**
		humidifier*
	l'	humidité
		humiliant.e
	une	humiliation
	être	humilié.e*
	l'	humilité
[in.]		**humain**
[o.]		humoristique*
[ou.]	*l'*	**humour**
[u.]	*de l'*	humus

[uN.]

[a.]		unanime.ment*
	l'	unanimité*
[∅.]		**une**
		(une *maison*)
	les	unes
		unetelle
[i.]		unicolore
	être	uni.e.s
	une	unification
		unifier*
	(un)	uniforme
		uniformément
		uniformiser*
	l'	uniformité
		unijambiste
		unilatéral.e.ment
		unilingue
		unique
		uniquement
	l'	**union**
		unir
	à l'	unisson
		unitaire
	l'	**unité**
	l'	**univers**
	l'	universalité*
		universel.le
		universellement
		universitaire
	l'	**université**

[uP.]

	une	huppe
	être	huppé.e
	un	uppercut

[uR.]

[a.]	*l'*	uranium
[B.]		urbain.e
	l'	urbanisation*
	l'	urbanisme
	un.e	urbaniste
[i.]	*l'*	urine
		uriner*
	un	urinoir
[J.]	*l'*	urgence
		urgent.e*
[L.]	*un*	hurlement
		hurler*
	un.e	hurluberlu.e
[N.]	*une*	urne
[T.]	*l'/une*	urticaire

[uS.]

	un.e	hussard.e
	les	us
	un	ustensile

[uT.]

[-]	*la note*	ut *(=do)*
[∅.]	*une*	**hutte**
[é.]	*l'*	utérus*
[i.]		**utile.ment**
		utilisable
	un.e	utilisateur, -trice
	l'	utilisation
		utiliser*
		utilitaire*
	l'	utilité
[o.]	*une*	utopie
		utopique

[uZ.]

[a.]	*l'*	usage
	être	usagé.e
	un.e	usager, -ère
[é.]	*être*	**usé.e**
	(s')	**user**
[i.]	*une*	**usine**
		usiner*
	être	usité.e
[u.]		usuel.le*
	l'	usufruit*
	l'	usure
	un.e	usurier, -ière
	(un.e)	usurpateur, -trice
		usurper*

[Va.]

[Va]

il/elle/on	**va**
	va!
tu	vas

[VaK.] [VaKS.]

un.e	vacancier, -ière
les	**vacances**
	vacant.e
le	vacarme
un	vaccin
	vaccinal.e, -aux
la	vaccination
	vacciner*
la	vacuité
	vaquer*

[VaCH.]

une	**vache***
c'est	vache !
	vachement
un.e	vacher, -ère
une	vacherie
une	vachette

[VaD.]

un	vade-mecum
une	vadrouille*
un.e	vadrouilleur, -euse

[Vaé.]

un	va-et-vient

[VaG.]

[a.]		vagabond.e
	le	vagabondage
		vagabonder*
[∅.]	*une*	**vague**
[e.] [é.]	*c'est*	vague
	une	vaguelette
		vaguement
		vaguer*
[o.] [on.]	*un*	**wagon**
	un	wagon-lit
	un	wagonnet
	un	wagon-restaurant

[Vaï.]

une	vahinée

[VaJ.]

le	vagin
	vagir
un	vagissement*

[VaL.]

[-]	un	val
[a.]		valable.ment
[D.]		valdinguer
[e.]	la	**valeur**
		valeureux, -euse
[é.][è.]	la	valériane
	un	valet*
	une	**vallée**
[i.]		valide*
		valider*
	la	validité
	une	**valise**
[o.][on.]	un	vallon
	être	vallonné.e*
		valoriser*
[oi.]		valoir
[S.]	la	valse
		valser*
	un.e	valseur, -euse
[V.]	une	valve

[VaN.]

la	vanille*
être	vanillé.e
la	vanilline
la	vanité
	vaniteux, -euse*
une	vanne
être	vanné.e
la	vannerie*
un.e	va-nu-pieds

[VaP.]

les	vapes
la	**vapeur**
	vaporeux, -euse
un	vaporisateur
	vaporiser*

[VaR.]

[a.]	une	varappe*
[an.]	un	varan
[eu.]	une	vareuse
[è.]	le	varech
[i.]		variable
		variant.e*
	une	variation
	une	varice
	la	varicelle
	être	varié.e
		varier*
	la	variété
	la	variole*

[VaS.]

	vaciller*
	vasculaire
une	vasque
un.e	vassal.e*
des	vassaux
	vaste*

[VaT.]

	va-t-en!
un	va-tout

[VaV.]

à la	va-vite

[VaY.]

	vaillamment
la	vaillance
	vaillant.e

[VaZ.]

un	**vase**
la	vase
la	vaseline*
	vaseux, -euse
un	vasistas
	vas-y

[Van.]

[-]	un	van *(=voiture ou panier)*
	il/elle	**vend**
	je/tu	vends
	le	**vent**
[D.]	un	vandale
	le	vandalisme*
	le	vendable
		vendanger*
	les	vendanges
	un.e	vendangeur, -euse
	la	vendetta
	un.e	vendeur, -euse
		vendre
	(le)	**vendredi**
	j'ai	**vendu**
	être	vendu.e
[J.]	la	vengeance
		venger*
		vengeresse
		vengeur
[P.]	un	vampire*
	le	vampirisme
[T.]		vantard.e
	la	vantardise
		vanter* *(=flatter)*
	une	**vente**

---

		venter* *(=faire du vent)*
	un	**ventilateur**
	la	ventilation
	une	ventouse
		ventral.e, -aux
	un	**ventre**
	un	ventriloque
		ventripotent.e
		ventru.e

[Ve.][Veu.]

[-]	il/elle	**veut**
	je/tu	veux
	un	**voeu**
	des	voeux
[D.]	une	**vedette**
[F.]	un	**veuf**
[L.]	le	**velours**
	être	velouté.e*
	être	velu.e
	être	veule
	ils/elles	veulent
[N.]	à tout/en	venant
		venimeux, -euse
	le	**venin**
		venir
	être	**venu.e**
	la	venue
[V.]	une	**veuve***
[Y.]	qu'il/elle	veuille
		veuillez

[Vé.][Vè.]

[Vè]

je	**vais**

[VéK.][VèKS.]

un	vecteur
j'ai/le	**vécu**
histoire	vécue
	vexant.e
une	vexation
	vexatoire*
être	vexé.e
	vexer*

[Véé.]

la	véhémence
	véhément.e.ment*

[Véi]

	véhiculaire
un	véhicule
	véhiculer*

▮▮▮➡

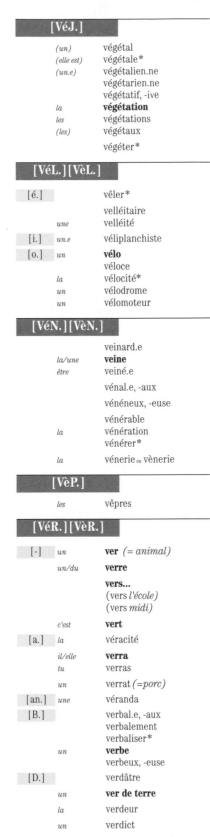

[VéJ.]

(un)	végétal
(elle est)	végétale*
(un.e)	végétalien.ne
	végétarien.ne
	végétatif, -ive
la	**végétation**
les	végétations
(les)	végétaux
	végéter*

[VéL.] [VèL.]

[é.]		vêler*
		velléitaire
	une	velléité
[i.]	un.e	véliplanchiste
[o.]	un	**vélo**
		véloce
	la	vélocité*
	un	vélodrome
	un	vélomoteur

[VéN.] [VèN.]

		veinard.e
	la/une	**veine**
	être	veiné.e
		vénal.e, -aux
		vénéneux, -euse
		vénérable
	la	vénération
		vénérer*
	la	vénerie ou vènerie

[VéP.]

les	vêpres

[VéR.] [VèR.]

[-]	un	**ver** (= animal)
	un/du	**verre**
		vers...
		(vers l'école)
		(vers midi)
	c'est	**vert**
[a.]	la	véracité
	il/elle	**verra**
	tu	verras
	un	verrat (=porc)
[an.]	une	véranda
[B.]		verbal.e, -aux
		verbalement
		verbaliser*
	un	**verbe**
		verbeux, -euse
[D.]		verdâtre
	un	**ver de terre**
	la	verdeur
	un	verdict

		verdir
		verdoyant.e
	la	verdure
	le	vert-de-gris
[∅.]	un/du	**verre**
	la	verrerie
[eu.]		véreux, -euse
[é.] [è.]	je	verrai
	je/tu	verrais
[G.]	être	verglacé.e*
	le	**verglas**
	sans	vergogne
	une	vergue
[i.]		véridique
		vérifiable
	la	vérification*
		vérifier*
		véritable.ment
	la	**vérité**
	(un.e)	verrier, -ière
[J.]	une	verge
	un	**verger**
[L.]	le	verlan
[M.]		vermeil.le
	du	vermicelle
	un	vermifuge*
	(le)	vermillon
	la	vermine*
	un	vermisseau
	être	vermoulu.e*
[N.]	être	verni.e
		vernir
	du	**vernis**
	le	vernissage
		vernissé.e*
[o.]	la	vérole*
	la	verroterie
[ou.]	un	verrou
		verrouiller*
[S.]	un/en	versant
		versatile*
	(à)/je	verse
	le	verseau
	un	versement
	un	**verser***
	un	verset
	(un.e)	verseur, -euse
	une	version
	le	verso
[T.]		**verte**
		vertébral.e, -aux
	une	vertèbre
		vertébré.e
		vertement
		vertical.e, -aux*
		verticalement

	le	**vertige**
		vertigineux, -euse
	la	**vertu**
		vertueux, -euse*
[u.]	une	**verrue**
[V.]	en/la	verve
	la	verveine

[VèS.]

[∅.]	une	vesse-de-loup
[è.]	la	**vaisselle***
[i.]	la	vessie
[o.]	un	vaisseau
[T.]	une	**veste**
	un	**vestiaire**
	un	vestibule
	un	vestige
		vestimentaire
	un	**veston**

[VèT.] [VèT.]

	un	**vêtement**
	un	vétéran
	un.e	**vétérinaire**
	une	vétille
		vêtir
	le	véto
	être	**vêtu.e**
		vétuste
	la	vétusté

[VéY.] [VèY.]

	la	**veille**
	la	veillée
		veiller*
	un.e	veilleur, -euse

[VéZ.]

une	vésicule

[Vi.] •[Vien.]

[Vi]

	la	**vie**
	je/tu	**vis**
	il/elle/on	**vit**

[Via.]

		via
	la	viabilité*
		viable
	un	viaduc
		viager, -ère

[Vian.]

la	**viande***

[ViB.]

	vibrant.e
une	vibration
	vibrer*

[ViK.]

un	vicaire*
un.e	vicomte.sse*
une	**victime**
la	**victoire**
	victorieux
	victorieuse.ment
les	victuailles

[ViD.]

une	vidange
	vidanger*
	vide
être	vidé.e
la	vidéo
une	vidéocassette
un	vide-ordures
	vider*

[Vié.] [Viè.]

un	vieil *homme*
un	**vieillard**
une/elle est	**vieille**
la	**vieillesse**
être	vieilli.e
	vieillir
le	vieillissement*
	vieillot.te
une	vielle *(= musique)*
eux, ils/elles	viennent
(une)	vierge

•[Vien.]

il/elle	viendra
je	viendrai
je/tu	viens
	viens !
il/elle	**vient**

[Vieu.]

être/un/des	**vieux**

[ViF.]

	vif

[ViG.]

une	vigogne
	vigoureux, -euse.ment
la	vigueur

[ViJ.]

la	vigie
la	vigilance
	vigilant.e
un.e	vigile

[ViL.]

[-]	il est	vil *(= vilain)*
[a.]	une	villa
	un	**village**
		villageois.e
[ø.]	elle est	vile *(= vilaine)*
	un	vilebrequin
	une	vilenie
	une	**ville***
[é.] [è.]		**vilaine***
	une	villégiature
[in.]		**vilain**

[ViN.] [ViGN.]

un.e	vigneron.ne
une	vignette*
un	vignoble
du	**vinaigre***
être	vinaigré.e
une	vinaigrette
	vinicole*
la	vinification*

[Vio.]

[-]	un	viol
[a.]		violacé.e*
	la	violation*
		violemment
[an.]	la	**violence**
		violent.e*
[ø.]	une	viole
[é.] [è.]		violer*
		violet
	(une)	violette
[o.] [on.]	un	violon
	un	violoncelle
	un.e	violoncelliste
	un.e	violoniste*

[ViP.]

une	**vipère***

[ViR.]

[a.]	un	**virage**
		viral.e
[ø.]	un	virement
		virevolter*
[é.]		virer*
[G.]	une	**virgule**

[i.]

		viril.e*
	la	virilité*
[T.]		virtuel.le.ment
	un.e	virtuose
	la	virtuosité
[u.]	un	virus

[ViS.]

[-]	un	vice *(= défaut)*
	une	**vis**
[K.]		visqueux, -euse
[ø.]	un	vice *(= défaut)*
		le/la vice-président.e
		vice-versa ᵒᵤ vice versa
[é.] [è.]		viscéral.e, -aux*
	les	viscères *(masculin)*
		visser*
[i.]	être	vicié.e*
		vicieux, -euse*
		vicinal.e, -aux
	les	vicissitudes

[ViT.]

[a.]		vital.e*
	la	vitalité
	une	**vitamine***
[ø.]		**vite**
[è.]	la	**vitesse**
[i.]		viticole
	un.e	viticulteur, -trice
	la	viticulture
[o.]	ils sont	vitaux
[R.]	un	vitrage
	un	vitrail
	des	vitraux
	une	**vitre**
	être	vitré.e*
	la	vitrerie
		vitreux, -euse
	un	vitrier
		vitrifier*
	une	**vitrine**
	le	vitriol*
[u.]		vitupérer*

[ViV.]

[a.]		vivable
		vivace
	la	vivacité
	un	vivarium
	(un)	vivat
[an.]		**vivant.e**
[ø.]		**vive**
		vive *les vacances !*
		vivement
	eux, ils/elles	**vivent**

||||➡ ||||➡

[i.]	un	vivier
		vivifiant.e*
		vivipare*
	la	vivisection
[o.]		vivoter*
[V.]		**vivre**
	les	vivres
		vivrier, -ière

[ViZ.]

[a.]	un	visa
	un	**visage**
	(un)	vis-à-vis
[an.]	en	visant
[ø.] [e.]	je/il/elle	vise
	un	viseur
[é.]	la	visée
		viser*
[i.]	la	visibilité
		visible.ment
	une	visière
	la	vision
	une	visionneuse
	(un.e)	visionnaire
	une	**visite**
		visiter*
	(un.e)	**visiteur, -euse**
	un	vizir*
[on.]	un	vison*
[u.]		visualiser*
		visuel.le.ment

[Vin.]

[-]	c'est	vain (= inutile)
	du	**vin**
	je/tu	vins (= venir)
	il/elle	vint (= venir)
[K.]		**vaincre**
	être	**vaincu.e**
	un	**vainqueur**
[D.]		vindicatif, -ive*
[T.]		**vingt** (= 20)
	une	**vingtaine**
		vingtième*

[Vo.]

[Vo]

	cela	**vaut**
	ça ne	vaut rien
	un	**veau**
	des	veaux
		vos (= les vôtres)
		(vos affaires)

[VoK.]

	le	**vocabulaire**
		vocal.e, -aux*
	des	vocalises*
	une	vocation

[VoD.]

	(le)	vaudou
	cela	vaudra
	la	vodka

[VoG.]

	la	vogue
		voguer*

[VoL.]

[-]	un	**vol**
	il/elle	vole
[a.]		volage
	la	**volaille**
	un.e	volailler, -ère*
	être	volatil.e
	un	volatile
	(se)	volatiliser*
[an.]	un/en	volant
		volant.e
[K.]	un	**volcan**
		volcanique*
	un.e	volcanologue*
[ø.]	il/elle	vole
	eux, ils/elles	volent
		voleter*
[e.] [eu.]	un.e	**voleur, -euse**
[é.] [è.]	une	volée
		voler*
	un	volet
	le	volley*
	le	volley-ball
[i.]	une	volière
[o.]	à	vau-l'eau
	un	vol-au-vent
[on.]	la	**volonté**
		volontaire.ment*
		volontiers
[T.]		voleter*
	un	volt
	le	voltage
	un	volte-face
	la	voltige
		voltiger*
	un.e	voltigeur, -euse
[u.]		volubile
	la	volubilité
	un	**volume**
		volumineux, -euse

[VoM.]

	j'ai/du	vomi
		vomir
	un	vomissement
	(un)	vomitif, -ive

[VoR.]

	(un.e)	vaurien.ne
		vorace.ment
	la	voracité

[VoS.]

		vociférer*

[VoT.]

[a.]	une	votation
[an.]	en	votant
	un.e	votant.e
[ø.]	un/il/elle	vote
[é.]		**voter***
[ou.]	un	vautour
[R.]	(se)	vautrer*
		votre (= à vous)
		(votre maman)
		(votre maison)
	le/la	**vôtre**
	les	vôtres

[VoZ.]

		vos
		(vos affaires)
		(vos enfants)

[Voi]

[-]	une	**voie** (= chemin)
	une	voie de chemin de fer
	je/tu	vois
	il/elle/on	**voit**
	la	**voix** (de la bouche)
[L.]		**voilà**
	un	voilage
	un/une	**voile**
	être	voilé.e
	(se)	voiler*
	une	voilette
	un	**voilier**
	la	voilure
[R.]	je vais	**voir** (= la vue)
		voire (= et même)
	la	voirie
[S.]		**voici**
[T.]	une	**voiture**
		voiturer
	une	voiturette

[Y.]	un	**voyage**
		voyager*
	(un.e)	**voyageur, -euse**
	eux, ils/elles	voyaient
	je/tu	voyais
	il/elle	voyait
	un.e	voyant.e
	une	voyelle
	(vous)	voyez
	(nous)	voyons
	un	voyou
	des	voyous
[Z.]	(un)	**voisin**
	le	voisinage
		voisine*

[Von]

	eux, ils/elles	**vont**

[Vou.]

[-]		**vous**
[D.]	il/elle	voudra
	je	voudrai
	vous	voudrez
[é.]	(se)	vouer*
[L.]	eux, ils/elles	voulaient
	je/tu	voulais
	il/elle	**voulait**
	vous	**voulez**
		vouloir
	nous	voulons
	c'est/j'ai	**voulu**
[M.]		**vous-même(s)**
[T.]	une	voûte ou voute
	être	voûté.e ou vouté.e
[V.]	le	vouvoiement
		vouvoyer*
[Z.]		**vous avez**
		vous êtes

[VR.]

[a.]	en	vrac
[è.]	c'est	**vrai**
	un	vrai...
	une	vraie...
		vraiment
		vraisemblable.ment
	la	vraisemblance
[i.]	une	vrille*
[on.]		vrombir
	un	vrombissement

[Vu.]

	j'ai	**vu**
	la	**vue**
	un.e	vulcanologue*
		vulgaire.ment
	la	vulgarisation
		vulgariser*
	la	vulgarité
		vulnérable*
	la	vulve*

[W.]

[Wa.]

[-]	une	**oie**
[L.]		wallon.ne
[S.]	une	wassingue
[T.]	l'	**ouate**
		ouaté.e
	le	water-polo
	les	**waters** (=w-c)
	un	watt (=électricité)
[Y.]	les	ouailles
	le	white-spirit
[Z.]	un	**oiseau**
	un	oiseau-mouche
	un	oiselet
	un	oiseleur
		oiseux, -euse
	(un)	oisif
	un	oisillon
	(l')	oisive.té

[Wè.]

[-]		ouais! (=oui)
[D.]	un	oued
[S.]	l'	**ouest**
	un	western
[T.]		où est-il?

[Wi.]

[-]		**oui** (= non)
	l'	ouïe (oreille)
[K.]	le	**week-end**
[D.]		ouï-dire
[R.]		ouïr
[S.]	un	ouistiti
	le	whisky

[Wo.]

	un	walkman
	la	world music

[Y.]

[Ya.]

	un	yack
	un	yaourt
	un	yard

[Yan.]

	un	yankee

[Yè.]

	un	yen

[Yo.]

	un	yacht
	le	yachting
	le	yoga
	un	yoyo

[You.]

	un	youyou

[Z.]

[Za.]

		zapper*
	le	zapping

[Zé.] [Zè.]

[-]	je les	**ai**
[B.]	un	zèbre
	être	zébré.e
	une	zébrure
	un	zébu
[L.]	le	zèle
	être	zélé.e*
[N.]	le	zénith*
[R.]	(un)	**zéro**
[S.]	un	zeste*
[T.]	vous	**êtes**
[Z.]	le	zézaiement
		zézayer

[Zeu]

	des	euros
	des	heureux
	des	œufs

[Zi.]

	le s	**yeux**
		zigouiller*
	un	zigzag
		zigzaguer*
	la	zizanie

[Zin.]

du	zinc
être	zingué.e*
un.e	zingueur, -euse

[Zo.]

les **autos**	
les **autres**	
	zodiacal.e, -aux
le	zodiaque
un	zona
	zonal.e
une	**zone**
un	**zoning**
un	**zoo**
	zozoter*
la	zoologie
	zoologique

[Zon.]

ils/elles	**ont**

[Zou.]

un	zoom*
un	zouave

[Zu.]

les unes	
les usines	
	zut!

GUIDE ORTHOGRAPHIQUE USUEL

		le plus souvent	exemples
1	[an]	**en**—	**en**core, *__em__brasser, *__em__ploi, *__em__mener
2		—**ment**	monu**ment**
3	[K]	cu, co, ca, **que**, **qui**	**cu**be, é**co**le, **ca**rte, pi**que**, é**qui**pe
4	[∅]	une —**e**	une rou**e**
5			(!!! la — **té** : la vérit**é**)
6	[eu]	(un) —**eux**	cur**ieux**, génér**eux**
7	[é]	(un) —**ier**	un poir**ier**
8	[è]	un —**et**	un jou**et**
9		eb, ec, ef, eg, **el**, em, en, ep, **er**, **es**, **ex**	he**b**domadaire, be**c**, che**f**, touare**g**, b**el**ge, tot**em**, abdom**en**, ad**ep**te, la m**er**, ve**s**te, te**x**te, **ex**aminé
10		ecc, **eff**, **ell**, enn, epp, **err**, **ess**, **eff**	impe**cc**able, **eff**acer, be**ll**e, étre**nn**es, st**epp**e, te**rr**e, ble**ss**é, de**tt**e
11	[G]	gu, go, ga, **gue**, **gui**	lé**gu**me, fri**go**, **ga**re, ba**gue**, **gui**de
12	[J]	ju, jo, ja, **ge**, **gi**	**ju**pe, **jo**urnal, **ja**rdin, **ge**nou, fra**gi**le
13	[N]	—**onn**—	li**onn**e, ét**onn**é
14	[o]	(un.e) —**eau**	un bat**eau**, la p**eau** (!!! explicable : tricot → tricoter dos → dossier repos → reposer)
15	[S]	ᵥ**ss**u, ᵥ**ss**o, ᵥ**ss**a, ᵥ**ss**e, ᵥ**ss**i	a**ss**uré, poi**ss**on, pa**ss**age, ta**ss**e, po**ss**ible
16			(!!! reçu, leçon, façade, **ce**rise, fa**ci**le)
17		(une) —**tion**	la nata**tion**, atten**tion**
18		une —**mission**	la per**mission**
19	[Y.]	un —**ail**, —**eil**, —**euil**	un r**ail**, le rév**eil**, un écur**euil**
20		**ill**.e, **aill**.e, **eill**.e, **euill**.e, **ouill**.e	f**ill**e, la p**aill**e, ab**eill**e, f**euill**age, gren**ouille**
21			(!!! un cer**cueil**, l'or**gueil**, **cueill**ir, or**gueill**eux)
22		(ai/**ay** - oi/**oy** - ui/**uy**)	(essai/ess**ay**er - roi/r**oy**al - br**ui**t/br**uy**ant)
23	[Z]	ᵥ**s**ᵥ	une ro**s**e
24	*	**m** devant b, p, m	cha**m**bre, po**m**pe, **em**mener, li**m**pide
25	**	**consonnes doubles**	jamais après é : épine rarement après i, u : frite, plume parfois après o, a : école, collage, banane, année